此书为天津市哲学社会科学规划项目（项目类别：一般项目），项目编码：TJDJ13-007。

党校研究成果系列

张哲◎著

利益多元化格局中的党群关系问题研究

Research on the Relationship between the CPC Members and the Masses in the Diversified Inererst Pattern

天津出版传媒集团

天津人民出版社

图书在版编目(CIP)数据

利益多元化格局中的党群关系问题研究 / 张哲著
. ——天津 : 天津人民出版社,2015.8
(党校研究成果系列)
ISBN 978-7-201-09668-1

Ⅰ. ①利… Ⅱ. ①张… Ⅲ. ①中国共产党—密切联系
群众—研究 Ⅳ. ①D261.3

中国版本图书馆 CIP 数据核字(2013)第 216352 号

天津人民出版社出版
出版人:黄 沛
(天津市西康路 35 号 邮政编码:300051)
邮购部电话:(022)23332469
网址:http://www.tjrmcbs.com
电子邮箱:tjrmcbs@126.com
天津市永源印刷有限公司印刷 新华书店经销

2015 年 8 月第 1 版 2015 年 8 月第 1 次印刷
710×1000 毫米 16 开本 18.5 印张 2 插页
字数:300 千字
定价:49.00 元

目 录

导 论

利益问题是一个涉及人类社会生活的根本问题，构成了推动社会发展的强大动力。从历史上看，人们正是为了满足自己的生存，为了得到更好的发展，为了实现未来美好的生活而追逐利益的。经验告诉人们，只有不断地丰富自己的生产手段，改进生产技能，才能更大程度地享受利益。为了利益的实现，人们可以融洽地走到一起，同样，也可以走向尖锐的对立面。因此，人们在追逐利益的过程中必然会产生各种利益冲突和利益矛盾。然而也正是这些利益冲突和利益矛盾构成了社会发展的强大动力，使人类社会的发展呈现出合规律性与合目的性的统一。马克思恩格斯正是通过深入探析现实生活中的利益问题，才最终创立了唯物史观，实现了人类思想史上的伟大变革。

中国共产党人历来都非常重视人民群众的利益问题。可以说，我们党正是在维护人民群众利益的基础上发展起来的。社会主义制度的优越性也正体现在它的各种机制不仅为人们利益的充分实现开辟了道路，而且为人们普遍地实现利益提供了公平的手段。但我国在过去的很长一段时期却对利益问题存在着错误的认识，割裂了利益与人民群众的密切关系，使人们的思想束缚在对集体主义的片面理解上，禁锢了社会生产力的发展。改革开放以来，与社会主义市场经济体制的确立和完善相伴随的就是人们的谋利动机和行为得到了社会的普遍认可，这使人们越来越关注自身的利益问题，各种新的利益阶层和利益群体开始不断地涌现出来。这种利益关系格局的巨大变化和调整，必然产生以承认利益差别和利益矛盾为特征的经济利益多元化的新格局。在这一新型的利益格局背景下，改革进一步触及深层次的利益问题，统筹协调各方利益的难度不断加大，人民内部的利益矛盾日益凸显，使党群关系不可避免地发生了嬗变。因此，科学分析利益多元化格局的特点，构建促进利益协调发展的长效机制，以利益整合获取民心，实现党群关系的和谐发展，就成为我们当前面临的重大理论和现实问题。

一、利益多元化格局对党群关系的影响空前凸显

综观人类发展的历史长河，人类多样化的需求决定了人类追求多样化的利益。利益多元化格局是现代人类实际生活中普遍存在的社会现象。在这一全新格局的背景下，一方面，它构成了驱动人类社会不断发展前进的强大动力，任何个人和群体的思想、动机和行为都可以从其对自身利益的追求中找到合理的解释和深层的底蕴。另一方面，它引发了比较激烈的利益矛盾和冲突，使利益整合产生了困难，导致党群关系发生了嬗变，有些地方甚至出现党群关系严重疏离，对无产阶级的党群关系理论造成了不小的冲击，也给中国现实政治生活带来了困难。理论与现实的冲突，迫切需要我们发扬党的优良传统，破解利益多元化格局中党群关系的难题，重建和谐的党群关系。

（一）利益多元化格局对党群关系影响的主要原因

在利益多元化格局中，社会阶层的结构日益多元，群众的利益诉求、生活方式和价值观念也呈现出多样化的特征，这必然使党的执政环境发生根本变化，使传统的党群关系受到严峻挑战。

第一，社会阶层结构的分化对党群关系的影响。党与人民群众之间的关系，是伴随着人民群众队伍的变化而变化的。利益多元化格局必然由多元化的利益主体所导致，这一全新格局不仅使“群众”这个概念的内涵和外延与过去相比有了很大的不同，而且使各个利益主体的经济实力、社会地位也各不相同，这就致使各个利益主体对党的认识和情感认同各异，党群关系相应变得更为复杂。不仅工人阶级、农民阶级和知识分子阶层对党的认识和情感发生了变化，而且大量涌现的新社会阶层也给巩固党的群众基础提出了新的挑战。

第二，利益联结的新方式对党群关系的影响。在传统的计划经济体制下，对人的管理主要是单位管理模式，党可以通过设立在各个单位的党组织与群众取得联系，群众也可以通过各级党组织向党反映自己的诉求和愿望，这使得党群之间的联系非常紧密。在利益多元化格局中，人员的流动性、个体性不断扩大，“单位人”变成了“社会人”，利益联结也呈现出了新的方式，

使职工与单位的关系由完全依赖转变为以利益为纽带的契约关系。这种变化不仅使基层党组织联系群众的作用发挥受到了阻碍，而且使群众对党组织的依赖也持续减弱,导致党群关系出现了疏离的迹象。

第三，阶层利益的分化对党群关系的影响。党群关系的实质是利益关系,利益关系的和谐稳定是维护党群关系和谐的基础和前提。在计划经济时期,阶级阶层结构单一、利益差别不大,社会成员之间基本上不存在利益矛盾和冲突,党群关系也非常紧密。改革开放后,人们的牟利动机和行为得到了社会的普遍认可,人们越来越关注自身的利益问题,各种新的利益阶层和利益群体开始不断涌现出来,随之而来的就是阶层利益的分化。在利益多元化格局中,人们的利益诉求日益多样化、差异化,不仅使党群关系的巩固面临着社会经济条件的不断变化，而且也进一步增加了党组织进行利益整合的复杂性和艰巨性。

第四,利益机制的负面效应对党群关系的影响。社会主义市场经济是建立在物质利益原则基础之上的,由此也决定了利益机制在人们行为导向中起着主导作用。正如哈贝马斯所说,市场经济社会"用利益导向行为取代了价值导向行为。"[①]物质利益的涌动、体制规范的缺失,使人们的逐利性更多地表现为自发的过程,在价值观的选择上摇摆不定、犹豫不决,甚至使一些人为了追求金钱而不择手段。因此,利益机制所产生的负面效应从两方面损害了党群关系:一方面,一部分利益主体的不当逐利行为在损害群众利益的同时,也对党群关系造成了损害;另一方面,一部分意志薄弱的党员干部在物质利益的诱惑下,大行权力寻租之道,使人民群众极为不满,使党群关系产生了裂痕。

(二)利益多元化格局对党群关系影响的具体表现

中国共产党是我国唯一的领导党和执政党，这种特点决定了党对公共利益维护的责任更大、难度更高。党不仅要确保其所掌握的公共权力能够沿着维护"公共利益"的轨道运行,而且要求全体党员必须牢固树立"公共利益"的意识和驾驭协调多元利益的能力。否则,就会造成党群关系的疏离,甚至还会使矛盾激化,引发群体性事件。具体来讲,表现在以下三个方面:

第一,党维护公共利益的职责与党员干部思想偏差的矛盾。在我国,中

① [德]尤尔根·哈贝马斯著:《合法化危机》,刘北成、曹卫东译,上海人民出版社,2000年,第29页。

国共产党承担了执政党和领导党的双重角色,这就决定了党员干部维护“公共利益”的意识将对公共利益的维护程度产生直接的影响。在利益多元化格局中,一些党员干部滋生出官僚主义作风,服务意识持续弱化,这些问题成了制约党群关系的巨大障碍。其主要表现为:①责任意识淡薄,无所作为。对群众的疾苦和诉求漠不关心,对群众反映的突出问题不闻不问,不了解群众的所思、所想、所需。②摆官架子,搞特殊化。一些党员干部喜欢高高在上,满足于做官老爷,耍威风,不仅严重损害了党员干部的形象,而且深深伤害了人民群众的感情。③搞形式主义不务实效。有些党员干部并不从人民群众的需求考虑问题,而是在对自己有利时就积极去做,在满足了自己的利益需求后又远离群众。那些“形象工程”“政绩工程”,从表面上看是在为人民服务,但在其背后考虑更多的则是个人利益。

第二,党员干部追逐个人利益与维护公共利益的矛盾。权力和利益是相伴而行的。在利益多元化格局中,党员干部作为公共利益的代表出现在各方利益的博弈之中, 利益的竞争性和排他性使得一部分党员干部在服务群众的过程中,更多地去照顾与自己有一定社会关系的利益主体,逐渐形成了利益团体,致使公共服务从“为民”服务向“为我”服务转变。主要表现为:①在政策制定上假公济私。一些党员干部在制定公共政策的过程中,会有意无意地设定一些限定条件,为某些选中的对象牟取私利。②在公共利益的表达上搞“权权交易”。权力具有可交换性,掌权者之间可以形成你帮我、我帮你的利益链条,致使一些党员干部热衷于打招呼、递条子,大搞“权权交易”。其结果只能使公共权力所应该发挥的保障社会公平、提供福利等功能遭到吞噬,所应该代表的人民群众利益的坐标指向发生偏移。

第三,利益博弈与利益整合的矛盾。党群关系的密切,需要政党对各个利益主体的利益进行协调、整合,通过公共利益的维护来保证最广大人民群众的利益,以实现各个利益主体之间的和谐稳定。从现实情况来看,目前依然存在着较多难题,主要表现为:①利益表达的渠道不畅通。在我国,作为民意表达主渠道的党组织因为承载了社会大多数的民意表达, 难免会造成民意表达的阻塞。而作为民意表达补充渠道的政治协商制度、信访制度、听证制度等也因为需要经过党的利益表达渠道才能进入决策中枢, 所以使得群众的利益诉求可能无法及时得到满足,从而滋生出了矛盾和不满。②利益表达不均衡。强势群体可以利用所掌握的丰富资源和社会地位将自己的利益诉求传达到决策中枢机构,以满足和实现自己的利益。而弱势群体因为没有可以用的资源，在利益表达方面处于明显的劣势，致使他们在社会利益分配中也处于弱势地位。这势必会导致“公共利益”的偏离，极易引发他们对党和政府的不满情绪。

二、马克思主义利益理论揭示了党群关系的基本规律

利益问题是一个关涉人的生存和发展的根本性的问题。正如马克思曾明确指出：“人们奋斗所争取的一切，都同他们的利益有关。”[①]社会并不是一个人的社会，也绝不仅仅只有一个利益主体，这个“世界并不是某一独特利益的天下，而是许许多多利益的天下”[②]。因此，各个利益主体在追逐自身利益最大化的过程中，不可避免地会出现利益冲突。利益冲突是人类社会一切冲突的最终根源，利益协调则是人类社会和谐发展的实质所在，人类社会正是在对利益冲突的不断协调中发展进步的。研究党群关系，就必须深入探究利益关系。特别是在利益多元化格局的背景下，党群之间的矛盾会趋于激烈，对党群关系的协调也就显得尤为迫切。马克思正是在对利益问题的深入探析中，告别了历史唯心主义，最终走向了历史唯物主义。因此，厘清历史唯物主义关于利益问题的基本立场、观点和方法，从马克思利益理论层面对党群关系进行深刻、全面、系统的把握和阐释，并进而寻求合理有效的党群关系和谐之道，就成了时代发展的迫切需要。

（一）利益是人类活动的内驱力

一切旧唯物主义，对事物仅仅是从直观的客体去认识和理解，而不是像实践的唯物主义那样从活动来理解。从这一区别中可以看出，是否从活动的视角来理解利益，这是区分旧唯物主义与实践的唯物主义的试金石。既然实践的唯物主义是从活动出发的，那么活动又是由什么所引发的呢？答案就是利益，利益是人类活动的内驱力。

首先，利益本身就包括活动。马克思主义利益范畴与一切旧唯物主义利益范畴相互区别的一个根本标志，就在于它是从活动去理解利益的。在马克

① 《马克思恩格斯全集》（第1卷），人民出版社，1956年，第82页。

② 同上，第165页。

思主义看来,利益不是抽象的,而是具体的,是通过感性经验可以感知的。人们从事活动的动机、目的和意志使人们产生了愿望和需求。如当人有饥饿感时,就会产生出对食物的需求。但是对食物的需求是有选择的,而选择就必然有标准。这种标准就是看是否有利于自身的生存和发展,有利的就将其作为目标固定下来,而有害的则趋于回避。近代唯物主义将这种趋利避害的选择称为人的本性。这是不符合客观事实的,趋利避害实际上是人活动的动力源泉。利本身就是活动的动力,害是人们防范和避免的东西,避害也是活动的动力。可见,实践的唯物主义对利益的理解,就是从活动去理解,利益本身就包括活动。

其次,利益是活动的内驱力。活动的动机和目的是由利益所产生的。人类最基本的衣、食、住、行,都是活动的最直接动机,它是由利益所产生的。对于人类较高层次的活动来说,同样也是由利益所产生的。如政治活动、外交活动等都是由利益产生的,政治活动是经济的集中表现,而经济关系首先是通过利益关系表现出来的。所谓政治,实质上就是一定阶级实现自己利益的手段,政治活动产生利益。不仅如此,活动的手段也是由利益所决定的。不能创造和产生利益的工具和方法是毫无意义的。马克思说:“劳动资料是劳动者置于自己和劳动对象之间、用来把自己的活动传导到劳动对象上去的物或物的综合体。劳动者利用物的机械的、物理的和化学的属性,以便把这些物当作发挥力量的手段,依照自己的目的作用于其他的物。”①在这里,活动目的是为适合利益的需要所提出的要求,手段是实现这种需要的工具,而结果就是现实的利益。可见,贯彻活动的整个过程的内在驱动力就是利益。

(二)人民群众是历史活动的主体

马克思主义唯物史观认为,人民群众是历史活动的主体,是社会物质财富和精神财富的创造者,是社会变革的决定力量。马克思主义经典作家在论证生产力决定生产关系、经济基础决定上层建筑的社会历史发展规律基础上,第一次把对人的关注从抽象的人转到直接从事物质生产活动的广大劳动者方面来,从而形成了正确认识人民群众的历史地位和作用的理论观点。概括地说,就是人民群众是社会历史的主体,是历史的创造者。人民群众的

① 《马克思恩格斯选集》(第二卷),人民出版社,1995年,第178~179页。

历史主体地位，主要表现在以下三个方面：

第一，人民群众是社会物质财富的创造者。马克思主义以前的哲学家由于不懂得实践的观点，因而就把物质世界的一切变化，甚至人本身的一切活动都视为神灵、上帝的产物。从这种观点出发，他们仅仅是把人作为一种会说话的工具而已。对于谁才是社会财富的创造者这一问题，马克思恩格斯在历史唯物主义的基点上向人们揭示出了社会发展史就是物质资料生产者本身发展的历史这一最简单最不容否定的事实。正如恩格斯所指出的："正像达尔文发现有机界的发展规律一样，马克思发现了人类历史的发展规律，即历来为繁芜丛杂的意识形态所掩盖着的一个简单事实：人们首先必须吃、喝、住、穿，然后才能从事政治、科学、艺术、宗教等等；所以，直接的物质的生活资料的生产，从而一个民族或一个时代的一定的经济发展阶段，便构成基础，人们的国家设施、法的观点、艺术以至宗教观念，就是从这个基础上发展起来的，因而，也必须由这个基础来解释，而不是像过去那样做得相反。"[①]马克思首先从吃、喝、住、穿等人的基本需求出发，找到了打开人类历史发展之谜的钥匙，离开了物质资料的生产，就没有人类社会的生存和发展。马克思恩格斯正是从这一基本前提出发，对历史唯心主义进行了彻底的批判，揭示出正是广大人民群众所进行的物质生产活动才促使社会生产力不断向前发展，为人类社会的物质文明奠定了坚实的基础。

第二，人民群众是社会精神财富的创造者。在西方经过文艺复兴运动后，一些资产阶级思想家虽然提出了"人民"或"群众"的概念，但其指向却是要让"人民"或"群众"通过契约把权力让渡出来，交给那些所谓的社会精英。其"冠冕堂皇"的理由就是"人民"或"群众"低俗、愚昧、缺乏理性，故不能行使主权。因此，他们提出的所谓"群众理论"都是与一些贬义的概念联系在一起使用的。针对资产阶级诋毁人民群众为精神的敌人，把人民群众列为没有教养、愚昧无知的群氓等观点，马克思恩格斯深刻地指出："工人不论在对政权或对个别资产者的斗争中，处处都表现了自己智慧和道德上的优越，特别在与所谓'雇主'发生冲突时，工人证明了他们现在是有教养的人，而资本家则是愚昧无知的人。"[②]马克思恩格斯从实践出发，充分肯定了人民群众的劳动实践是一切精神生产的源泉，科学、文化、教育、艺术等一切人类社会精神

① 《马克思恩格斯选集》(第三卷)，人民出版社，1995年，第776页。

② 《马克思恩格斯全集》(第18卷)，人民出版社，1965年，第565页。

财富都是由人民群众直接创造的,离开了人民群众的社会实践活动,精神财富就是无源之水、无本之木。

第三,人民群众是社会变革的决定力量。马克思恩格斯从人民群众的实践出发,找到了推动社会历史发展的基本矛盾,即生产力与生产关系、经济基础与上层建筑的矛盾。在这一基本矛盾中,生产力是决定性的因素,当生产关系不适应生产力的发展时,就会引起社会的变革。而在生产力中,起决定作用的因素就是劳动者,那些占人口绝大多数的、直接从事生产劳动的人民群众就是首要的生产力。建立在生产力基础上的生产关系,指的就是在生产劳动过程中所结成的人与人之间的相互关系, 所以组成这种关系必不可少的主体力量也同样是劳动者。诚然,封建社会的农民、资本主义社会的工人、我国社会主义现代化建设中的劳动者,都是生产关系的决定力量。从生产力到生产关系,从经济基础到上层建筑,其变化发展的根源全在于生产力的发展变化,而推动生产力发展,打破生产关系束缚的关键还是通过占人口绝大多数的人民群众的实践活动来实现的。历史发展证明,无论是从奴隶社会向封建社会过渡,还是从封建社会向资本主义社会过渡,最终起决定作用的都是广大人民群众,人民群众才是历史的创造者,是国家和社会的真正主人。

(三)党群关系的本质是利益互动关系

对于任何一个现代政党来说,都是一定的阶级、阶层和社会集团利益的代表者,为了维护共同的利益而采取共同的行动,以期达成共同的目的。当然,政党自身利益的实现必须依赖于其制定的路线、方针、政策,从而能够服务于社会的利益并得到社会的认可。这就决定了政党与其所代表的民众利益之间有一种天然的联系,这也是民众利益表达的工具。因此,衡量一个政党是否先进,最根本的标准绝不是看这个政党获取了多少自身利益,而是要看其所代表的民众的根本利益是否得到了满足,其所制定的路线、方针、政策是否迎合了民众的利益诉求。从这个意义上说,党群关系的本质就是利益互动关系:一方面, 政党组织要想赢得民众的支持和拥护来实现自己的目标,就必须代表民众的利益诉求;另一方面,民众也必须依赖于政党组织,才能更好地实现自身的利益。政党与群众之间的这种互动关系表明,党群关系的本质就是以利益关系为基础的一种互动关系, 利益关系构成了维系党群关系的最简单而又最深刻的内容。

中国共产党作为马克思主义性质的无产阶级政党，自成立以来就把人民群众的根本利益作为一切工作的出发点，始终强调人民的利益高于一切。毛泽东将人民群众是历史创造者的观点系统地运用于党的全部活动之中，形成了党的根本的工作路线——群众路线。改革开放以来，邓小平始终把“人民拥护不拥护”“人民赞成不赞成”“人民高兴不高兴”“人民答应不答应”，作为各项政策的出发点和归宿，并始终强调“只要我们信任群众，走群众路线，把情况和问题向群众讲明白，任何问题都可以解决，任何障碍都可以排除”[①]。党的十八大以来，习近平总书记讲得最多的就是人民，讲得最深的就是党与群众的血肉联系。这一系列重要论述，既是遵循马克思主义历史唯物论和认识论的必然结论，又与共产党人为之奋斗的崇高理想完全一致，即共产党人为实现“保证每个生产者个人最全面的发展的这样一种经济形态”——“自由人联合体”的社会。可见，利益关系不仅是党群关系互动的轴心，也是实现和谐党群关系的切入点。

三、本书的研究思路和研究方法

党与人民群众的关系，与党的发展相伴随，是党的建设中一个历久弥新的课题，一直得到人们的关注并引发学者们的深思。在党的各个历史时期，学者们曾从各不相同的思路出发，运用不同的方法对党群关系进行了探析，提出了各种各样的协调党群关系的思路和方法。本书立足于利益多元结构的社会背景，洞察党群关系背后的利益关系。毫无疑问，历史唯物主义，特别是马克思主义的利益理论，是我们研究党群关系最基本的方法论原则。

（一）本书的研究思路

马克思曾告诉我们：“任何真正的哲学都是自己时代精神的精华”[②]，而“问题就是时代的口号，是它表现自己精神状态的最实际的呼声”，是“左右一切个人的时代声音”[③]。因此，只要我们能够抓住一个时代的真正问题，我们也

① 《邓小平文选》（第二卷），人民出版社，1994 年，第 152 页。

② 《马克思恩格斯全集》（第 1 卷），人民出版社，1956 年，第 121 页。

③ 《马克思恩格斯全集》（第 40 卷），人民出版社，1982 年，第 289~290 页。

就能够把握住一个时代的精神脉搏。本书所围绕的中心线索和主题是:洞察党群关系背后的利益关系并指明协调党群关系的可能方向和方法，从当前利益多元化格局中探寻构建党群关系和谐发展的关节点。其中,第一章到第三章分别从理论和历史来“提出问题”,第三章和第四章是立足于现实来“分析问题”,第五章则致力于“解决问题”。

第一章,探究了马克思主义关于利益及党群关系的理论问题。首先对利益范畴与历史唯物主义的发展进行梳理，奠定研究的理论基础。其次对利益、利益关系的概念,特别是对利益多元化格局作出了全面的界定,探析本书的研究背景。最后对马克思主义党群关系理论的确立与发展进行梳理,厘清马克思主义党群关系研究的发展脉络。

第二章,梳理了利益格局对党群关系影响的历史。通过对新民主主义革命时期、新中国成立初期以及社会主义建设时期利益格局的梳理,把握不同利益格局对党群关系所产生的影响、呈现出的特点及具体实践情况,以此作为评判和设计利益多元化格局中党群关系协调对策的参照系。

第三章,描述了利益多元化格局对党群关系影响的现状。在由传统的计划经济向社会主义市场经济转变的过程中，利益关系所发生的最明显的变化就是利益主体和利益客体呈现出了多元化的趋势。这一变化使得利益关系更加错综复杂,利益矛盾持续增多,与此相应地,党群之间的不和谐因素也在不断增加。这表明,利益多元结构中所积累的一些隐性问题在党群关系中逐渐暴露出来。

第四章,评析了利益多元化格局中党群关系面临的热点问题。主要包括利益观念变化对党群关系的影响、利益分化过大对党群关系的影响、发展过程中侵犯群众利益对党群关系的影响、贪腐问题对党群关系的影响和利益协调机制失衡对党群关系的影响五个方面。

第五章,提出了在利益多元化格局中促进党群关系协调发展的路径。在社会主义初级阶段的市场经济条件下，利益多元化格局的现实及其对党群关系所产生的影响，决定了利益关系的协调对于构建和谐党群关系所具有的特殊意义。本章从理想信念、服务功能、工作方式、行为规范和体制机制五个方面探讨了构建行之有效、独具特色的党群关系的协调路径,以期形成充满活力与合力的和谐党群关系。

(二)本书的研究方法

本书从利益多元化格局的现实出发,揭示经济利益多元化对我国经济社会的发展以及对党群关系所带来的影响,并在此基础上进一步研究党群之间所存在的本质的、必然的联系,力图从利益关系和谐的角度来化解当前党群之间的矛盾和冲突。具体地说,本书所采用的研究方法主要包括四个方面。

1.马克思主义利益分析方法

马克思主义的经典作家们都非常关注利益问题，留下了大量深含方法论原则的论述。虽然社会历史条件在不断地发生着变化,这些经典表述也不可避免地带有一定的历史局限性，但它们仍然是我们分析利益多元化格局中的利益关系,洞察党群关系的方法之“源”。只有坚持马克思主义的利益分析方法,才能科学地把握利益多元化格局中的党群关系。从这一原则出发,我们应抓住以下主线来展开进一步的研究:

(1)从对党群关系的一般分析到利益分析。马克思曾经通过物质利益分析而创立了历史唯物主义，并进而借助于这个历史观对以英国为典型的资本主义生产方式作了更为详尽的利益剖析，在人类思想史上第一次科学地分析了现代社会的本质。社会主义社会在一定意义上来讲,依然是一个利益结合体的社会,只有通过错综复杂的利益关系洞察党群关系,才能正确理解党群关系的本质及其发展规律。

(2)从利益主体分析来开展党群关系的分析。旧唯物主义在对社会进行分析的过程中,往往忽视了主体性分析,犯了“见物不见人”的错误。历史唯物主义则从社会关系出发,重点对人的主体性进行了分析,认为利益关系绝不是物与物、人与物之间的抽象物,在深层次上它更是人与人之间的社会关系。只有揭示出物背后隐藏着的人与人之间的利益关系,探寻出一个社会的利益同一、利益差别、利益矛盾和冲突,才能完成对该社会的利益分析。利益多元化格局中的党群关系发生了巨大的变化,应在研究中揭示出这些变化。

(3)从利益分配关系入手来开展党群关系状况的分析。利益主体之间的关系发生在生产、分配、交换、消费等诸领域,其中生产又起着支配作用。然而就利益关系的具体状况而言,主要表现为人对物的所有、占有、支配和使用,分配关系决定着“生产的全部性质和全部运动”[①]。分配关系理顺了,党群之间的关系才能理顺,人的积极性也才能得到发挥。在利益多元化格局中,分配已成为焦点问题,因而在对党群关系的研究中,应特别注意从分配格局上着眼。

(4)从利益关系的状况归纳协调党群关系的方法。马克思恩格斯指出,个别人的私人利益和所谓普遍利益总是互相伴随着的,个人利益和社会集体利益是个人发展的两个方面,同样由个人生活的经验条件所产生,不过是同一种个人发展的表现,所以它们仅仅在表面上是对立的,共同利益就是自私自利的交换,一般利益就是各种自私利益的一般性。毛泽东历来反对狭隘的功利主义者,认为决不能只看到眼前的利益而忘记了远大利益,同时又不能忽视人民群众的生活,要认真处理在人民根本利益一致的基础上所出现的人民内部矛盾。邓小平则直接强调了按照统筹兼顾的原则来协调各种利益关系。如何在坚持马克思主义利益协调原则的基础上,探究利益多元化格局中协调党群关系的方法,就是我们在研究中所要完成的最终任务。

2.历史和逻辑相统一的方法

经济利益多元化的出现有一个产生发展的过程,需要以历史意识和历史感为基础。而把这些历史的过程通过逻辑的方法,在概念等思维形式中加以概括,是历史的内涵在理论思维中的再现。以历史为基础而达到逻辑与历史的统一,才能产生正确的理论。恩格斯曾经指出:“历史从哪里开始,思想进程也应当从哪里开始,而思想进程的进一步发展不过是历史进程在抽象的、理论上前后一贯的形式上的反映。”[②]

在利益多元化格局中,党群关系问题凸显,这既是在社会实践过程中出现的时代问题,也是利益冲突与利益协调问题发展的逻辑使然。当前党群关系所面临的现实的利益冲突和利益协调问题,同时也是前人在探究这一问题中所遇到的难题和困惑的历史发展。在现实中所遇到的问题同时也是理论上的难题。因此,坚持历史与逻辑相统一的方法,首先就是要认真梳理前人在探究党群问题上的内在逻辑及其所面临的难题,进而揭示出利益多元化格局中探寻党群关系所面对的真正问题,同时也把当前党群关系所面临的利益冲突与利益协调问题置于人类社会历史发展的大背景下,从而在历

---

① 《马克思恩格斯全集》(第25卷),人民出版社,1974年,第994页。

② 《马克思恩格斯选集》(第二卷),人民出版社,1995年,第43页。

史的向度上对协调党群关系作出深刻把握。

3.从抽象上升到具体的方法

从抽象上升到具体的研究方法的基本要求首先就是要注意从“属于一切社会形式”的“一般的抽象的规定”出发来开始研究。在对感性材料进行加工、改造和制作的过程中,去伪存真、去粗取精、由此及彼、由表及里,揭示出客观事物的本质、内在联系和规律性,得出一些具有一般普适性的概念、范畴和原则。只有在将有关的概念、范畴、原则等基本理论弄明白了,才能为我们接下来的具体研究工作奠定坚实的基础。马克思曾强调指出:“在经济形态的分析上,既不能用显微镜,也不能用化学反应剂,二者都必须用抽象力来代替。”本书力图在总体逻辑上符合于从抽象上升到具体的方法来展开研究:首先,系统梳理利益多元化格局中党群关系的有关理论问题,搭建起一个研究框架;其次,厘清利益多元化格局中党群关系发展的脉络;再次,对利益多元化格局中党群关系存在的问题作出客观的描述;最后,尝试提出构建和谐党群关系的可行路径。

当然,正确的抽象必须是科学的而非想当然的抽象,必须做到:①科学抽象必须在充分占有事实材料的基础上进行。②科学抽象应该更深刻地反映出对象的活生生的本质。③科学抽象对对象本质的反映不是静止的、一成不变的。④科学抽象是以比较发达、比较典型的对象为原型的。这些都是在运用从抽象上升到具体的分析方法时所应注意的。在本书中,我们将既从马克思主义利益理论和党群关系理论的科学抽象出发,又不单单停留于理性的抽象,而要重视现实、回到现实,注意在对实证材料尽可能详尽的占有和分析的基础上反映当前的具体问题,把握住其本质特征。

4.多学科综合研究的方法

利益多元化格局中的党群关系问题作为一个普遍而又复杂的社会现象引起了许多学科的关注和研究。自近代以来,一方面,随着“利益被提升为人的统治者”①,利益多元化格局中的党群关系问题又引起了哲学、经济学、政治学、心理学以及社会学等不同学科的思想家们的普遍关注,他们纷纷在各自不同的研究视域内对这个问题的不同层面进行了研究和探讨,得出了一系列很有价值的结论。因此,对利益多元化格局中的党群关系问题进行跨学科的系统性研究的理论基础已经具备。另一方面,从利益冲突及利益协调问

---

① 《马克思恩格斯全集》(第1卷),人民出版社,1956年,第674页。

题探寻党群关系的实质的一系列问题的出现，又使得我们必须对这一问题进行系统的哲学层面的研究和探讨。因此，我们对利益多元化格局中的党群关系问题的研究决不能仅仅局限在一个狭小的范围内，用某一层面的研究来代替系统的整体研究，也不能用对党群关系问题的党建研究代替其他各门学科的具体研究，而是要在广泛吸收和借鉴其他学科研究方法和研究成果的基础上，对其进行跨学科的系统性的综合研究。所以本书综合了多学科的相关知识，对其采用综合研究的方法，在纵向与横向、动态与静态、局部与整体等多向的比较研究中，综合考察利益多元化格局形成和发展的脉络。首先从哲学思辨的角度指出利益多元化格局是社会发展的进步、历史发展的必然；然后运用经济学、社会学等多学科的相关知识，从不同角度、不同层次综合探讨了利益多元化格局中党群关系的实质，以期从中寻找到化解利益矛盾和冲突的路径与方法。

第一章

马克思主义利益理论及党群关系理论的概述

综观人类发展的历史长河，人类多样化的需求决定了人类追求多样化的利益，而经济利益是其中的核心。利益多元化格局是现代人类实际生活中普遍存在的社会现象。在利益多元化格局的背景下，一方面，它构成了驱动人类社会不断发展前进的强大动力，任何个人和群体的思想、动机和行为都可以从其对自身利益的追求中找到合理的解释和深层的底蕴。另一方面，它引发了各个利益主体之间的利益矛盾和利益冲突，使利益整合面临着严峻的困难，从而使党与人民群众之间产生了诸多矛盾。如果不能构建出与利益多元化格局的发展趋势相适应的党群关系，那就会使党群之间的矛盾和分歧更加复杂、更加难以协调，甚至会危及党的执政基础。那么我们应该怎样去看待在社会主义市场经济条件下的利益多元化格局？它的实质和所产生根源是什么？它又会对党群关系的稳定和发展产生什么样的影响？我们又该构建出什么样的党群关系来与之相适应？所有这些都是我们研究时必须首先面对的问题。因此，本章首先将对马克思主义利益理论及党群关系理论进行梳理，以期为整个论题的研究奠定理论基础。

第一节　利益范畴与历史唯物主义的发展

利益问题是一个重大的现实问题，同时也是一个严肃的哲学理论问题。马克思恩格斯正是由于接触了现实生活中的大量物质利益问题，才推动着他们的研究从唯心主义转向了现实的经济关系，并最终创立了历史唯物主义。也正是从唯物史观出发，马克思恩格斯洞察到了利益的本质，正确地说明了利益的特点及其历史作用，阐明了人类从事一切社会活动的根本动因就在于追求利益；利益纷争是阶级斗争所产生的物质根源；利益冲突对社会发展起着根本的推动作用；利益是思想的基础，利益决定着思想，并决定着政治权力的使用；物质的生产关系是利益的社会基础和本质；等等。马克思恩格斯科学地说明了利益范畴，构建起了马克思主义的利益理论。要想探寻利益多元化格局中的党群关系，就必须搞清楚利益范畴，回顾马克思主义经典作家对利益问题的理论探索。

一、利益范畴体现了历史与现实的辩证统一

"唯物史观"实际上与"历史唯物主义"是同一概念。马克思和恩格斯共同制定了历史唯物主义的基本原则，恩格斯首先使用并具体解释了"唯物主义历史观"和"历史唯物主义"的术语。众所周知，马克思主义哲学的理论来源是德国古典哲学，主要是黑格尔的辩证法及费尔巴哈的唯物主义。但黑格尔与费尔巴哈的哲学都具有局限性。黑格尔哲学虽然具有辩证法的特征，但却是唯心主义的；费尔巴哈哲学虽然具有唯物性，但却没有辩证法的特征，同时，费尔巴哈哲学仅局限于唯物主义的自然观，而不具有唯物主义的历史观。从马克思主义哲学的发展历程来看，马克思之所以从唯心主义走向唯物主义，首先就是以社会历史观为切入点的。马克思正是在对社会现实问题的深入探究中，才实现了世界观的彻底改变，才实现了辩证法与唯物主义、唯物主义自然观与历史观的有机结合，才最终实现了哲学史上的重大变革。因此，历史唯物主义与辩证唯物主义的形成经历了一个发展过程，在历史唯物主义创立以前，马克思并不是一个唯物主义者。正如列宁所指出的："马克思和恩格斯的学说是从费尔巴哈那里产生出来的，是在与庸才们的斗争中发展起来的，自然他们所特别注意的是使唯物主义哲学向上发展，也就是说，他们所特别注意的不是唯物主义认识论，而是唯物主义历史观。"①

历史唯物主义的开端范畴不只是理论的，而首先应是现实的，在当代现实社会之中。马克思以经济学的开端为例，深入地阐述了这个问题。当代经济学研究的主体是资本主义经济和资本主义社会，有人说道："从地租开始，从土地所有制开始，似乎是再自然不过的了，因为它是同土地，即同一切生产和一切存在的源泉结合着的，并且它又是同一切多少固定的社会的最初

① 《列宁选集》(第二卷)，人民出版社，1960年，第336页。

的生产形式，即同农业结合着的。但是，这是最错误不过的了。"[①]在奴隶社会与封建社会中，土地所有制虽然处于支配地位，但在工业社会中，也有着土地所有制的性质的问题，如果不理解土地所有制，也就不懂得工业社会。而在资本主义社会中，资本处于支配地位，农业则变成了一个工业部门。因此，不是以地租去说明资本，而是一旦离开了资本就无法弄懂地租。所以"资本是资产阶级社会的支配一切的经济权力。它必须成为起点又成为终点，必须放在土地所有制之前来说明"[②]。历史唯物主义虽然是无产阶级的世界观和方法论，但却是以资产阶级社会的客观现实为前提和出发点的，这是不由人们的意志来选择的。历史唯物主义的开端范畴必须表现这个社会主体的存在形式，它必须是历史发展的产物，同时也是未来社会的生长点，是全部发展的萌芽。利益范畴就是这样的一个范畴。它首先是现实的，马克思在《论犹太人问题》一文中就突出强调了利益在市民社会中的作用，"实际需要、利己主义就是市民社会的原则；只要政治国家从市民社会内部彻底产生出来，这个原则就赤裸裸地显现出来。实际需要和自私自利的神就是钱"[③]。恩格斯在通过对政治经济学进行研究，也进一步加深了对利益与市民社会的认识。18世纪英国工业革命的第一个结果"就是利益被提升为人的统治者。利益霸占了新创造出来的各种工业力量并利用它们来为自己服务；由于私有制作祟，这些本应属于全人类的力量便为少数富有的资本家所独占，成为他们奴役群众的工具。商业吞并了工业，因而变得无所不能，变成了人类的纽带；人与人之间的一切关系（个人的或国家的），都被归结为商业关系，或者换句话说，财产、物成了世界的统治者"[④]。市场经济就是利益经济，市场经济中的经济人就是利益人，市场交换关系就是利益关系。利益就成了协调人与人之间关系的杠杆，成了人与人之间相互联系的桥梁和纽带。

在古代，利益是为政治服务的，而到了现代，政治则要为利益服务。英国之所以成为资本主义早期的统治者，就是因为利益。因此，恩格斯说道："只有英国才有社会的历史。只有在英国，纯粹作为个人，有意识地不代表普遍原则的人们才促进了民族的发展，并且使之接近完成。只有在这里，群众才是为自己的私人利益进行活动的群众；只有在这里，原则要对历史有所影响

① 《马克思恩格斯全集》（第2卷），人民出版社，1995年，第24页。

② 同上，第25页。

③ 《马克思恩格斯全集》（第1卷），人民出版社，1956年，第448页。

④ 同上，第674页。

必须转化为利益"[1]。英国的市民社会搭建了私人利益得以实现的平台,在这一平台之上,利益代替了人的统治,将政治置于利益之下。综观英国的历史,就是利益逐渐上升到统治地位的市民社会的历史,利益范畴不仅是理解市民社会的起点,也是把握未来社会走向的基石。正如恩格斯所指出的:"政治改革首先宣布,人类的联合今后不应该再通过强制,即政治的手段来实现;而应该通过利益,即社会的手段来实现。它以这个新原则为社会的运动奠定了基础。"[2]因为利益已成了一切联合的基础,所以无论对于市民社会来说,还是对于未来社会来说,它们的联合不再是"政治的手段",而应通过"利益"来实现。因此,利益既是市民社会的出发点和基础,又是走向未来社会的手段和途径。作为历史唯物主义出发点的利益范畴,就体现了历史与现实的辩证统一。

二、对利益问题的关注与唯物史观的形成

在唯物史观的传统形态中,我们找寻不到有关利益问题的踪迹。利益问题往往被视为政治学、社会学或伦理学中的具体问题而被置于唯物史观的视域之外。但事实上,从唯物史观的形成及其内在结构来看,马克思的世界观之所以发生根本性的转变,一个重要契机就在于他对现实利益问题的关注。因而从一定意义上可以说,厘清利益问题在唯物史观中的应有地位,既可以帮助我们进一步加深对利益问题的立场、观点和方法的理解,又可以帮助我们更深刻地把握唯物史观的理论形态。

众所周知,马克思最初是青年黑格尔派,基本哲学倾向是黑格尔的唯心主义。他也正是从对现实利益的关注中,透过对利益问题的探析,才告别了唯心主义,超越了形而上学,最终走向了历史唯物主义。因而可以说,马克思的世界观正是从对现实利益问题的关注开始发生根本改变的。1842—1843年,马克思大学毕业后就参与了现实斗争。当时,他作为《莱茵报》的编辑,接触到了现实生活中的利益问题。马克思曾谈道:他之所以从学法律改为研究经济问题,是为了要对"物质利益"问题发表意见。"我学的专业本来是法律……我作为《莱茵报》的编辑,第一次遇到要对所谓物质利益发表意见

---

① 《马克思恩格斯全集》(第1卷),人民出版社,1956年,第661~662页。

② 同上,第663页。

的难事"[①]。正是在《莱茵报》时期的现实生活,特别是赤裸裸的物质利益问题,使马克思深刻地认识到了黑格尔的唯心主义原则与现实存在着巨大的鸿沟和矛盾。在黑格尔看来,国家是普遍利益的代表,是理性的体现。然而马克思看到:一方面,统治阶级为了能够"保证林木占有者的利益,即便因此毁灭了法和自由的世界也在所不惜"[②];另一方面,各个等级的实际斗争归根到底受他们各自阶级的利益所制约。"人们奋斗所争取的一切,都同他们的利益有关。"[③]此外,黑格尔认为,国家是绝对理念的体现,而普鲁士王国则是绝对理念的最高体现。但青年马克思却看到,普鲁士国家绝非理性的体现,而是维护富人利益的工具。因此,马克思对黑格尔哲学产生了巨大的信仰危机,陷入了理论的困惑和思想的苦恼。青年马克思在困惑和苦恼中清算着自己从前的哲学观念,开始探索新的理论问题。

《黑格尔法哲学批判》是马克思主义国家学说的第一部著作,马克思在这部著作中说道,"实际上,家庭和市民社会是国家的前提,它们才是真正的活动者;而思辨的思维却把这一切头足倒置"[④]。因此,"要获得理解人类历史发展过程的钥匙,不应当到被黑格尔描绘成'大厦之顶'的国家中去寻找,而应当到黑格尔所那样蔑视的'市民社会'中去寻找"[⑤]。市民社会决定国家这一理论的提出,既是马克思在《莱茵报》时期所形成的注重人的现实利益的思想的进一步总结和提升,又是唯物史观形成过程中所迈出的关键一步。如果说马克思在对林木盗窃法的争论中已经站在劳动者的利益角度思考问题的话,那么在《德法年鉴》时期,马克思则找到了实现劳动者利益的阶级力量——无产阶级。在他看来,"批判的武器当然不能代替武器的批判,物质力量只能用物质力量来摧毁",因此,"哲学把无产阶级当作自己的物质武器,同样,无产阶级也把哲学当作自己的精神武器"[⑥]。从此,马克思与黑格尔的唯心主义世界观开始决裂,毅然决然地转向了唯物史观。显然,正是由于接触了现实生活中的物质利益问题,才促使马克思转向对现实经济关系的研究。后来,马克思也正是通过对现实利益问题的研究,才确立起了生产关系

① 《马克思恩格斯选集》(第二卷),人民出版社,1995年,第31页。
② 《马克思恩格斯选集》(第一卷),人民出版社,1956年,第173页。
③ 同上,第82页。
④ 同上,第250~251页。
⑤ 《马克思恩格斯全集》(第16卷),人民出版社,1964年,第409页。
⑥ 《马克思恩格斯选集》(第一卷),人民出版社,1995年,第9、15页。

的范畴和历史唯物主义理论体系，从而正确地解决了利益的本质及其历史作用问题，最终找到了推动历史发展的钥匙。

与马克思一样，青年恩格斯也是通过对利益问题的研究转向唯物主义的。1842 年 11 月，恩格斯通过对英国社会经济状况的考察，发现了经济利益在社会生活中所起到的支配作用，认识到了阶级冲突的基本原因是基于物质利益。在此期间，物质利益问题成为恩格斯理论研究的一个中心问题。随后，他与马克思合著的《神圣家族》一书，通过对利益问题的进一步探究，对唯物史观的某些原理进行了初步论证，提出："'思想'一旦离开'利益'，就一定会使自己出丑。"[①]对于以往的理论来说，不是把自己"打扮"成抽象的人类普遍利益的代表，就是强调自己理论的纯粹，绝不会受到利益因素的"干扰"。而对于马克思主义而言，既不存在与人的现实利益相脱节的纯而又纯的思想，也不存在所谓代表抽象的人类普遍利益的理论。任何思想都必须从利益出发，建立在现实利益的基础之上并为一定利益而服务。不受任何利益因素干扰的理论是不存在的。因此，马克思主义哲学认为，只有与人类社会的现实利益紧密结合的理论，才是真正的理论。既要将实现个人的利益作为自己理论研究的目标，又要时刻站在劳动者利益的立场之上，从现实的利益问题出发去考虑问题。

在马克思主义诞生以前，唯心主义一直在社会历史领域居于主导地位，用"绝对精神""意志理念"来解释历史发展，看待社会现象。对于旧唯物主义者来说，虽然他们提出了一些有价值的思想，但仅仅涉及表面现象而已，其中不乏荒谬和自相矛盾之说。正如马克思所指出的："从前的一切唯物主义（包括费尔巴哈的唯物主义）的主要缺点是：对对象、现实、感性，只是从客体的或者直观的形式去理解，而不是把它们当作感性的人的活动，当作实践去理解，不是从主体方面去理解。"[②]马克思在总结先哲们探索人类社会奥秘的过程中，第一次真正地解决了社会意识和社会存在的关系这个哲学的基本问题，构筑起了唯物史观的理论基础。在唯物史观的基础上，马克思找到了推动社会历史发展的真正动力——利益。利益是激励人们为满足自身生存和发展的需要而进行的改造客观世界的、有意识活动的客观动因，利益就是马克思主义唯物史观的重要范畴。

① 《马克思恩格斯全集》（第 2 卷），人民出版社，1957 年，第103 页。
② 《马克思恩格斯选集》（第一卷），人民出版社，1995 年，第 54 页。

三、利益是政党存在和发展的动力源泉

政党作为一种社会历史现象,就是为了利益的实现而诞生的。对于世界上任何一个政党来说,它的形成都是与特定阶级、阶层或利益集团的利益紧密联系在一起的,都是由它所代表的阶级、阶层或利益集团为了实现自身利益的最大化而不懈奋斗的实践所催生出来的。通过对资产阶级政党的历史梳理,我们可以看出,资产阶级政党虽然竭尽所能地否定政党的阶级属性和利益本质,但无论是在议会体制内产生的政党,还是从议会体制外产生的政党;无论是为最终战胜封建主义所产生的政党,还是为同无产阶级相抗衡而产生的政党,亦或是为了适应资产阶级内部不同利益集团之间的斗争而产生的政党,无一例外,都是为了争夺利益而产生的。“造成党争的最普遍而持久的原因,是财产分配的不同和不平等。有产者和无产者在社会上总会形成不同的利益集团,债权人和债务人也有同样的区别。土地占有者集团、制造业集团、商人集团、金融业集团和许多较小的集团,在文明国家里必然会形成,从而把他们划分为不同的阶级,受到不同感情和见解的支配。管理这各种各样、又互不相容的利益集团,是现代立法的主要任务,并且把党派精神和党争带入政府的必要和日常的活动中去。”①同样,通过对无产阶级政党的历史梳理,我们也看到了,无产阶级在其诞生之日起,就开诚布公地阐明了自己的阶级属性,将自己定位为为无产阶级和劳苦大众的利益而服务的政党。恩格斯曾明确指出:“迄今为止在历史著作中根本不起作用或者只起极小作用的经济事实,至少在现代世界中是一个决定性的历史力量;这些经济事实形成了产生现代阶级对立的基础;这些阶级对立,在它们因大工业而得到充分发展的国家里,因而特别是在英国,又是政党形成的基础,党派斗争的基础。”②在马克思主义经典作家们看来,政党就是阶级与阶级之间的利益矛盾和利益冲突发展到一定阶段的产物,因而成了阶级之间进行利益争夺的工具。

首先,政党具有利益表达的功能。从政治过程的角度进行分析和研究,政党所具有的利益代表性,首先表现在利益表达功能的发挥上。所谓“利益表达”,就是将政党所代表的阶级、阶层或集团的利益、愿望和诉求反映出来

---

① ［美］汉密尔顿、杰伊、麦迪逊著:《联邦党人文集》,程逢如等译,商务印书馆,1980年,第47页。

② 《马克思恩格斯选集》(第四卷),人民出版社,1995年,第196页。

的过程。当然，对于每一个利益主体来说，都有着利益表达的动机和能力，但问题的关键就在于，利益主体的愿望和诉求到底应该通过什么样的利益表达方式才能更好地实现？在统治者依靠手中所掌握的国家权力主宰着社会利益资源的分配的时候，到底应该通过什么样的利益表达途径才能使更多的利益分配给自己呢？经过实践的检验证明，与分散的个体利益表达相比，组织的利益表达往往更加有力，而政党正是一个完美的利益表达工具。其原因就在于，政党与其他社会组织相比，有着使主体的利益愿望和诉求理论化的特殊功能，使其所代表的阶级、阶层或集团的利益以理论化的形态阐述出来。这种利益表达方式，既动员和凝聚了本阶级成员的力量，又为政党的政治活动寻找到了根据，能够对国家政权形成持续的强大压力，以实现其所代表的利益。在马克思主义看来，共产党“在理论方面，他们胜过其余无产阶级群众的地方在于他们了解无产阶级运动的条件、进程和一般结果”[①]，在于有一个科学的世界观作为其理论基础。同时，政党还是一个以夺取政权并执掌政权为根本目标的政治组织，这也决定着它不同于一般性的民意代表机构，其所作出的利益表达能够对统治阶级形成更大的冲击力。因此，广大社会成员才会将各自的利益表达交由政党，以便形成更大的影响力，更好地实现自己的利益。

其次，政党具有利益综合的功能。所谓“利益综合”，就是将各个利益主体的愿望和诉求转化为政策主张的过程。当然，利益综合与利益表达是紧密联系、不可割裂开来的。一个政党所提出的理论和纲领，既是一种利益表达，同时也是一种利益综合，是政党高举的一面旗帜，指引着前进的方向。但是如果一个政党只是提出了理论和纲领，还不能使利益得以实现。因为输入到政党的是一个个分散化的多元利益诉求，而从政党输出来的则只有经过综合化了的政策主张才有可能被纳入到政治决策的过程中。理论和纲领只能用来证明利益诉求的合理性，而政策和方案才能够影响到最终的决策。正如毛泽东曾明确指出的，“政策和策略是党的生命”[②]。同时，在利益综合中也需要利益表达。政党必须利用各种渠道对经过综合而形成的政策主张进行大力宣传。从西方政党的选举情况来看，各个政党的候选人为了当选，都大张旗鼓地进行政策宣传，这便是经过综合之后的利益要求的表达。可见，政党

---

① 《马克思恩格斯选集》（第一卷），人民出版社，1995年，第285页。

② 《毛泽东选集》（第四卷），人民出版社，1991年，第1298页。

的利益综合功能就是将利益要求纳入到政治体系输入进决策过程的中间环节。《布莱克维尔政治学百科全书》在解释“利益表达和聚合”概念时指出：“有组织的利益集团阐述和表达社会经济集团和其他社会集团的政治要求，并把这些要求转达给各个政党、立法机构和行政机构；而政党领袖则被看作是在竞选过程中吸引选票、在立法过程中组织辩论，并借以努力将这些特殊的要求转变为政策抉择的中间人。”“一个敏感的，有效的民主过程，一方面势必与那种社会所有的多种利益均通过社会团体和独立政党加以组织的情势联系在一起，另一方面势必与两党变体或三党变体的共识的政党制度相贯通。这样的结构模型能确保社会各种要求比较自由地流入政治过程，并由此可以在一种有组织的和首尾一贯的决策过程中同化。”[①]从这个意义上来说，政党就是将社会成员的愿望和诉求转化为公共政策的政治组织。

最后，政党具有利益实现的组织功能。任何一个政党都有自己特定的政治目标，利益表达与综合并不是政党的最终目的，他们要通过各种途径，作出种种努力以最终实现利益。对于政党而言，其最终利益的实现，就是要团结带领本阶级、阶层或集团的力量夺取政权并执掌政权。这就需要政党发挥出组织、动员的功能，而这一功能的发挥必须经过这样四个基本环节：

(1)明确的目标导向。政党必须首先确立起明确的奋斗目标，以此作为自己行动的纲领。“一个政党如果没有纲领，就不可能成为政治上比较完整的、能够在事态发生任何转折时始终坚持自己路线的有机体。”[②]恩格斯也明确指出：“一个新的纲领毕竟总是一面公开树立起来的旗帜，而外界就根据它来判断这个党。”[③]有了明确的奋斗目标，才能凝聚起本阶级、阶层或集团的力量奋勇前进。

(2)强有力的政治动员。政党要完成夺取政权并执掌政权这一政治目标，显然靠党内少数人的力量是远远不够的。政党作为民众参与政治的工具，西方政党通过将个体的选民组织、动员起来，在选举的过程中站到自己身边，凝聚力量。无产阶级政党也正是依靠着发挥各界人士的积极作用，最大限度团结一切可以团结的力量，才能够夺取政权，为着自己的政治目标而努力奋斗。

---

① ［英］戴维·米勒、韦农·波格丹诺著：《布莱克维尔政治学百科全书》，邓正来等译，中国政法大学出版社，1992，第361页。

② 《列宁全集》(第20卷)，人民出版社，1989年，第357页。

③ 《马克思恩格斯选集》(第三卷)，人民出版社，1995年，第325~326页。

(3)政治社会化。有效的政治动员,离不开强有力的思想灌输,政治实践的锻炼。只有这样,才能够使社会成员认识自己的利益,明确自己的政治角色,提高自己的政治觉悟,自觉地投入到实现自身利益的政治活动中来。这就是政治社会化的过程。列宁曾明确提出:"工人本来也不可能有社会民主主义的意识。这种意识只能从外面灌输进去,各国的历史都证明:工人阶级单靠自己本身的力量,只能形成工联主义的意识。"[①]无产阶级政党的实践证明,只有发挥出政治社会化功能,政党才能由一个"自在阶级"真正转变为"自为阶级"。

(4)选拔任用领导干部。政党要团结带领着社会成员实现奋斗目标,就必须选拔出一批能够忠实代表本阶级、阶层或集团利益的优秀人才作为领导干部,以此来保证在分配社会资源时,能够朝着有利于本阶级、阶层或集团利益的方向运作。正如列宁所指出的:"假如没有'十来个'富有天才(而天才人物不是成千成百地产生的)、经过考验、受过专业训练和长期教育并且彼此配合得很好的领袖,无论哪个阶级都无法进行坚持不懈的斗争。"[②]只有形成一个优秀的领导团队,才能达成思想共识,凝聚起磅礴的力量,以实现最终的利益。

第二节　相关概念的辨析、界定

利益问题是一个关涉人的存在和发展的根本问题,又是解读社会历史现象的一把钥匙。从人类社会历史变迁的角度看,如果没有人类的逐利行为和为调节各种利益要求而形成的利益关系格局,人类社会的进步便不可想象。在利益多元化格局的社会背景下,党群关系发生了重大嬗变,而要深入地探究这一问题,就必须首先对利益、利益多元化格局及党群关系等基本概念进行界定和辨析,以便澄清模糊的认识,为研究提供必要的基础和前提。

---

① 《列宁选集》(第一卷),人民出版社,1995年,第317页。

② 同上,第401页。

一、利益的本质、构成及分类

我国古代著名的史学家司马迁曾深刻指出："天下熙熙，皆为利来；天下攘攘，皆为利往。"[①]18世纪法国启蒙思想家霍尔巴赫明确指出："利益就是人的行动的唯一动力。"[②]马克思也曾明确指出："人们奋斗争取的一切都与他们的利益有关。"[③]今天，"利益"已是日常用语中使用频率极高的一个词，是许多学科经常运用的中心概念之一。但往往当我们不假思索地使用这个概念时，却缺乏对其进行深入的理论思考，从而很难把握利益关系的真正内涵与本质，更谈不上对利益问题作进一步的分析和研究。因此，我们必须对利益的本质、构成要素及分类这些基础性范畴进行严肃认真的探究。

（一）利益的本质

从人类历史的发展长河中，我们可以发现，利益在其中起着关键的动力作用。"利益"一词是人类文明史上最早出现的概念之一，从萌芽开始就一直受到政治、经济、道德、宗教等意识形态的影响和支配，到现代已发展成为许多学科的中心概念之一。然而由于历史时代的不同、各个社会所面临的问题不同和古今中外的学者所采取的立场、研究角度的不同等种种原因，我们陷入了对利益本质的众多论述所构成的一团迷雾之中。

从词源学的角度来考察，"利益的英文单词 interest 一词来源于拉丁文 interesse。它是由 inter+esse 构成的，原义为'处于……之中'，因为在其中就必然关心，产生兴趣，直至认识利害相关，最后形成利害关系，即为利益"[④]。就我国有文字可考的典籍而言，与利益范畴最相切近的概念是"利和益"。但往往把"利""益"分开使用，而且多用"利"而少见"益"。就"利"而言，早在甲骨文中就已经得以使用，指的是人们从事农业生产，获得丰厚收获的寓意。此后，"利"又逐渐演变成为祭祀占卜意义上的"吉利"，并在此基础上又进一

---

① 司马迁：《史记·货殖列传》。

② [法]霍尔巴赫著：《自然的体系》（上卷），管士滨译，商务印书馆，1999年，第260页。

③ 《马克思恩格斯全集》（第1卷），人民出版社，1956年，第82页。

④ 张江河著：《论利益与政治》，北京大学出版社，2002年，第26页。

步表现为与“害”相对立，并引申出了“好处”的意思。

就“益”而言，其有文字可考的历史最早可以追溯到《周易》。“益”字同“溢”，指水漫出容器之外，有增加、增殖之意，这从与“损”结合组成“损益”的构词可以看出。在《周易》中，损与益是作为一对范畴出现的，损与害是同等程度的概念，利与益是同等程度的概念。损与益相对，即是利“益”与损“害”的对立。把利“益”与损“害”对立起来，旨在说明它们对立转化的道理：或益或损，或损中有益、益中有损，或不益不损，这就需要具体情况具体处理。[①]尔后“利”“益”连用，表示“好处”。因此，《辞海》中就把利益等同于好处，所谓利益就是：“好处。如：集体利益；个人利益。”[②]

与《辞海》将利益定义为“好处”一样，有一部分学者对此持肯定的态度，认为利益的实质就是“好处”。但仅仅把利益解释为“好处”，只是对利益表现形式的一种笼统的描述。更多的学者是从“需要”的角度来界定利益概念的。例如，前捷克斯洛伐克学者奥塔·锡克认为：“利益是人们满足一定的客观产生的需要的集中的持续较长的目的；或者这种满足是不充分的，以致对其满足的要求不断使人谋虑；或者这种满足（由于所引起的情绪和感情）引起人的特别注意和不断重复的，有时是更加强烈的要求。”[③]《中国大百科全书·哲学卷》认为，利益是“人们通过社会关系所表现出来的不同需要”[④]。洪远朋认为，利益是“人们能满足自身需要的物质财富和精神财富之和，以及其他需要的满足”[⑤]。王伟光认为：“利益是需要主体以一定的社会关系为中介，以社会实践为手段，以社会实践成果为基本内容，以主观欲求为形式，以自然生理需要为前提，使需要主体与需要客体之间的矛盾得到克服，使需要主体之间对需要客体获得某种程度的分配，从而使需要主体得到满意。”[⑥]李淮春进一步认为，利益就是“社会化的需要，人们通过一定的社会关系表现出来的需要。利益在本质上属于社会关系的范畴。社会主体维持自身的生存和发展，只有通过对社会劳动产品的占有和享用才能实现，社会主体与社会劳动

① 李镜池著：《周易通义》，中华书局，1981年，第83页。

② 辞海编辑委员会：《辞海》，上海辞书出版社，1979年，第1955页。

③ [捷]奥塔·锡克著：《经济—利益—政治》，王福民等译，中国社会科学出版社，1984年，第263页。

④ 《中国大百科全书》（哲学卷），中国大百科全书出版社，1982年，第483页。

⑤ 洪远朋著：《经济利益关系论——社会主义市场经济利益关系研究》，复旦大学出版社，1999年，第2页。

⑥ 王伟光著：《利益论》，人民出版社，2001年，第74页。

产品的这种对立统一关系就是利益”①。

关于利益问题的研究，国外学者一直都予以高度的重视。一些近代西方学者认为，利益与幸福之间存在着必然的联系，强调利益的一个本质特征就在于能使人们感到幸福和快乐。例如，西方功利主义的代表人物德谟克利特认为，利益是衡量痛苦和快乐的根本尺度，快乐是建立在使自己感到有利的事物基础上所产生的；伊壁鸠鲁认为，快乐是建立在感性的基础上而不是建立在理性的基础上，只要感到快乐和幸福，就实现了最高的利益；爱尔维修同样也是从感性的立场上来对利益的含义作出解释的，认为利益是人们逃避痛苦，向往快乐的一种自觉的东西，进而引申出了人的“自爱”本能。洛克从个人私有财产的角度出发，认为利益只有通过人们的劳动才能够得以实现；霍尔巴赫给利益下了一个比较明确的定义：“人的所谓的利益，就是每个人按照他的气质和特有的观念把自己的安乐寄托在那上面的那个对象；由此可见，利益就只是我们每个人看做是对自己的幸福所不可缺少的东西。”②

从目前来看，古今中外学者关于利益的定义不胜枚举，各有不同，存在着争议。归纳起来，目前对利益本质的论述大致可以划分为以下三种代表性的观点：

第一种观点把利益看作纯主观的东西，认为利益不过是人的主观情欲的要求。虽然从人的利益离不开欲望和需要这点来看，具有一定的合理性，但简单地把利益等同于人的主观需要，就片面地强调了人的需要对于利益判断的重要性，而忽视掉了利益的客观性。第二种观点把利益看成从内容到形式都是纯客观的东西，认为利益就是某种实物的东西，是不以人的主观愿望为转移的客观存在。这种观点完全排斥主体在利益中的作用，仅从客体的角度来定义利益，显然同第一种观点一样，也是片面的。第三种观点则把利益看成是主观与客观相统一的东西，认为利益的内容是客观的，表现形式是主观的，利益具有二重特性。这种观点认为，利益是客观物质在主体中的反映：一方面利益首先表现为一种需要，具有主观性，另一方面又表现为一定的客观性，即必须有一定的客观物质满足人的需要。显然，这种观点比前两种观点更加全面，但如果把人实际得到的满足作为利益，就会把诸多对主体有用的、有价值的东西看作利益的唯一，所以也是不全面的。

---

① 李淮春等著：《马克思主义哲学全书》，中国人民大学出版社，1996年，第376页。

② ［法］霍尔巴赫著：《自然的体系》（上卷），管士滨译，商务印书馆，1999年，第259~260页。

从以上的归纳分析中可以看出，这三种观点都只是从一个方面去理解利益,它们都没能够完整地揭示出利益范畴的真正本质。那么什么才是利益的真正本质呢?

马克思曾明确告诉我们:“利益是社会化的需要，人们通过一定的社会关系表现出来的社会需要。利益在本质上属于社会关系范畴。社会主体维持自身的生存和发展,只有通过对社会劳动产品的占有和享有才能实现,社会主体与社会劳动产品的这种对立统一关系就是利益。”[①]这一观点为我们揭示利益的本质给予了宝贵的启示。

马克思的这一观点首先强调指出,利益并不是一个实体范畴,而是一个社会关系范畴。它是需要对象在满足需要主体要求的过程中所建立起来的对立统一关系,是在需要主体与需要对象达成一致时所产生的。也就是说,利益既源于人的某种需要,又源于客观存在。利益只有通过主体进行社会实践活动,并在对劳动产品的占有和享受的过程中才能够得以实现。所以如果简单地把利益对象等同于利益本身,就大错特错了,利益产生的第一个前提条件就是利益必须属于人。只有把利益主体与利益对象相互联系起来时,它才是利益。如若没有人需要它们,它们即使有各自的用处,也不能构成利益的客观内容,而只能是利益的潜在对象。同时,人并不是孤立的个人,而是处于一定社会关系中的人，人在从事社会活动的过程中要受到各种社会关系的制约,所有这些关系都会影响到人(利益主体)的需要能否被满足和满足的程度。因此,从这种意义上讲,利益不是一个实体范畴,而是作为社会关系范畴存在的。

其次,利益不仅是一个评价性概念,更是一个事实性概念。在利益主体和利益对象之间的对立统一关系中才能够产生利益，而这种关系并不是停留在人们的头脑中的一种纯粹主观的东西,而是客观存在的,存在于现实的社会实践当中,是社会现实的反映,表征着社会现实的关系。马克思恩格斯曾说过:“共同的利益不是仅仅作为一种普遍的东西存在于观念之中，而且首先是作为彼此分工的个人之间的相互关系存在于现实之中。”[②]虽然看起来对利益的评价和利益本身有着密切关系,甚至有时相互缠绕,无法严格地区分两者之间的界限,但决不能把两者相互等同。那种简单地把利益等同于

---

① 《马克思主义哲学全书》,中国人民大学出版社,1996年,第376页。

② 《马克思恩格斯全集》(第3卷),人民出版社,1960年,第37页。

“好处”或“需要的满足”的观点，其实质就是把对利益的评价等同于利益本身了。当然，利益的实现确实能够在效果上体现出利益主体所得到的“好处”或“需要的满足”，但这仅仅只涉及某一利益主体的主观感觉，只有利益主体对某一对象作用于自身的效果有着自我认识与评价时，这个界定才能成立。因为每一个利益主体都可以根据自己的需求以及感受来对利益进行评判，无法建立一个普适性的客观标准，从而使利益的判定失去了客观的依据。因此，我们决不能把利益当作一个评价性的概念来使用，而应注重它的事实性的概念。

最后，利益是在需要主体与需要对象之间达成一致的基础上产生的。虽然利益的直接来源是人的需要，是人的需要的一种本能反应，但我们并不能把需要与利益直接等同起来。需要是主体对客观对象的一种直接欲求，源于人的本能，而利益则只有通过社会关系的转化才能够表现出来。也就是说，只有需要主体与需要对象之间的关系相一致，才能使需要转化为利益。如果需要主体能够毫不费力地占有需要对象以获得满足，那么需要是不能与利益相等同的。例如，在空气质量非常高的地区，人们对于清新空气的需要是不会变成人们的利益的，而只有当空气质量非常恶劣时，这种需要才会转化为人们的利益。正如奥塔·锡克所指出的：“成为利益的，通常只是引起人的最强烈的情绪和感情（爱好、满意、激动等）的需要的满足，或需要的满足是不充分的，并因此唤起他持久的注意和他对充分满足这种需要的追求。”[①]所以绝不是人们的所有需要都可以成为利益，也不是需要得到满足之后所表现出来的状态才是利益。那种把需要的满足或实现之后的状态等同于利益的观点，其实就是把利益的实现与利益相混淆了。因此，从本质上说，利益就是需要主体与需要对象之间存在的对立统一的关系。

（二）利益的构成

既然需要主体与需要对象之间的对立统一关系是利益的本质，相应地从利益的构成上来看，利益就是由利益主体、利益客体和利益中介这三个部分所构成的。但是这三个构成部分在利益中所处的位置以及所发挥的作用是各不相同的。

---

① ［捷］奥塔·锡克著：《经济—利益—政治》，王福民等译，中国社会科学出版社，1984年，第263页。

首先，是利益主体。所谓利益主体，就是“在一定社会关系下从事生产活动或其他社会活动，以便直接或间接地追求自身社会需要满足的人（个体或群体），即利益的追求者、承担者、生产者、实现者、消费者和归属者”[①]。所以利益必须是以利益主体的存在为前提的，没有利益主体，就不可能存在利益，利益主体是利益存在的必要条件。利益主体在现实社会中的具体表现就是处于一定的群体和组织结构之中的人。当前，个人作为利益主体的重要性显著提高，而个人在追逐其利益的实现过程中也必然结成各种利益群体。所以从主体上可以把利益划分为利益个体和利益群体两个方面。其中利益个体是利益主体的基本单位，利益个体在实现其利益的过程中又结成了集合体，从而在利益个体的基础上又形成了利益群体。根据利益群体所代表的利益个体的差异以及所追逐的利益对象的不同，我们可以把利益群体划分成家庭利益、集体利益、社会利益、国家利益等各个方面。当然，这些利益主体并不是杂乱无章的、孤立的，它们共同存在于一种特定的利益体系之内。

其次，是利益客体。利益绝不是由人们的主观欲望而产生的，它必须具有对客观对象的取向，必须依附于一定的客观对象的基础之上。所谓利益客体，就是“利益主体认识、追求、需要和创造的对象，即利益主体指向的对象。利益客体是利益主体追求并实现满足的客观对象”[②]。利益客体所包含的内容和范围非常广，不仅包括人类已经认识和接触到了的所有物质和精神的客观对象，而且还包括我们仍没有得以探究的客观对象。在现实生活中，人们常常认为利益就是某种具体的物品或产品，是不以人的主观为转移的客观存在。这种观点实际上就是把利益混同于利益的载体，即利益的客体或利益对象了。其实，利益本身就体现着主客体关系，利益是利益主体通过占有、享受利益客体，在实现自身需要的过程中产生的。没有离开利益主体而单独存在的利益客体，也没有离开利益客体而单独存在的利益主体，两者之间是相互依存、互为条件的。因此，利益就是在利益客体的自然属性与利益主体的社会属性相结合的过程中产生的。只有把利益客体纳入到利益主体的活动范围之内，打上了人类的印记之后，才能成为现实的利益客体，利益现象也才会发生。

最后是利益中介。所谓利益中介，就是把利益主体与利益客体相互联系

① 王伟光著：《利益论》，中国社会科学出版社，2010年，第98页。

② 同上，第106页。

起来,以形成一定利益关系的桥梁。人的社会生活在本质上是具有实践性质的,利益关系的形成正是通过人的社会实践活动来完成的。所以利益中介实质上就是人们的社会实践活动。当然,客观对象要成为现实的利益客体必须具有一定的条件,只有那些通过人的实践活动可以满足利益主体需要的客观对象才能转化为利益客体。利益正是在通过对人的活动的对象化的过程中,也即在实践的过程中来实现的。正如列宁所指出的:“世界不会满足人,人决心以自己的行动来改变世界。”①马克思也明确指出:人们“积极地活动,通过活动来取得一定的外界物,从而满足自己的需要”②。正是通过社会实践活动,才真正实现了利益主体和利益客体的相互关系。利益客体作为纳入利益主体视野范围之内的客观对象,在人的活动的对象化过程中是必不可少的,利益主体正是在对这些客观对象进行改造的基础上实现利益获得的。因此,从根本上说,人们所从事的社会实践活动构成了利益的中介,实现了利益关系的连接。

总之,构成利益的这三个要素是紧密联系在一起的,缺一不可。即利益必须与特定的利益主体相联系,而每一个利益主体又会对利益客体有着各自的不同需要,利益客体也只有通过社会实践活动才能够满足各个利益主体的需要,以此才真正地形成了利益。

(三)利益的分类

利益问题是非常庞大、极为复杂的,我们在对利益的本质有了一个大致的了解之后,还要进一步搞清楚它的类别。对利益进行分类,其目的就在于比较清晰和相对有序地把握错综复杂的利益及其相互关系。要搞清楚复杂的利益类别,就必须把握科学的分类法,掌握客观的分类原则,厘清其间的相互关系,从而揭示出社会利益结构的基本图景。

1.个人利益和共同利益

关于利益,我们总是首先按照主体之间的差别来进行分类的,人们也总是会把利益与一定的主体相联系。可以说,对利益进行分类的基础就是按照利益主体之间的差别来进行的。大致可以把利益主体划分为个人利益和共

① 《列宁全集》(第38卷),人民出版社,1963年,第229页。

② 《马克思恩格斯全集》(第19卷),人民出版社,1963年,第405页。

同利益两个类别。所谓个人利益,也称私人利益或个体利益,它是个体行为产生的主要动机,反映了人们之间最基本的利益关系,是其他利益产生的基础。马克思曾明确指出:“共同利益在历史上任何时候都是由作为私人的个人造成的。”[①]这充分说明了在个人利益的基础上才能形成共同利益。

所谓共同利益,也称社会公共利益和社会整体利益,它是为了社会自身存续和发展而由社会成员所享有的整体性利益。如当前所存在的能源短缺问题、人口问题、环境污染问题等,都是涉及整个人类社会的共同利益问题。人们为了更好地实现利益,可以根据利益的一致性组成各种利益群体,而每一个利益群体都是在本群体共同利益的指导下走到一起的,为本群体的利益服务,如家庭利益、企业利益、行会利益等。随着涉及个人利益得失的共同利益问题日益显著,在人的自私自利的背后,学者们也开始更加注重从整个人类社会的共同利益出发来发现问题和解决问题。

2.阶级利益和国家利益

对阶级利益和国家利益的划分也是在按照利益主体差别分类的基础上产生的,它们在社会历史发展过程中占有非常重要的地位。列宁曾给阶级下过一个完整的定义:“所谓阶级,就是这样一些集团,这些集团在历史上一定的社会生产体系中所处的地位不同,同生产资料的关系(这种关系大部分是在法律上明文规定了的)不同,在社会劳动组织中所起的作用不同,因而取得归自己支配的那份社会财富的方式和多寡也不同。所谓阶级,就是这样一些集团,由于它们在一定社会经济结构中所处的地位不同,其中一个集团能够占有另一个集团的劳动。”[②]由此可以看出,阶级利益就是由经济上处于不同地位的个人利益所组成的利益集团,按照阶级的地位来进行利益的分配,体现了阶级内部不同个人、群体、阶层的共同利益的本质。马克思恩格斯认为,分工是阶级产生的原因,正因为有了分工,才有了职业的不同,有了资本家和工人,从而产生了资产阶级和无产阶级两个对立的阶级。从根本上说,就是统治阶级和被统治阶级、剥削阶级和被剥削阶级的对立和矛盾。在阶级社会里,阶级利益矛盾与冲突是历史发展的动力,推动着阶级社会不断向前发展。

与阶级利益相比,国家利益在更大范围上考察了利益的运行和实现,将

① 《马克思恩格斯全集》(第3卷),人民出版社,1960年,第275~276页。

② 《列宁选集》(第四卷),人民出版社,1995年,第11页。

国家作为利益的目的,把国家利益或宏观利益置于首要地位,是个人利益及阶级利益得以实现的重要保证。对国家利益的理解有两个层面:一是国家利益与个人利益的关系以及国家整体利益与各利益主体之间的关系。与国家的产生相伴随的是公共权力和暴力机构被掌握在统治阶级的手中。这一阶级实质也就从根本上决定了国家利益的实质，即国家利益是阶级利益的一种特殊形式,是居于统治地位的一种阶级利益。二是国家与国家之间的利益关系。国家作为一定的地域居民的集合体,存在着某些共同利益。当国与国之间的利益关系表现为竞争大于合作时，相互对立的战争状态就会爆发出来。为了抵御外来的侵略,保护本国的利益,国内各民族和各阶级利益的对立便会降到次要地位而一致对外。实质上,只有国内居民共同需要的利益实现后,才能为统治阶级实现其利益提供保障。因此,在维护国家利益的同时,如何把国家利益与其他利益兼顾起来便是我们必须重点考虑的问题。

3.物质利益和精神利益

按照利益的客观内容来进行划分,可以划分出物质利益和精神利益。每一个利益主体都具有各自的物质利益需要和精神利益需要,缺一不可。物质利益需要的满足是人类从事一切社会历史活动的基础，只有这些物质需要得到基本的满足后，人才能得以生存并进一步发展。人们所进行的生产劳动、阶级斗争、甚至社会革命,其目的都是为了实现物质利益的满足。人们也正是在不断获得物质利益满足的过程中不断发展进步的。

所谓精神利益,就是以精神需要为实际内容的利益类别。人们在追逐利益的过程中,并不仅仅局限于物质利益,也包括自尊、荣誉、友爱等心理和精神的需要。人对精神利益的需要是在满足物质利益需要的基础上产生的,是对物质利益需要的进一步升华。正是在对精神利益需要的追求中,才产生出了人类巨大的精神力量。物质利益和精神利益的统一,才能构成人的整体利益,如果某一方面得不到满足,利益主体也就不能得到全面的发展。因此,我们决不能把物质利益和精神利益截然对立起来，既不能把人们对物质利益的追求视为单纯的拜金主义和道德沦丧的根源，也不能把人们对精神利益的追求看作脱离物质的基础和不食人间烟火的非理性追求。而应该把物质利益与精神利益结合起来作为考虑问题的出发点，在追求物质利益满足人类的生存和发展的基础之上,要进一步满足更高层次的精神需要,最终实现物质利益和精神利益的统一,推进社会的进步,进而促进整个人类的和谐发展,才是主体追求的最终目标。

4.当前利益和长远利益

按照利益实现的时间来划分,利益可以分为当前利益与长远利益。所谓当前利益,就是暂时的、眼前的利益,是人们可以马上就实现的利益。所谓长远利益,就是长期的、久远的利益,是人们要等很长一段时间才能够实现的利益。当前利益和长远利益都是一个主体自身所拥有的利益。长远利益要以当前利益为基础,只有当前利益得到满足,主体的生存和发展得到一定保障的时候,才能够去自发地追求长远利益,否则长远利益根本无从谈起。而我们也要清楚地认识到,如果只看重当前利益而不顾长远利益,那就等于中断了未来的发展道路,也会最终丧失当前的利益,所以长远利益是一种高于当前利益的高层次利益。

利益的实现是一个过程,在这个过程中,由于长远利益往往脱离于一般群众的视野,便容易使一些人陷入对利益选择的盲目性中,只看重当前利益而不管是否会危害将来发展的长远利益。所以在其利益实现的过程中,人们必须认识到虽然当前利益可以满足人们目前最为急迫的需要,但它却有可能损害未来发展的需要对象,而长远利益却可以创造未来发展的需要对象,为实现可持续发展提供源泉。必须使人们的行为不仅以当前利益为目的,更要与长远利益联系起来,当两者之间发生矛盾时,可以为了保证长远利益的实现而牺牲部分当前利益。我们当前提出的可持续发展战略就指出了当前利益和长远利益之间辩证关系的重要性。只有这样,才既能满足人们的当前利益,调动人们的积极性,又能不为一时得失而影响今后的发展,使其利益不断得到满足。

除了按照上述几种标准对利益进行分类外,还可以按照利益实现的程度重要划分出根本利益和暂时利益,按照利益实现与否划分出既得利益和将来利益,按照利益是否实现划分出现实利益和非现实利益。当然,利益的分类是相对而言的,利益主体的需要具体表现为一定的利益客体,而利益客体也只有与利益主体联系起来时,才能发挥出作用。在对利益分类的分析中可以看出,当前的社会利益结构是一个多元、开放的利益体系。在这个利益场域中,每一个利益主体都有着各自的对利益客体的需求,而这些需求又都是各异的。因此,从社会发展的趋势上看,利益主体多元化的社会现实不可避免地存在着的。

二、利益多元化的内涵及表现形式

利益多元化是相对传统社会主义的利益均等化、一元化而言的。我国的利益多元化格局的形成与社会主义市场经济体制的建立有着必然的联系。所谓市场经济就是以市场作为基本的资源配置手段的经济。当市场成为资源配置的基本机制时，利益的分配已经不是主要取决于国家的意志了，而是取决于市场和社会的利益博弈。在博弈的过程中，任何一个具体的经济社会事务都可以成为一种利益，从中滋生出一群为分享这种利益的人，他们围绕着各自的利益在市场中进行充分的博弈，从而就衍生出了多元化的利益格局。

（一）利益多元化的内涵

关于利益多元化的国内外研究成果，经过检索、查阅发现虽然理论界已经对利益多元化的一些问题进行了研究，但也只涉及了利益多元化的表现形式、形成的原因以及对社会所产生的影响等方面。从总体上来看，对利益多元化现象的认识还是比较有限的，缺乏深入和系统的探讨，甚至直到目前为止，还没有人给它下过一个得到公认的具有可操作性的定义。相比较而言，国内外学术界对社会分层问题的研究比较广泛和深入。社会分层的基础是利益的分化，因此社会分层理论为本书的写作提供了重要的间接理论来源。我认为，对利益多元化含义的理解应包括以下三个方面：

首先，在一个利益体系之中，存在着利益主体和利益种类的多元化。社会主义市场经济体制的建立和社会主义民主政治的发展必然要求具有依法维护自身利益的主体存在。其中，个人追逐利益的合法性和正当性得到了社会的普遍认可，其作为利益主体的基础地位得到了广泛承认。而个人在追求其利益实现的过程中也必然会结成各种利益群体或集团。所以我们可以从主体的角度上，把利益划分为个人利益、家庭利益、集体利益、集团利益、国家利益、社会利益等多个方面。而这些利益主体并不是杂乱无章的，它们结成一定的社会关系，共同存在于这一利益体系框架内。

其次，在一个利益体系之中，各利益主体都是独立的，存在着多元利益的自由竞争。所谓多元，就是指每一个主体不依附于他人，受他人支配，都含有自己独特的属性。利益的多元化之所以是社会发展的必然趋势，能够促进社会进步，其原因就在于利益多元化意味着利益的自由，每一个利益主体都是独立的，有自己的独特地位，占有自己的利益份额。正是多元的利益主体在市场中自由地竞争，才能实现利益的最大化，也才能协调好各利益主体之间的相互关系。可以说，只有在自由竞争中才能够对复杂的利益关系做出恰当的安排。

最后，在一个利益体系之中，各利益主体之间又是相互依存、相互制约的，存在着共同的利益诉求。虽然各利益主体都是相对独立的，为了各自的利益展开激烈的竞争，由此也必然会出现多种形式的利益冲突，但这并不意味着他们之间不存在某种共同的利益诉求。其实，冲突的功能从一定意义上来说，具有促进社会整合的正功能。“如果没有发泄互相敌意和发表不同意见的渠道，群体成员就会感到不堪重负，通过释放被封闭的敌对情绪，冲突可以起维护群体关系的作用。”[①]共同利益从其本质上来说，是寓于特殊利益之中的，“共同利益在历史上任何时候都是由作为私人的个人造成的”[②]。所以，人并不是仅有自私的一面，还同时存在着某种共同的利益诉求，并对个人利益起着制约作用。如当前所存在的能源短缺问题、粮食安全问题、环境污染问题等，都是人类社会所普遍面临的共同利益问题，这些问题将会直接影响到个人利益的得失。因此，在个人利益的基础上必然形成共同利益。

综合以上对利益多元化内涵所包括的几个方面的理解，我认为，所谓利益多元化，就是在一个利益体系内，存在着多个、多种类型的独立的利益主体，各利益主体代表各自的利益并在一定的社会关系中自由地竞争，以实现各利益主体的不同利益需要。

（二）利益多元化的表现形式

关于利益多元化的表现形式问题，目前学界可谓众说纷纭：利益多元化指社会利益结构的多元，含利益主体的多元、利益分配方式的多元、社会成员利益所得的多元等（孙锦华，1996）；利益多元化是指利益主体和利益种类的多元化、多元利益的自由竞争、多样性的利益冲突（叶传星，1997）；利益多元化包括利益主体多元化、利益分配格局多元化、利益关系复杂化（王伟光，

① ［美］科塞著：《社会冲突的功能》，孙立平等译，华夏出版社，1989 年，第 33 页。
② 《马克思恩格斯全集》（第 3 卷），人民出版社，1960 年，第 275~276 页。

2001)；利益多元化包括主体多元化、客体多元化、利益行为竞争性三方面的内涵(汤可可,2002)；利益多元化可以分为两个层次,其一是利益主体的多元化,其二是主体利益的多元化(杨春福,2008)。

虽然众多学者对经济利益多元化的思考角度、表述各不相同,但实质上涉及的主要共同问题就是利益主体、利益客体、利益关系、利益实现手段及途径等。其中,利益分配方式的结果、利益分配格局的表现,都是各种形式的收入,这其实就包含利益客体的内容;利益行为竞争性则实际上包含了利益实现的手段、途径以及表达方式等内容。因此,利益多元化的表现形式主要包括利益主体多元化、客体多元化以及利益关系的复杂化三个方面的内容。

首先,利益主体多元化。利益主体是在一定经济关系下从事生产活动和其他社会活动的追求者、承担者、实现者和归属者。它是社会利益运动的自觉的、能动的、主观的要素。任何利益主体所追求的都是利益的最大化,在各自追逐利益的过程中,必然使各利益主体基于自己的理性观念和价值判断,认识到自己和其他社会成员在某些问题上有共同利益,从而分化和重组。因此,所谓"利益主体多元化,就是指个人利益独立化和多种利益群体并存的局面"[①]。

其次,利益客体多元化。利益绝不仅仅是主体的一种自我感觉,而必须依附于一定的客观对象之上。所以利益客体就是经济利益主体所追求和满足的对象。不同的利益主体因所处的地位不同,利益观、价值观不同,其对利益的诉求也肯定不一样,利益客体自然就会表现出不同的形式。虽然利益客体表现为收入、股金、利息等多种形式,但无论何种形式的利益客体,都必须与利益主体相联系,否则利益客体也就不存在了。因此,所谓利益客体的多元化就是指能够满足利益主体需要所指向对象的多元化。

最后,利益关系复杂化。利益关系是一切社会关系产生、发展、变化的根源。根据马克思主义的基本原理,人们要满足自身的生命需要并获得进一步的发展,首先就必须进行生产活动,人们的生产活动实质上就是追求利益、谋取利益的过程,人们在获取利益以满足自身需要的社会活动中,彼此之间必然发生一定的社会关系,而这种社会关系就表现为物质的、经济的利益关系。而在利益关系的基础上又形成了不同的利益主体和利益客体关系,利益主客体之间的辩证统一关系就构成了整个利益关系的主要关系。因此,所谓

---

① 刘子忠:《正确认识利益主体多元化》,《瞭望》,2001年第41期。

利益关系的复杂化就是指各种各样的利益关系之间相互影响、相互制约,呈现出纵横交错、相互渗透的复杂利益体系。

综合以上利益多元化的三种表现形式,其实质分别是利益主体、利益客体和利益关系。其中,利益分配格局多元化属于利益客体的内容,所说明的也就是各利益主体的收入分配的多元化。利益关系复杂化所表现出来的矛盾最终也必然表现为各利益主体之间的矛盾。因此,从中我们可以得出,我们所研究的利益多元化其实质就是利益主体的多元化。

三、"党群关系"及相关概念辨析

我国党群关系是马克思主义的相关理论与我国国情、党情相结合的产物,既反映了人类政治文明发展的普遍规律,又具有鲜明的中国特色。利益多元化格局中的党群关系，是中国共产党与人民群众在政治地位平等基础上的利益代表、权力关系的具体体现，党代表着最广大人民群众的根本利益,运用人民群众所赋予的权力实现好、维护好、发展好人民群众的根本利益,人民群众是国家权力的主人。为了更好地研究利益多元化格局中的党群关系,需要明确"政党"与"人民群众",界定和区分党群关系与干群关系等相关概念。

(一)"群众"的内涵

《辞海》对群众所给出的解释是大众。《史记·礼书》记载:"宰制万物,役使群众。"从群众的词源来看,群众是指以劳动人民为主体,与统治者、执政者、领导者相对而言的概念。商务印书馆 2002 年版的《现代汉语词典》对"群众"给出了三层含义:一是泛指"人民大众";二是指"没有加入共产党、共青团组织的人",表示"党员"与"群众"的区别;三指不担任领导职务的人,表示"干部"与"群众"的区别。本书所指"群众"是第二层含义,即与党员相对称的群体和个体。与西方将群众的概念定义为贬义词相区别,在社会主义国家,群众的概念是褒义词,指一种积极向上的、可以组织动员的社会力量。

群众是一个历史范畴,在不同的历史时期有着不同的外延。毛泽东曾明确指出:"在建设社会主义的时期,一切赞成、拥护和参加社会主义建设的阶级、阶层和社会集团,都属于人民的范围;一切反抗社会主义革命和敌视、破坏社会主义建设的社会势力和社会集团，都是人民的敌人。”[①]改革开放以来，社会阶层结构发生了重大变化，“群众”的范围也相应地不断扩大。邓小平重申并深刻阐发了“知识分子是工人阶级一部分”的科学论断，同时，把“社会主义”和“爱国主义”两面旗帜作为统一战线的政治基础，指出：“在我国新的历史时期，我们的革命的爱国的统一战线也进入了一个新的历史发展阶段……它已经发展成为全体社会主义劳动者、拥护社会主义的爱国者和拥护祖国统一的爱国者的最广泛的联盟。”[②]在这里，就将一切虽然不赞同社会主义、不信仰马克思主义，但赞成祖国完整统一、愿意为实现中华民族的伟大复兴尽力并遵守宪法的人，纳入进了“群众”的范畴，使“群众”的概念超越了社会制度的局限，进一步拓展了群众的外延。党的十三届四中全会以后，江泽民根据新形势下国际国内发展变化的实际情况，把“有中国特色社会主义建设者”作为群众范畴的判定标准，把六个新生的社会阶层纳入进了群众的范畴之内，赋予“群众”概念以新的外延。

从我国的现实情况来看，群众具有如下特征：一是广泛性。将一切对历史发展和社会进步起促进作用的社会成员全部包括在内。二是复杂性。既包括体力劳动者，也包括脑力劳动者和其他各种类型的社会劳动者，既有代表社会先进生产力的社会阶层，也有那些与落后的生产方式联系在一起的、但有发展社会生产力要求的社会阶层及其成员。三是差异性。在阶级属性、民族、文化程度、职业、生活经历、政治面貌等要素上都存在着相当大的差别。特别是群众的范围还包含着众多的社会利益主体。各个社会利益主体不仅在经济地位、社会地位等方面存在不同，而且在政治归属感和政治认同感方面也呈现出了明显的差异。四是多样性。政治取向的一致性与政治价值多元化并存，经济目标的共同性与利益追求的多样性并存，文化上的同一性与多元文化的影响并存，宏观上的主体地位与微观上的雇佣地位并存。

（二）“政党”的定义

西方学者早在20世纪以前就对政党进行了研究，曾从不同的角度对政党下过定义。如《国际社会科学百科全书》中指出：“‘政党’一词在十九世纪

---

① 《毛泽东选集》（第五卷），人民出版社，1977年，第364页。

② 《邓小平文选》（第二卷），人民出版社，1994年，第203页。

随着欧美代议制的发展和选举权的扩大而产生。它指的是与一个或更多的政党竞争而赢得公职选举为目标的组织。后来'政党'的意义逐渐引申,亦包括并非从事竞争选举的政治组织,诸如无法通过选举而取得公职的小党,寻求废止选举竞争的革命组织,以及极权国家的统治集团。"[①]

英国辉格党理论家爱德蒙·柏克认为,政党是"在某种一致同意的特定原则基础上结合起来,用他们的共同努力来促进国家利益的人们的团体"[②]。他对政党给予了正面的评价,强调政党是民主制度中不可或缺的组成部分。

这些对政党作出的定义虽然简单，但都表明学者们已经注意到政党产生的目的在于增进国家的利益。人们围绕着某种利益组织成立了政党,通过政党对社会公共权力施加一定的影响,以获得特定的利益。

当美国出现政党组织后,美国学者从竞选的视角对其进行了研究,认为政党的根本任务就是从事选举。如布洛克斯在《政党与选举问题》一书中指出:"政党乃是一个由个人基于自愿所组成的政治团体，为政府提供一般措施、建议,或者制定政策,选举与支持领导人物为公职候选人,以作为实现其主义与政策最有效之方法。"[③]拉斯韦尔和卡普兰在他们的经典性著作《政治诉求的架构》中指出:"政党是一个阐述复杂问题并在选举中提出候选人的集团。"赫伯特更是将政党与选举直接联系起来,认为政党是"为了参与选举竞争而形成的组织，并藉由提名候选人以自己的政党名义参选来达成这个目标"[④]。

从西方学者给政党所下的定义中我们可以找到共性，即都没有强调政党的阶级性,他们往往更加重视政治体制运作的一面。与此相反,马克思主义政党则更加强调政党的阶级性一面,认为政党是一定阶级、阶层或集团的积极分子为维护本阶级、阶层或集团的利益,围绕着夺取政权并执掌政权而建立起来采取共同行动的政治组织。

综观中外学者对政党的各种解说,可以对政党下这样的定义:政党是一定社会集团中一部分政治主张相同的人自愿结合在一起，以夺取政权并执掌政权为目的的政治团体。这一定义应包括以下三方面内容:

---

① *International Encyclopedia of the Social Sciences*, The Macmillan Company, 1968. Vol. 11, p.428.

② 石泰峰著:《当前重大理论与热点问题研究》,中共中央党校出版社,2006年,第294页。

③ Robert C. Brooks, *Political Party and Electoral Problems*, Harper & Brothers, 1993.p.14.

④ Herbert M. Levine 原著:《最新政治学争辩的议题》,王业立等译,韦伯文化国际出版有限公司,2003年,第261页。

(1)政党是一部分政治主张相同的人所结合的团体。政党总是从属于某个阶级、阶层或集团的,因而其必然是由对政治问题意见一致,政治主张相同的人员所组织、结合在一起的团体。

(2)政党是以夺取政权并执掌政权为目的的政治团体。虽然政党是由政见相同者结合在一起的团体,但结合只是手段而已。组成政党的根本目的就在于夺取政权并执掌政权,以实现政党所代表的某个阶级、阶层或集团的政策、纲领和主张。

(3)政党是一个有组织、有目标、有纪律的政治团体。政党作为一个具有政治性的团体,必须具备完整性的组织、严格的纪律,才能使政党的功能得到最大限度的发挥,使中央与地方、党员与政党、党员与党员之间步调一致,朝着共同的目标而努力奋斗。

(三)党群关系与干群关系的辨析

从党群关系与干群关系的内涵与外延来看,两者是既有交叉又有区别的概念。所谓党群关系,从宏观上来讲,就是政党与群众之间的关系问题。从微观上来看,就是政党作为一种组织系统与其系统之外的各个团体、公民、选民以及自治型组织的关系,所反映的就是政治组织与社会组织之间的关系问题。所谓干群关系,就是政府官员与人民群众之间的关系问题。所反映的就是公共权力与民众之间的关系问题。两者之间的差异主要表现在以下三个方面:

第一,党群关系是政党作为一个政治组织与人民群众之间的关系。而干群关系则是在由领导干部组成干部队伍的整体中,其中的每一位领导干部与人民群众之间的关系,它具有一定的职责范围、地域界限和特定群体等特点。

第二,从党群关系与干群关系的内涵与外延来看,党员之中包含着一部分领导干部,但领导干部却不一定是共产党员。

第三,党的宏观指导与干部的具体行为是有区别的。随着国际和国内形势的发展变化,中国共产党为应对形势变化的挑战,必须不断改进党的领导方式和执政方式。可见,领导与执政是有着区别的,所谓领导,就是在宏观层面上进行引导,包括重大政策的制定、方向性的把握、意识形态的控制等,它决定着执政党对社会的统领。所谓执政,就是政权运作层面上的组织,包括权力结构的制度安排、权力主体和客体的对象界定、权力运行的机制设计等,它反映着政党与政权之间的关系。

中国共产党同时担负着领导党与执政党的双重角色，这就决定着党群关系与干群关系之间又存在着紧密的关联。首先，从执政党的逻辑结构来看,政府在党的领导之下,因而党群关系中应包含着干群关系。党管干部原则是我们党作为一个执政党一以贯之的基本原则。在长期执掌政权的条件下,党管干部原则直接关系到党执政根基的稳固,而各级领导干部代表着党执掌政权并行使权力，所以干群关系也就成为党群关系表现的一个重要方面。其次,在各级各类政权机构中,党员干部在整个干部队伍中占据着绝大多数,习惯上也将领导干部看作是党的干部。因而领导干部的所作所为也被视为党的所作所为,代表着党的形象。最后,在当前中国的政治生活中,党的政策主张是通过政府机构等一系列中介环节与人民群众所接触的。在这一政治体制下,党群关系主要是通过政群关系,最终通过干群关系表现出来。从工作职责和权力运作来看,各级各类领导干部都承担着贯彻、执行党的路线、方针和政策的使命。因此,领导干部的工作态度、作风和实绩,就成为群众判断党的路线、方针和政策的有形载体。这样一来,干群关系也就直接影响着党群关系。总之,党群关系决定着干群关系,干群关系是党群关系表现的一个侧面。

(四)党群之间的利益关系及其要求

人对于物质、精神、生活条件等的直接需要,具体表现为人与人之间的利益分配关系,它所反映的人与人之间的生产关系、经济关系,利益关系就是人类一切关系的基础。

党群关系从本质上来说,就是利益关系。一方面,马克思主义的利益观体现出了党群关系在本质上是利益关系。首先,“人们奋斗所争取的一切,都同他们的利益有关”[①]。人类所进行的一切活动最终都是由人的物质身体来承担,并由人的物质活动来完成的。这一特点就决定了“人们为了能够‘创造历史’,必须能够生活,但是为了生活,首先就需要吃喝住穿以及其他一些东西。因此第一个历史活动就是生产满足这些需要的资料,即生产物质生活本

① 《马克思恩格斯全集》(第1卷),人民出版社,1995年,第82页。

身”[①]。所以说,人们为之奋斗所争取的一切最终都与他们的物质利益直接有关。其次,“‘思想’一旦离开‘利益’,就一定会使自己出丑”[②]。在人类各种各样的利益类型中,起决定性作用的就是经济利益。“每一既定社会的经济关系首先表现为利益。”[③]物质利益之所以能够成为一切经济关系的轴心,成为推动经济社会发展的内在动力,就是因为“人们之间是有物质联系的。这种联系是由需要和生产方式决定的,它和人本身有同样长久的历史;这种联系不断采取新的形式,因而就表现为‘历史’”[④]。在一定生产力的发展水平上,生产劳动所创造的物质财富是人类生存和发展的前提,决定着人们可以享用的物质生活资料的基本规模和水平;而生产关系即物质利益关系则决定着每一个社会成员实际所能分得的社会财富的份额,并由此决定人们之间的其他社会关系。另一方面,党的先进性决定着党群关系的本质是利益关系。无产阶级政党之所以先进,就在于其代表着人民群众的根本利益。毛泽东早在革命战争时期就强调指出:“共产党人的一切言论行动,必须以合乎最广大人民群众的最大利益,为最广大人民群众所拥护为最高标准”[⑤],“要使广大群众认识我们是代表他们的利益的,是和他们呼吸相通的。要使他们从这些事情出发,了解我们提出来的更高的任务,革命战争的任务,拥护革命,把革命推到全国去,接受我们的政治号召,为革命的胜利斗争到底”[⑥]。邓小平曾明确指出:“革命精神是非常宝贵的,没有革命精神就没有革命行动。但是,革命是在物质利益的基础上产生的,如果只讲牺牲精神,不讲物质利益,那就是唯心论。”[⑦]在新形势下,习近平同样强调:“我们的人民热爱生活,期盼有更好的教育、更稳定的工作、更满意的收入、更可靠的社会保障、更高水平的医疗卫生服务、更舒适的居住条件、更优美的环境,期盼孩子们能成长得更好、工作得更好、生活得更好。人民对美好生活的向往,就是我们的奋斗目标。”[⑧]

中国共产党始终代表着最广大人民群众的根本利益,除了人民群众的

① 《马克思恩格斯全集》(第2卷),人民出版社,1972年,第103页。

② 《马克思恩格斯全集》(第2卷),人民出版社,1956年,第102页。

③ 《马克思恩格斯选集》(第三卷),人民出版社,1995年,第209页。

④ 《马克思恩格斯选集》(第一卷),人民出版社,1995年,第81页。

⑤ 《毛泽东选集》(第三卷),人民出版社,1991年,第1096页。

⑥ 《毛泽东选集》(第一卷),人民出版社,1991年,第138页。

⑦ 《邓小平文选》(第二卷),人民出版社,1994年,第146页。

⑧ 《十八大以来重要文献选编》(上),中央文献出版社,2014年,第70页。

利益之外，从没有任何自己的特殊私利。因而从根本上来说，党与人民群众的根本利益是一致的。首先，中国共产党的性质和宗旨集中体现党与人民群众利益的一致。中国共产党与其他政党的本质区别，就是为绝大多数人谋利益，而不是为少数人谋利益，更不是为个人谋私利。正如党的十八大报告中所指出的："始终把实现好、维护好、发展好最广大人民根本利益作为党和国家一切工作的出发点和落脚点，尊重人民首创精神，保障人民各项权益，不断在实现发展成果由人民共享、促进人的全面发展上取得新成效。"[①]其次，中国共产党的要求和做法决定着党与人民群众利益的一致。自中国共产党诞生以来，就公开申明，自己是代表最广大群众根本利益的，共产党没有也不允许有任何特殊的私利。在革命战争时期，中国共产党人的信仰和动机，就是为无产阶级的自由和解放而努力奋斗，为最广大人民群众的根本利益而奋斗，同样，共产党也正是因为紧紧依靠和团结广大人民群众才能求得生存和发展。新中国成立以来，中国共产党成为执政党，掌握着国家政权，拥有着调动人、财、物等资源的公共权力。在经济上，强调大力发展生产力，满足人民群众日益增长的物质利益需求；在政治上，不断发展社会主义民主政治，满足人民群众不断增长的政治利益需求；在文化上，繁荣社会主义先进文化，满足人民群众不断增长的文化利益需求。因而可以说，中国共产党执政的历史也就是不断满足人民群众日益增长的根本利益的历史。

人民群众是中国共产党的立党之本、执政之基、力量之源。在执政以后，我们党所面临的最主要的考验就是"利益"的考验，所面临的最大的风险就是"脱离群众"的风险。只有始终坚持把人民群众的利益放在第一位，全心全意为人民群众谋利益，才能使党赢得最广大人民群众的拥护和支持，始终立于不败之地。毛泽东曾反复告诫全党："一切空话都是无用的，必须给人民以看得见的物质福利。"[②]邓小平一再强调，少讲空话，多干实事；江泽民提出，制定和贯彻党的方针政策，基本着眼点是要代表最广大群众的根本利益。胡锦涛提出："各级领导干部要坚持深入基层、深入群众，倾听群众呼声，关心群众疾苦，时刻把人民群众的安危冷暖挂在心上，做到权为民所用，情为民所系，利为民所谋。"[③]习近平进一步提出："在任何时候任何情况下，与人民

① 《十八大以来重要文献选编》（上），中央文献出版社，2014年，第7页。

② 《论党群关系——毛泽东、邓小平等同志的重要论述》，中共中央党校出版社，1990年，第77页。

③ 《十六大以来重要文献选编》（上），中央文献出版社，2005年，第84页。

同呼吸共命运的立场不能变,全心全意为人民服务的宗旨不能忘,群众是真正英雄的历史唯物主义观点不能丢,始终坚持立党为公、执政为民。"[①]从理论上来讲,人民群众是社会主义国家的真正主人,是社会财富的创造者,同时也应该是社会公共资源和社会财富的所有者、占有者和享受者。但在实际运作过程中,由于代表党执政的领导干部掌握着国家权力的使用权,同时也就掌握着社会公共资源和社会财富的使用权和支配权,这就不可避免地出现了"利为谁所谋"的问题。在我国,领导干部作为社会公共利益的代表者,是党群利益关系中的主要方面,决定着关系的紧张程度。对于这个问题,刘少奇早在五十多年前,就曾有过明确的阐述。他说:"社会上一切不合理的现象,一切没有办好的事情,领导上都有责任。人民会来责问我们国家、党、政府、经济机关的领导人,而我们对这些问题应该负责任。"[②]这就告诉我们,领导干部必须把为群众谋利益的思想具体落实到关心群众生产、生活的工作中去,围绕群众最现实、最关心、最直接的利益来落实。只有统筹兼顾不同阶层、不同行业、不同群体的利益,让发展带来的利益增量为多数群众所共享,才能使社会不同利益群体之间互惠互利、和谐发展。

第三节　马克思主义党群关系理论的确立与发展

世界上任何一个政党,都面临着如何处理好政党与人民群众之间的关系问题。政党与人民群众之间的关系总是处在一个不断协调的发展过程之中,社会发展所引发的利益关系、利益格局的调整,决定了一定范围内的社会矛盾和冲突是在所难免的。这种矛盾在长期执政的条件下,就极易表现为一定范围内的党群关系的矛盾和冲突。因此,能否协调好党群关系,就成为马克思主义经典作家们始终关注的重要问题。马克思恩格斯有关群众关系的理论,就是围绕着如何确立党在工人阶级中的领导地位,树立政党权威所展开的。列宁进一步围绕着如何巩固党的执政地位,赢得广大人民群众的信任阐述了党群关系理论。中国共产党在长期的革命、建设和改革的实践中,结合具体的国情和党情赋予了马克思主义党群关系理论以新的内容,提出

① 《习近平谈治国理政》,外文出版社,2014年,第367页。

② 《刘少奇选集》(下卷),人民出版社,1985年,第303页。

了实现党群关系和谐发展的新途径，进一步丰富和发展了马克思主义党群关系的理论宝库。

一、马克思恩格斯关于党群关系的基本思想

从马克思恩格斯的著作来看，他们虽然并没有专门提到过党群关系的概念，但他们却非常重视无产阶级政党与人民群众之间的关系问题，高度评价了人民群众所具有的革命毅力、革命精神和革命动力。马克思恩格斯由于处于无产阶级政党刚刚诞生的时期，所以他们重点阐述了无产阶级政党之所以产生的合理性，从而论证了无产阶级政党成为无产阶级领导者的资格。围绕着这个核心，他们在自己的著作中提出并阐述了关于党群关系的基本内容。

（一）阐述了无产阶级政党与工人阶级之间的基本关系

马克思恩格斯在创建无产阶级政党的过程中，高度赞扬了工人阶级在革命斗争中所发挥的重大作用，充分肯定了他们在革命斗争中的领导地位，认为群众是历史的创造者，“历史活动是群众的事业”，“人们自己创造自己的历史”。①科学社会主义中的“群众”具有特殊的指向，主要是指与无产阶级政党相对应的工人阶级。无产阶级政党是无产阶级解放事业的推动者和领导者，而无产阶级就是无产阶级政党实现其领导功能的阶级基础。

一方面，无产阶级政党自身所具有的先进性，决定了它能够成为工人阶级的领导者。在无产阶级政党产生以前，虽然欧洲各国也有着众多的工人运动组织者，但没有一个能够找到无产阶级解放的最终出路。如英国的“宪章运动”虽然领导英国的工人运动十年，但英国工人阶级的状况却没有丝毫改变。而在 19 世纪三四十年代兴起的无产阶级政党的目的就是把无产阶级组织起来，为无产阶级革命确定方向。马克思恩格斯曾在《共产党宣言》中明确指出：“在实践方面，共产党人是各国工人政党中最坚决的、始终起推动作用的部分；在理论方面，他们胜过其余无产阶级群众的地方在于他们了解无产

① 《马克思恩格斯选集》(第一卷)，人民出版社，1995 年，第 585 页。

阶级运动的条件、过程和一般结果。"[①]在马克思恩格斯看来,无产阶级政党之所以从诞生之日起就担负着领导工人阶级的重任，首先就在于其肩负的历史使命。无产阶级所追求的是整个人类的解放,只有全人类得到解放,才能解放自己,因而无论是在革命斗争之中还是在社会建设之中,无产阶级政党必须在依靠无产阶级的基础之上,紧密依靠广大劳动群众。正因为如此,马克思恩格斯在《神圣家族》中断言,历史活动是群众的事业,随着历史活动的深入,群众队伍必将不断扩大。正是基于对人民群众重要性的认识,马克思恩格斯在《共产党宣言》中还明确规定:"共产党人到处都支持一切反对现存的社会制度和政治制度的革命运动","共产党人到处都努力争取全世界民主政党之间的团结和协调"。[②]其次,无产阶级政党本身所具有的政党功能也决定了其必然成为无产阶级进行斗争的工具。现代政党诞生以后,阶级与阶级之间的较量,实际上就表现为政党之间的较量。从这个意义上来说,马克思恩格斯认为,政党是政治斗争的有力武器。无产阶级"不应再度降低自己的地位,去充当资产阶级民主派的随声附和的合唱队,而应该努力设法建立一个私密的和公开的独立工人政党组织,同那些正式的民主派相抗衡,并且应该使自己的每一支部都变成工人协会的中心和核心,在这种工人协会中,无产阶级的立场和利益问题应该能够进行独立讨论而不受资产阶级影响"[③]。

另一方面，无产阶级政党的阶级属性决定了它必须依托于无产阶级才能实现自己的领导作用。政党总是依赖于时代最先进的阶级才能生存,而这个阶级是否先进则取决于它能否代表生产力的发展要求，走到生产力发展的前列。马克思恩格斯诞生的时代,正是机器大工业产生的时代,无产阶级代表着最先进生产力的发展方向，这个物质基础也决定着无产阶级在政治上的先进要求。正如马克思恩格斯在《共产党宣言》中写道的:"在当前同资产阶级对立的一切阶级中,只有无产阶级是真正革命的阶级。其余的阶级都随着大工业的发展而日趋没落和灭亡,无产阶级却是大工业本身的产物。"[④]这充分表明了无产阶级政党只有紧密地依靠着无产阶级，才能正确表达自己的政治方向,明确指出,无产阶级是"现代一切民主运动的核心"[⑤],是"唯

① 《马克思恩格斯选集》(第一卷),人民出版社,1995年,第285页。

② 同上,第307页。

③ 同上,第369页。

④ 同上,第282页。

⑤ 同上,第200页。

一坚决革命的阶级”[①]。这就向世人昭示了这样一个颠扑不破的真理,即共产党人要最终完成自己的历史使命,就必须在紧密团结工人阶级的基础上,团结一切可以团结的力量,在革命运动的伟大实践中不断增强与最广大人民群众之间的联系。

(二)阐述了无产阶级政党是人民群众利益的代表者

自现代政党产生以来,政党与人民群众之间的相互依存关系经常受到挑战,引起危机的根本因素就是谁都不可回避的利益问题。因此,马克思恩格斯在阐述无产阶级政党与人民群众的关系问题时,也是从利益问题着手。马克思指出:“无产阶级的运动是绝大多数人的,为绝大多数人谋利益的独立的运动。”[②]恩格斯也明确指出:“我们党内可以有来自任何社会阶级的个人,但是我们绝对不需要任何代表资本家、中等资产阶级或中等农民的利益的集团。”[③]从这些论述中可以看出,马克思恩格斯进一步强调了党是无产阶级利益的代表者,他们的主张和行为充分体现了人民群众的根本利益。共产党之所以能够代表工人阶级和最广大人民群众的利益,根本原因就在于无产阶级“若不从其他一切社会领域解放出来从而解放其他一切社会领域就不能解放自己的领域”[④],无产阶级只有解放全人类,才能最终解放无产阶级自己。共产党“没有任何同整个无产阶级的利益不同的利益”[⑤]。

与资产阶级所宣称的代表所有选民的利益相区别,马克思恩格斯并不是简单地认为人民群众是被动地接受政党的领导,他们深刻感受并充分肯定了人民群众在社会历史发展过程中所表现出来的强大力量。正如马克思恩格斯在《德意志意识形态》中所指出的:“我们首先应当确定一切人类生存的第一个前提,也就是一切历史的第一个前提,这个前提是:人们为了能够‘创造历史’,必须能够生活。但是为了生活,首先就需要吃喝住穿以及其他一些东西。因此第一个历史活动就是生产满足这些需要的资料,即生产物质

---

① 《马克思恩格斯选集》(第一卷),人民出版社,1995年,第364页。

② 同上,第283页。

③ 《马克思恩格斯选集》(第四卷),人民出版社,1995年,第494页。

④ 《马克思恩格斯选集》(第一卷),人民出版社,1995年,第15页。

⑤ 同上,第285页。

生活本身,而且这是这样的历史活动,一切历史的一种基本条件,人们单是为了能够生活就必须每日每时去完成它,现在和几千年前都是这样。"[①]这进一步强调了无产阶级政党作为无产阶级利益的代表者,是建立在他们已经改变旧有立场的前提下,在自身实践的发展过程中体现着最广大人民群众的根本利益。

(三)阐述了无产阶级政党与人民群众矛盾的性质问题

公仆和主人这个概念形象地说明了无产阶级政党所扮演的社会角色的性质和党群矛盾的性质。马克思明确指出,历史是人民群众创造的,人民才是历史的主人,因此在实行无产阶级专政的社会主义国家中,一切权力属于人民,人民是国家的主人,享有管理国家、管理经济和文化事业以及管理社会事务的权利。早在 1871 年,马克思在总结巴黎公社经验时就深刻指出:"旧政府权力的纯粹压迫机关应该铲除,而旧政府权力的合理职能应该从妄图凌驾于社会之上的权力那里夺取过来,交给社会的负责的公仆。"经过普选产生的公职人员"应当为组织在公社里的人民服务"[②]。无产阶级政党作为无产阶级的领导者,应当是"社会的负责任的勤务员",巴黎公社做到了这点。公社的代表"其中大多数自然都是工人或公认的工人阶级代表"[③]。公社的代表和公职人员之所以会成为社会负责任的勤务员,其根本原因就在于:"公社一举而把所有的公职——军事、行政、政治的职务变成真正工人的职务,使它们不再归一个受过训练的特殊阶层所私有。"[④]"旧政权的纯属压迫性质的机关予以铲除,而旧政权的合理职能则从僭越和凌驾于社会之上的当局那里夺取过来,归还给社会的负责任的勤务员。"[⑤]由公社经过普选所产生出的代表,绝不是在议会里代表和压迫人民,"而是为了服务于组织在公社里的人民"[⑥]。这样一来,无产阶级政党的工作人员成了人民的公仆,为人民服务就成了社会公仆的唯一宗旨和职责。

---

① 《马克思恩格斯选集》(第一卷),人民出版社,1995 年,第 78~79 页。

② 《马克思恩格斯选集》(第二卷),人民出版社,1972 年,第 376 页。

③ 《马克思恩格斯选集》(第三卷),人民出版社,1995 年,第 55 页。

④ 同上,第 97 页。

⑤⑥ 同上,第 57 页。

马克思恩格斯也着重强调了防止党员干部由人民的公仆变为人民的主人的前提和条件。“公社一开始想必就认识到,工人阶级一旦取得统治权,就不能继续运用旧的国家机器来进行管理；工人阶级为了不致失去刚刚争得的统治，一方面应当铲除全部旧的、一直被利用来反对工人阶级的压迫机器,另一方面还应当保证本身能够防范自己的代表和官吏,即宣布他们毫无例外地可以随时撤换。”[①]可见,防止党员干部由人民的公仆变为人民的主人的前提就是废除旧有的国家机器,条件就是实行可以随时撤换的罢免制度。其具体的举措是,“为了防止国家和国家机关由社会公仆变为社会主人……公社采取了两个可靠的办法。第一,它把行政、司法和国民教育方面的一切职位交给由普选选出的人担任,而且规定选举者可以随时撤换被选举者。第二,它对所有公务员,不论职位高低,都只付给跟其他工人同样的工资。公社所曾付过的最高薪金是 6000 法郎。这样,即使公社没有另外给代表机构的代表签发限权委托书,也能可靠地防止人们去追求升官发财了”[②]。“以随时可以罢免的勤务员来代替骑在人民头上作威作福的老爷们，以真正的责任制来代替虚伪的责任制，因为这些勤务员总是在公众监督之下进行工作的。”[③]除此之外,马克思恩格斯还论述了人民群众监督的思想。“公社是由巴黎各区通过普选选出的市政委员组成的。这些委员是负责任的,随时可以罢免。其中大多数自然都是工人或公认的工人阶级代表。”[④]恩格斯也说道:“组织本身是完全民主的,它的各委员会由选举产生并随时可以罢免,仅这一点就已堵塞了任何要求独裁的密谋狂的道路。”[⑤]这就告诉我们,每个国家的工人组织或政党本身的生存,取决于它们能否反映人民群众的利益,而人民群众则有权利监督党是否真正代表了它们的根本利益。

---

① 《马克思恩格斯选集》(第三卷),人民出版社,1995 年,第 12 页。

② 同上,第 12~13 页。

③ 同上,第 96 页。

④ 同上,第 55 页。

⑤ 《马克思恩格斯选集》(第四卷),人民出版社,1995年,第 200 页。

二、列宁对党群关系理论的贡献

列宁于19世纪80年代后期开始在俄国从事创建无产阶级政党的活动，布尔什维克党作为国际共产主义运动中第一个执掌政权的无产阶级政党,在实践中面临着做好群众工作、密切与群众关系的重大任务。列宁在继承马克思恩格斯关于党群关系理论的基础上，从布尔什维克党的具体实践出发,创造性地提出了一系列事关党群关系的方针、政策,作出了巨大贡献。

(一)阐述了无产阶级政党密切联系群众的必要性

列宁在论述建立新型无产阶级政党的时候,非常强调多数原则,认为党是无产阶级先进部队与广大人民群众联系的体现，是与广大人民群众密切联系的党，并将是否密切联系群众作为辨别无产阶级政党和资产阶级政党的分水岭。资本主义只是把群众看作群氓,认为英雄创造历史,而无产阶级政党则第一次论证了人民群众是历史活动的主体，强调人民创造历史并推动着历史的前进。列宁将群众的内涵进一步丰富、发展,并与无产阶级政党的革命、执政活动联系起来。他指出,“群众”这个概念是随着斗争性质的变化而变化的。在斗争初期,只要有几千真正革命的工人就可以说是群众了。当革命的准备很充分时,“群众”整个概念就不同了,这时,“群众”不仅仅是工人阶级的代名词,也变成了那个时代的“千百万人”的集合体。列宁在1918年指出:“数以千百万计的群众——哪里有千百万人,哪里才是政治的起点;哪里有千百万人,而不是几千人,哪里才是真正的政治的起点。”[①]显然,群众这个概念发生了变化,它由“工人群众”变成一般的“全体被剥削者”,包括工人、农民以及一部分流浪无产者和小资产阶级等。这就是说,无产阶级政党要组织、领导人民群众进行革命,就必须时刻与人民群众保持着密切联系。

当然,列宁也不是毫无原则地、盲目地追求多数原则。他认为:“党是阶级的先锋队;它的任务绝不是反映群众的一般水平,而是带领群众前进。”[②]列宁也对此作了具体的分析:群众是划分为阶级的;只有把不按照生产的社

---

① 《列宁选集》(第三卷),人民出版社,1995年,第446页。

② 《列宁全集》(第33卷),人民出版社,1985年,第88页。

会结构中的地位区分的大多数同在生产的社会结构中占有特殊地位的集团对立时,才可以把群众和阶级对立起来;在通常情况下,在多数场合,至少在现代的文明国家内。阶级是由政党来领导的;政党通常是由最有威信、最有影响、最有经验、被选出担任最重要职务而称为领袖的人们所组成的比较稳定的集团来主持的。[①]在这里,列宁既强调不能把群众和政党、领袖对立起来而去否定政党和领袖,又将群众内涵进一步扩大,强调他们是靠劳动谋生的"全体被剥削者",是推动人类历史发展和社会进步的决定性力量。

在进行社会主义建设的实践中,列宁同样强调必须依靠群众,得到群众的支持和拥护。他曾批评那些患有"左派"幼稚病的共产党员,"只靠共产党员的双手来建立共产主义社会,这是幼稚的,十分幼稚的想法。共产党员不过是沧海一粟,不过是人民大海中的一粟而已"[②]。党最终能够取得事业上的成功,必须"要真正使整个阶级,真正使受资本压迫的广大劳动群众都站到这种立场上来",必须"善于引导群众采取能够保证先锋队取得革命胜利的新立场"。各个共产主义政党"不仅要善于领导自己的党,而且要善于在这些群众走向和转向新立场的过程中领导他们"[③]。"先锋队只有当它不脱离自己领导的群众并真正引导全体群众前进时,才能完成其先锋队的任务。"[④]

(二)阐述了党群关系与加强党的自身建设的联系

布尔什维克党从俄国资产阶级革命失败中汲取了充分发动群众的教训。正如列宁所总结的:"只有以一定的阶级为依靠的政党才是强有力的,才能在形势发生各种各样的转变时期安然无恙。公开的政治斗争迫使政党更紧密地联系群众,因为没有这种联系,政党就没有什么用处。"[⑤]这就告诉我们,如果党不能紧密的依靠本阶级,那党既无法巩固自己的领导地位,而且会使其面临着灭亡的危险,其政治目标更是无从谈起了。

列宁将密切党群关系与加强党的自身建设的辩证关系贯彻于革命实践的进程中,在1921年12月,他讲道:"对于一个人数不多的共产党来说,对

① 《列宁选集》(第四卷),人民出版社,1995年,第197页。

② 同上,第682页。

③ 同上,第201页。

④ 同上,第646页。

⑤ 《列宁选集》(第十七卷),人民出版社,1988年,第325页。

于一个作为工人阶级的先锋队来领导一个大国在暂时没有得到较先进国家的直接援助的情况下向社会主义过渡的共产党来说，最严重最可怕的危险之一，就是脱离群众，就是先锋队往前跑得太远，没有'保持排面整齐'，没有同全体劳动大军即同大多数工农群众保持牢固的联系。"[①]列宁提醒全党，目前也许会陷入十分危险的境地，即变得骄傲自大起来，这是十分愚蠢、可耻和可笑的。而一些政党有了骄傲自大的可能，这往往就是失败和衰落的前奏。在列宁看来，只有正视党与群众、党与阶级的差别，才能使党担负起教育群众、领导群众的责任。"共产党人始终同群众在一起，发现错误，向群众进行解释，加以改正，不断地使自觉性战胜自发性"[②]，如果党没有能够担负起领导群众并主动纠错这一责任，党就会犯"尾巴主义"的错误。同时，列宁强调党如果不顾及群众的利益和诉求，特别是对落后群众弃之不顾的话，则会在对待群众问题上犯"左"的错误。列宁曾对德国共产党人所犯的这种错误进行过诊断，认为他们的错误在三个方面：一是为了反对机会主义的领袖，而将党的领袖与阶级、群众的关系对立了起来；二是仅根据工会的保守性，就轻易地认定党应该抛弃工会；三是只因修正主义活跃于资产阶级议会讲坛，就认为议会的合法斗争已经过时了，必须抛弃。列宁在这里阐述了政党与阶级、领袖与群众的区别和联系，强调在革命的进程中，缺乏其中任何一个因素的配合，都将遭致挫折与失败。

可见，列宁的党群关系思想的目的性十分鲜明，即实现党的领导地位和建设共产主义事业。能否正确地对待群众，能否把依靠群众、教育群众和领导群众有机地结合起来，避免"左"和右的错误倾向，是衡量无产阶级政党成熟与否的客观尺度，"要是这个党不学会把领袖和阶级、领袖和群众结成一个整体，结成一个不可分离的整体，它便不配拥有这一称号"[③]。因此，同广大人民群众保持密切的联系，就是党实现领导的基本条件。

（三）阐述了保持和加强党与人民群众联系的举措

在反对沙皇反动统治的斗争中，党必须紧紧依靠群众才能形成强大的

① 《列宁选集》（第四卷），人民出版社，1995 年，第 626 页。

② 《列宁全集》（第 36 卷），人民出版社，1985 年，第 383 页。

③ 《列宁选集》（第四卷），人民出版社，1995 年，第 160 页。

力量。因此,时刻注意和群众打成一片,关心群众的利益和诉求。但布尔什维克党取得政权、成为执政党以后,一部分党员干部手中拥有了一定的权力,就逐渐沾染上了官僚主义的习气,骄傲自大、脱离群众、随意发号施令,甚至违法乱纪,使党群关系发生了疏离的迹象。列宁论证了世界上第一个社会主义国家苏联党群关系问题存在的可能性和现实性,指出官僚主义是苏维埃机关最大的祸害,如果说有什么东西会把我们毁掉的话,那就是这个——机构膨胀、人浮于事、效率不高。臃肿的机构"往往不是为我们工作,而是反对我们"[①]。造成苏维埃国家机关中官僚主义的原因:一是旧机关的残余还相当普遍而严重地存在着"过去的东西虽已被打翻,但还没有被消灭,没有退到早已成为陈迹的旧文化的阶段去"[②]。二是苏维埃机关的部分工作人员,由于受旧社会和资产阶级思想的影响和侵蚀,开始沾染旧日习气,出现越来越多的违法乱纪行为,成了国家机体上的"蛀虫"。"我们在资本主义下,在资产阶级统治下是非有官吏不可的。无产阶级受资本主义的压迫,劳动群众受资本主义的奴役。在资本主义下,由于雇用奴隶制和群众贫困的整个环境,民主制度受到束缚、限制、阉割和弄得残缺不全。因为这个缘故,而且仅仅因为这个缘故,我们政治组织和工会组织内的公职人员是受到了资本主义环境的腐蚀(确切些说,有被腐蚀的趋势),是有变为官僚的趋势,也就是说,是有变为脱离群众、站在群众之上、享有特权的人物的趋势。"[③]

列宁针对苏维埃国家的现实,果断地提出了一些保持和加强党与人民群众联系的举措,指出:"苏维埃是劳动者自己建立的……(人民)既能选派代表参加苏维埃,又可罢免他们,苏维埃的真正人民性就在这里。"[④]1917年11月,列宁起草的《罢免权法令草案》提出:"任何由选举产生的机关或代表会议,只有承认和实行选举人对代表的罢免权,才能被认为是真正民主的和确实代表人民意志的机关。"[⑤]列宁大力精简机关、缩减编制,加强对党和国家机关的检查和监督工作,提出"有必要成立一个同中央委员会平行的监察委员会……党的代表大会选出的监察委员会应有权接受和协同中央委员会审理一切控诉,必要时可以同中央委员会举行全体联席会议或把问题提交

① 《列宁选集》(第四十三卷),人民出版社,1987年,第247页。
② 《列宁选集》(第四卷),人民出版社,1995年,第784页。
③ 《列宁选集》(第三卷),人民出版社,1995年,第216页。
④ 《列宁全集》(第33卷),人民出版社,1985年,第107页。
⑤ 《列宁全集》(第38卷),人民出版社,1986年,第140页。

党代表大会”[①]。通过清党，将“欺骗分子、官僚化分子、不忠诚分子和不坚定的共产党员以及虽然‘改头换面’，但内心依然故我的孟什维克从党内清除出去”[②]。并且建议用星期六义务劳动来加强党群之间的联系，对于拒不执行的党员，则“给予开除党籍的处分”[③]。

列宁根据俄国的具体实际，在借鉴巴黎公社经验的基础上提出了一系列改进党群关系的具体措施，对于中国共产党正确认识群众、密切党群关系具有重要的理论指导意义。不过，对于如何正确地认识和处理我们自己的党群之间关系的问题，中国共产党需要科学地运用马克思列宁主义关于党群关系的基本理论，结合客观实际，不断地进行实践探索和理论创新。

三、中国共产党对党群关系理论的继承和发展

中国共产党是以中国工人阶级和最广大人民群众为基础的、全心全意为人民群众谋利益的马克思主义政党。中国共产党从建立之日起，就是一个善于密切联系群众的党。正是我们党始终保持了与中国最广大人民的密切联系，才取得了中国革命的胜利。在党执政特别是全面建设小康社会，加快推进中国特色社会主义现代化，实现伟大复兴“中国梦”的新的发展阶段，党与人民群众的关系决定党和国家的盛衰兴亡，党与人民群众的关系问题，仍然是关系党的事业成败和党的执政地位能否巩固的重大理论和实践问题。在不同的历史时期，我们党对党群关系的问题都进行了卓有成效的探索，进一步丰富和发展了马克思列宁主义关于党群关系的理论宝库。

（一）以毛泽东为代表的中国共产党人对党群关系的理论贡献

在新民主主义革命和社会主义建设初期，以毛泽东为代表的中国共产党人从马克思主义世界观和方法论的高度阐释了党群关系理论，根据中国革命和建设的实际情况，在实践中坚持党的群众路线，培育出了与人民群众紧密联系的优良作风，对党群关系理论作出巨大贡献。

---

① 《列宁文稿》(第三卷)，人民出版社，1978 年，第 265 页。

② 《列宁选集》(第四卷)，人民出版社，1995 年，第 562 页。

③ 同上，第 88 页。

1.论证了人民是历史的创造者

毛泽东在历史唯物主义的基础上阐释了党群关系理论。在1945年党的七大报告中,他就明确指出:“人民,只有人民,才是创造世界历史的动力。”[①]毛泽东阐明了人民在推动历史发展中的作用,强调了人民的历史创造者的地位,表明了党只是一个顺应民心、体察民意的领路人和领导者。这就将人民群众定位为历史的真正主人和推动历史的主力军,是党取之不尽、用之不竭的力量源泉,只有紧紧依靠着人民,党所肩负的伟大事业才能获得成功。

当然,毛泽东能够有这样的认识,是通过中国革命的具体实践得来的。早在1925年《中国社会各阶级的分析》中,毛泽东开明宗义地提出了“谁是我们的敌人?谁是我们的朋友?这个问题是革命的首要问题”[②],并在具体的实践中对中国社会的各个阶级进行了认真分析,提出:“对于中国各个社会阶级的实际情况,没有真正具体的了解,真正好的领导是不会有的。”[③]毛泽东基于两个原则来划分革命的朋友和敌人:一个是通过对社会各个阶级所处的经济地位以及由此所产生的革命态度来判断应该团结谁、打击谁;另一个是借鉴了列宁的多数原则,指出,“真正的铜墙铁壁是什么?是群众,是千百万真心实意地拥护革命的群众”[④]。对于占据中国绝大多数人口的农民,毛泽东从思想理论上的《湖南农民运动考察报告》《关心群众生活,注意工作方法》,到“打土豪、分田地”的具体实践,再到“农村包围城市”中国特色革命道路的开辟,都证明了他将党的工作中心放在了农村和农民之上。在积极取得农民支持的同时,毛泽东也非常注重统一战线工作。将中国资产阶级划分为了官僚资产阶级和民族资产阶级,既积极争取民族资产阶级的支持,又在特殊条件下将官僚资产阶级包括在内,并制定出了“又联合、又斗争”的策略,使党获得了广泛的群众基础。

毛泽东通过对中国社会各阶级的正确分析,使我们调动了一切可以调动的积极因素,团结了一切可以团结的力量,最大限度地将人民紧密团结在党的周围,这既是人民创造历史的唯物史观在具体政策上的反映,也是毛泽东关于党群关系思想在策略上的生动体现。

---

① 《毛泽东选集》(第三卷),人民出版社,1991年,第1031页。

② 《毛泽东选集》(第一卷),人民出版社,1991年,第3页。

③ 《毛泽东选集》(第三卷),人民出版社,1991年,第789页。

④ 《毛泽东选集》(第一卷),人民出版社,1991年,第139页。

2.提出了为人民群众谋利益的最高标准

毛泽东在坚持马克思主义利益理论的基础上，认为："共产党是为民族、为人民谋利益的政党。"[①]强调"共产党人的一切言论行动，必须以合乎最广大人民群众的最大利益，为最广大人民群众所拥护为最高标准"[②]。中国共产党之所以是先进的，就在于它始终代表着最广大人民群众的利益和诉求，除了人民群众的利益之外，从没有自己的任何特殊私利。因而在毛泽东看来，无产阶级政党就是为了服务人民而建立起来的，那么对于党的肌体细胞的共产党员来说，理所当然地就要全心全意为人民服务。正如他所指出的："共产党员是一种特别的人，他们完全不谋私利，而只为民族与人民求福利。"[③]"全心全意地为人民服务，一刻也不脱离群众；一切从人民的利益出发，而不是从个人或小集团的利益出发；向人民负责和向党的领导机关负责的一致性；这些就是我们的出发点。"[④]

毛泽东认为，要实现好、维护好人民群众的根本利益，首先就必须制定出符合最广大人民群众根本利益的政治路线，使党的各项方针政策和全部工作，都沿着正确的轨道运行。他经常强调指出："我们的责任，是向人民负责。每句话，每个行动，每项政策，都要适合人民的利益，如果有了错误，定要改正，这就叫向人民负责。"[⑤]同时，毛泽东也非常注重满足人民群众的利益需要，强调中国共产党作为革命和建设事业的领导者和组织者，只有切实解决好了人民群众的生活问题，满足了人民群众的诉求，才能使人民群众真心实意地拥护党。"我们应该深刻地注意群众生活的问题，从土地、劳动问题，到柴米油盐问题。妇女群众要学习犁耙，找什么人去教她们呢？小孩子要求读书，小学办起了没有呢？对面的木桥太小会跌倒行人，要不要修理一下呢？许多人生疮害病，想个什么办法呢？一切这些群众生活上的问题，都应该把它提到自己的议事日程上。应该讨论，应该决定，应该实行，应该检查。"[⑥]我们对于最广大人民群众的切身利益问题、群众的生活问题，一点也不能疏忽，一刻也不能看轻。

---

① 《毛泽东选集》(第三卷)，人民出版社，1991年，第809页。

② 同上，第1096页。

③ 《毛泽东文集》(第三卷)，人民出版社，1996年，第47页。

④ 《毛泽东选集》(第三卷)，人民出版社，1991年，第1094~1095页。

⑤ 《毛泽东选集》(第四卷)，人民出版社，1991年，第1128页。

⑥ 《毛泽东选集》(第一卷)，人民出版社，1991年，第138页。

在防止党员干部谋取私利方面，毛泽东早在《古田会议决议案》中就明确将廉洁奉公作为了党员必备的条件之一。在党行将取得政权之际，毛泽东及时向全党敲响了警钟，要求全党同志务必继续保持谦虚、谨慎、不骄、不躁的作风，务必继续保持艰苦奋斗的作风。在新中国成立后，他又再三要求党员干部必须具有克己奉公的精神，在任何时候都必须服从于民族的利益和人民的利益。对于那些贪污腐化分子，毛泽东向来不徇私情，只要违反党纪国法一律严惩不贷。

3.阐述了党的群众路线

从党的文献来看，最早提出并使用"群众路线"的人是李立三、周恩来、毛泽东等，毛泽东在讲到群众工作的时候，在他的指示、报告、讲话、文章当中，他就组织群众、宣传群众、发动群众、关心群众、相信群众、依靠群众、教育群众等一系列的问题阐述得非常多。毛泽东是在说明和解决这些问题的过程当中提出和阐发了党的群众观点的思想，他的这个思想主要体现在1929年12月为红四军的第九次代表大会起草的决议当中，这个决议是毛泽东起草的，后来被收录到《毛泽东选集》第一卷中，标题是《关于纠正党内的错误思想》。毛泽东在这个决议里面强调：红军是一个执行革命的政治任务的武装集团，红军决不是单纯打仗的，除了打仗以外，还要负担宣传群众、组织群众、武装群众、帮助群众建立革命政权，从而完成建立共产党组织等重大任务。他批评了在红四军中有一些人存在着的单纯的军事观点，由此为了谁、依靠谁的问题，就这样历史地、不可避免地提出来了。

以毛泽东为代表的中国共产党人在实践中不断地进行探索和总结。1943年6月，毛泽东为中共中央起草了一个决定，这个决定的名字叫《关于领导方法的若干问题》，在这个决定里面，毛泽东讲了一段话，对党的群众路线作了一个最早的初步的阐述。他说："在我党的一切实际工作中，凡属正确的领导，必须是从群众中来，到群众中去。这就是说，将群众的意见（分散的、无系统的意见）集中起来（经过研究，化为集中的、系统的意见），又到群众中去作宣传解释，化为群众的意见，使群众坚持下去，见之于行动，并在群众的行动中去考验这些意见是否正确。然后再从群众中集中起来，再到群众中坚持下去。如此无限循环，一次比一次地更正确、更生动、更丰富。这就是马克思主义的认识论。"[①]实际上这一段话表述的是毛泽东把马克思主义的认识

① 《毛泽东选集》（第三卷），人民出版社，1991年，第899页。

论，即实践、认识，再实践、再认识，以至无限循环，运用到了我们的群众工作中，变成了从群众中来、到群众中去，再到群众中来、再到群众中去。这个表述，是我们党对群众路线，尤其是对我们党领导群众工作的方式方法的最早的总结和概括。

对于坚持“从群众中来，到群众中去”的领导方法，毛泽东进一步指出了这样三个基本原则。第一，甘当群众的学生，虚心向群众学习。共产党员只有深入到群众中去做调查研究，虚心向群众学习，才能在工作中实事求是。第二，充分发扬民主，实行民主集中制。通过从群众中来，到群众中去的方法，汲取群众的聪明才智，提炼出成功的经验，以更好地服务群众。第三，一般号召和个别指导相结合。从许许多多的个别指导中归纳出一般意见，经过实践的反复检验以科学地指导群众的行动。毛泽东通过对群众路线的阐释，第一次把正确处理人民内部矛盾作为了社会主义国家政治生活的主题，充分表明了他真正把人民群众置于执政的主体地位之上。

（二）以邓小平为代表的中国共产党人对党群关系理论的发展

党的十一届三中全会以后，和平与发展已成为时代的主题，党的历史方位也发生了全新的变化，以邓小平为代表的中国共产党人在领导中国社会主义建设的发展过程中，从理论上对党群关系问题进行了一系列新的阐发，其主要思想理论观点表现在以下三个方面：

1.进一步拓宽了“人民群众”的概念

在改革开放的历史条件下，邓小平强调：“我们党同广大群众的联系，对中国社会主义事业的领导，是六十年的斗争历史形成的。党离不开人民，人民也离不开党，这不是任何力量所能够改变的。”[①]中国共产党作为中国特色社会主义事业的领导核心，其成员虽然是千千万万的先进分子，但相对于全体人民而言毕竟是少数。因此，实现社会主义现代化建设这一宏伟而艰巨的任务，没有一个包括中华民族绝大多数成员在内的最广泛的爱国统一战线是根本不可能的。鉴于此，邓小平创造性地指出：“在我国新的历史时期，我们的革命的爱国的统一战线也进入了一个新的历史发展阶段……它已经发展成为全体社会主义劳动者、拥护社会主义的爱国者和拥护祖国统一的爱

① 《邓小平文选》（第二卷），人民出版社，1994 年，第 266 页。

国者的最广泛的联盟。”[①]

对于我们应联合和团结的对象，邓小平提出：“统一战线的对象，清楚得很，顾名思义，是把一切能够联合的都联合起来，范围以宽为宜，宽有利，不是窄有利。”[②]“新时期统一战线的任务，就是要调动一切积极因素，团结一切可以团结的力量，为在本世纪内把我国建设成为现代化的社会主义强国而共同奋斗”，同时“还要为促进台湾归回祖国，完成祖国统一大业而共同努力”。[③]邓小平的这些论述充分地表明他以“社会主义”和“爱国主义”两面旗帜作为统一战线的政治基础，不管是不是共产党员，是不是马克思主义者，是不是赞同社会主义，只要是赞同祖国统一，愿意为振兴中华效力并遵守我国宪法的人，都纳入到人民群众的范畴之中，这实际上使人民群众的概念超越了社会制度的局限，进一步拓展了人民群众的外延。

从一定意义上来说，共产党的事业就是人民的事业，共产党所代表的就是人民，共产党的力量来自人民，因而共产党所做的一切都是为了服务于人民。离开了人民群众，共产党就会成为无源之水、无本之木，不仅会一事无成，而且存在着蜕化变质，最终被人民所抛弃的危险。

2.提出了检验党的工作的“三个有利于”标准

在社会主义现代化建设中，人民群众怀着美好的愿望，期盼着更加幸福的生活。然而在党的十一届三中全会以前，我们虽然进行了近三十年的社会主义建设，但是我们的国家却没有能够告别贫穷。于是，邓小平围绕着“什么是社会主义，怎么样建设社会主义”这一基本的理论问题，进行了深入的思考，提出了判断改革和各方面工作是非得失的根本标准。即“应该主要看是否有利于发展社会主义社会的生产力，是否有利于增强社会主义国家的综合国力，是否有利于提高人民的生活水平”[④]。

从这三条标准中，我们可以看出，发展先进的生产力与提高人民群众的生活水平这两个标准直接反映了人民群众的根本利益，而增强社会主义国家的综合国力，则更是以人民的政治、经济和文化等权利得到保障为基本前提的。邓小平的“三个有利于”标准，丰富和发展了马克思恩格斯的利益理论，进一步说明了无产阶级政党不仅要明确宣称党没有自己的特殊利益，而

① 《邓小平文选》(第二卷)，人民出版社，1994 年，第 203 页。

② 《邓小平论统一战线》，人民出版社，1994 年，第 158~159 页。

③ 同上，第 203 页。

④ 《邓小平文选》(第三卷)，人民出版社，1993 年，第 372 页。

且还要表明如何把人民群众的利益始终放在首位。在这一思想的指导之下，邓小平进一步形成了他的“共同富裕”思想。“我们允许一些地区、一些人先富起来，是为了最终达到共同富裕”[①]，“社会主义的特点不是穷，而是富，但这种富是人民共同富裕”[②]。如此深刻的论述都表明，社会主义最大的优越性就在于达到共同富裕。邓小平明确指出：“我们的政策是让一部分人、一部分地区先富起来，以带动和帮助落后的地区”，“我们坚持走社会主义道路，根本目标是实现共同富裕，然而平均发展是不可能的”。[③]“一部分人生活先好起来，就必然产生极大的示范力量，影响左邻右舍，带动其他地区、其他单位的人们向他们学习。这样，就会使整个国民经济不断地波浪式地向前发展，使全国各族人民都能比较快地富裕起来。”[④]

邓小平在强调“共同富裕”的同时，也非常注重消除两极分化，明确指出：“社会主义的本质，是解放生产力、发展生产力、消灭剥削、消除两极分化，最终达到共同富裕。”[⑤]如果我们的政策导致了两极分化，出现了什么新的资产阶级，那就真的走向邪路了。从中可以看出，邓小平从社会主义的价值目标，即实现全国人民的共同富裕为目的，从手段、步骤、方法等方面为我们指明了密切党群关系的实践路径。

3.明确了党最大的危险是脱离人民群众

早在1956年党的八大时，邓小平就针对党在执政以后一些领导干部出现种种脱离群众的现象严肃指出，由于我们党现在已经是在全国执政的党，脱离群众的危险，比以前大大增加了，而脱离群众对于人民可能产生的危害，也比以前大大地增加了。因此党必须经常警戒“脱离实际和脱离群众的危险”[⑥]。

随着改革开放的发展，市场经济体制的建立，消极腐败现象逐渐滋生蔓延，由此也产生了脱离群众的危险。对此邓小平强调指出：“如果我们党不严重注意，不坚决刹住这股风，那末，我们的党和国家确实要发生会不会“改变面貌”的问题。这不是危言耸听。”[⑦]虽然邓小平强调党的中心工作和任务是搞

① 《邓小平文选》(第三卷)，人民出版社，1993年，第195页。

② 同上，第265页。

③ 同上，第155页。

④ 《邓小平文选》(第二卷)，人民出版社，1994年，第152页。

⑤ 《邓小平文选》(第三卷)，人民出版社，1993年，第373页。

⑥ 《邓小平文选》(第一卷)，人民出版社，1994年，第215页。

⑦ 《邓小平文选》(第二卷)，人民出版社，1994年，第403页。

好经济建设,“但风气如果坏下去,经济搞成功又有什么意义?会在另一方面变质,反过来影响整个经济变质,发展下去会形成贪污、盗窃、贿赂横行的世界”[①]。

邓小平认为,在党和国家现行的领导制度、干部制度中,存在着一些弊端,主要是官僚主义、权力过分集中、家长制以及现行的形形色色的特权现象。为了从根本上消除消极腐败现象,防止党员干部由人民的公仆蜕变为人民的“主人”,进而在改革开放的条件下依然保持党同人民群众的紧密联系,邓小平明确提出了由人民群众来监督党,完善民主监督制度的重要思想。他说:“必须加强党和国家的督察工作,及时发现和纠正各种官僚主义现象,对于违法乱纪和其他严重地损害群众利益的分子,及时地给以应得的处分。”[②]“要切实保障工人农民个人的民主权利,包括民主选举、民主管理和民主监督。”[③]“要有群众监督制度,让群众和党员监督干部,特别是领导干部。凡是搞特权、特殊化,经过批评教育而又不改的,人民就有权依法进行检举、控告、弹劾、撤换、罢免,要求他们在经济上退赔,并使他们受到法律、纪律处分。”[④]这些论述充分体现了邓小平的主权在民的思想,对于遏制腐败,保持党与人民群众的血肉联系具有十分重要的意义。

(三)以江泽民为代表的中国共产党人对党群关系理论的创新

党的十三届四中全会以后,以江泽民为代表的中国共产党人面对世情、国情、党情的新变化和党群关系呈现出来的新情况、新要求,在继承密切联系群众的优良传统和作风的基础上,阐明了新时期加强党与人民群众密切联系的重要性,赋予了党群关系理论以新的内容。

1.对“人民群众”的范畴作出了科学的界定

综观江泽民的一系列论述,可以清楚地看到,他是站在根本政治问题的高度来强调党群关系建设的。江泽民主持制定的《中共中央关于加强党同人民群众联系的决定》,开宗明义地指出:“人民群众是我们党的力量源泉和胜利之本。能否始终保持和发展同人民群众的血肉联系,直接关系到党和国家

① 《邓小平文选》(第三卷),人民出版社,1993年,第154页。
② 《邓小平文选》(第一卷),人民出版社,1994年,第224页。
③ 《邓小平文选》(第二卷),人民出版社,1994年,第146页。
④ 同上,第332页。

的盛衰兴亡。"[①]改革开放以来,随着我国社会经济成分、组织形式、就业形式、利益关系和分配方式日益多样化,出现了大量新的社会阶层。如何正确认识这些新出现的社会阶层,进一步扩大党的群众基础,就成为新时期党建工作所面临的一个重要课题。

根据我国社会阶层发生的新变化及面临的实际情况，以江泽民为代表的中国共产党人对"人民群众"的范畴作出了科学的界定。"改革开放以来，我国的社会阶层构成发生了新的变化，出现了民营科技企业的创业人员和技术人员、受聘于外资企业的管理技术人员、个体户、私营企业主、中介组织的从业人员、自由职业人员等社会阶层……在党的路线方针政策指引下,这些新的社会基层中的广大人员,通过诚实劳动和工作,通过合法经营,为发展社会主义社会的生产力和其他事业作出了贡献","他们与工人、农民、知识分子、干部和解放军指战员团结在一起,他们也是有中国特色社会主义事业的建设者"。[②]正是对"人民群众"的范畴所作出的科学界定,也决定了党既是工人阶级的先锋队,又是中国人民和中华民族的先锋队。使"人民群众"的概念有了新的内涵。

江泽民通过把"有中国特色社会主义建设者"作为人民范畴的判定标准,表明党只有加强同人民群众的密切联系,才能担负起领导人民建设有中国特色社会主义的历史使命。因此，党作为这项伟大事业的领导者和先锋队,必须依靠人民、相信人民、尊重人民,倾听群众的呼声,反映群众的诉求,集中起群众的智慧和力量。

2.强调党的全部工作的出发点和归宿是"始终代表最广大人民的根本利益"

始终代表人民群众的利益,是马克思主义党群关系思想的精髓所在。江泽民在继承和发展马克思主义这一思想的基础上，将党的全部工作的出发点和归宿定位于实现和维护最广大人民群众的根本利益上，明确提出:"人心向背,是决定一个政党、一个政权兴亡的根本性因素。"[③]对于任何一个执政党来说,最大的忧虑和威胁就是失去广大人民群众的支持和拥护,背离了人民群众的诉求，失去了人民群众的信任，执政党也就丧失了其执政的基础。这就要求我们党必须在任何情况下都保证自己的路线方针政策体现人

① 《中共中央关于加强党同人民群众联系的决定》,《人民日报》,1990年3月12日。

② 《江泽民文选》(第三卷),人民出版社,2006年,第286页。

③ 《江泽民论党的建设》,中央文献出版社,2001年,第473页。

民群众的要求和意愿，始终代表最广大人民群众的根本利益。

中国共产党的先进性从根本上来说，就体现在实现好、维护好、发展好最广大人民群众的根本利益上。因而江泽民明确指出："各级领导干部必须从巩固党的执政地位的高度出发，从促进经济和社会发展、维护社会稳定的大局出发，身怀爱民之心，恪守为民之责，善谋富民之策，多办利民之事，更好地为广大人民群众服务，更好地为最需要帮助的困难群众服务。"[①]这就告诉我们，党的先进性主要就体现在为民谋利的行动之中。当然，在考虑并满足最大多数人的利益要求的同时，还必须兼顾各个阶层群众的利益。正如江泽民所指出的："人民群众的整体利益总是由各方面的具体利益构成的"，"我们所有的政策措施和工作，都应该正确反映并有利于妥善处理各种利益关系，都应认真考虑和兼顾不同阶层、不同方面群众的利益"。[②]只有尽可能地反映和体现不同阶层、不同方面群众的利益，才能最大限度地赢得人民群众的拥护和支持，使自己的执政地位更加巩固。

中国共产党作为工人阶级的先锋队，同时又是中国人民和中华民族的先锋队，要求党切实地履行利益整合的功能，统筹兼顾社会各个阶层的利益诉求，尽可能地代表和反映不同群体的利益要求，使社会各个阶层的利益都能够得到满足和实现，从而使党获得最广大人民群众的支持和拥护，永葆生机与活力。

3.提出了消除腐败问题的基本方略

党员干部中的腐败问题，实质上就是某些党员干部背离党的根本宗旨，滥用手中的权力，以权谋私，损害人民利益的问题。随着改革开放的深入发展，腐败作为一种社会现象，不仅严重破坏了社会体制的正常运转，违背了公平正义的基本原则，侵蚀了社会道德和人们的精神世界，而且还严重破坏和削弱了党群之间的和谐关系。因此，江泽民指出，"进行反腐败斗争，是保持党的先进性和纯洁性，保持党同人民群众密切联系，保证改革开放和现代化建设健康发展的一个不可缺少的重要条件"[③]。江泽民在继承和发扬党的优良传统的基础上，及时总结反腐倡廉的经验教训，从战略高度上提出了一系列反腐倡廉的方针、策略，以赢得广大人民群众的信任与支持。

---

① 《江泽民论有中国特色社会主义》，中央文献出版社，2002 年，第 646 页。

② 江泽民：《在庆祝中国共产党成立八十周年大会上的讲话》，人民出版社，2001 年，第 22 页。

③ 《江泽民论有中国特色社会主义》，中央文献出版社，2002 年，第 432 页。

堡垒最容易从内部攻破,如果听任腐败现象滋生蔓延,党就会一步一步走向自我毁灭。江泽民深知这一问题的严重性,在庆祝中国共产党成立七十周年大会的讲话中强调:“现在有些党员干部滋长了严重的官僚主义,有些干部为了本地区、本部门、本单位的利益乃至个人利益,而不惜损害国家和人民的全局利益,少数人以权谋私、行贿受贿、贪污腐化。这些现象败坏党的声誉,损害党群关系,同党的宗旨是根本不相容的。”①此后,他在庆祝中国共产党成立八十周年大会的讲话中进一步强调:“党内不允许有腐败分子的藏身之地。我们一定要以党风廉政建设的实际成果取信于民。”在十六届四中全会通过的《中共中央关于加强党的执政能力建设的决定》明确指出要“始终与人民群众同呼吸、共命运、心连心,坚决反对脱离群众、以权谋私”,要“以解决群众反映的突出问题为重点,坚决纠正损害群众利益的不正之风;以查处发生在领导机关和领导干部中滥用权力、谋取私利的违法违纪案件为重点,严厉惩处腐败分子”。②这充分表明了我党彻底清除腐败现象,密切党群关系的决心。

对于清除腐败现象,江泽民提出:“加强党的思想政治建设,是从源头上预防和治理腐败现象的一项极端重要的工作。”③为此,党中央创造性地开展了“三讲”教育和“三个代表”学习教育活动,使各级领导干部的宗旨意识和服务群众的水平得到显著提高。同时,江泽民还非常注重通过民主监督来铲除腐败,指出:“哪个地方、部门什么时候党内监督工作抓得比较紧,民主集中制执行得比较好,个人专断、滥用职权和‘有令不行、有禁不止’的情况就比较少,消极腐败现象也会受到抑制,出了问题一般也能得到及时解决。反之,监督工作薄弱,民主集中制受到破坏,权力被滥用而又得不到制止,往往就会出问题,甚至出大问题。”④只有相信群众、依靠群众,牢固树立全心全意为人民服务的根本宗旨,才能赢得民心,开创出勤政廉洁的良好局面。

(四)以胡锦涛为代表的中国共产党人对党群关系理论的丰富和发展

党的十六大以来,面对前所未有的机遇和挑战,面对复杂的国际、国内

---

① 《江泽民在庆祝中国共产党成立七十周年大会的讲话》,《人民日报》,1991年7月2日。

② 《中共十六届四中全会在京举行》,《人民日报》,2004年9月20日。

③ 《江泽民文选》(第三卷),人民出版社,2006年,第190页。

④ 《江泽民在党的十四届中纪委第六次全会上的讲话》,《人民日报》,1996年1月27日。

外形势，以胡锦涛同志为总书记的党中央坚持把马克思主义党建理论与21世纪初的时代特征相结合，深入贯彻落实科学发展观，使党群关系理论取得了新进展，积累了新经验。

1.提出了“以人为本”的科学发展观

2003年10月，在党的十六届三中全会上，胡锦涛明确提出了科学发展观。强调科学发展观就是坚持以人为本，全面、协调、可持续的科学发展观，更好地推动经济社会发展。其实质与核心就是要切实了解人民群众的愿望和诉求，维护好、发展好人民群众的各项权益，让发展的各项成果惠及全体人民，促进社会的全面进步和人的全面发展。

马克思主义认为，人的本性体现于人的需要。人作为自然属性和社会属性的结合体，就既有自然需要，又有社会需要。人的自然需要就在于满足人的基本物质需要，即衣、食、住、行、安全等需要。人的社会需要则是满足人的自我实现的需要，即情感、尊严、民主权利等的需要。对于我们党来说，以人为本就是把人民群众的生存和发展作为最高价值取向，把为人民群众谋利益作为最高价值追求，把实现人的全面发展作为最高价值理想，全心全意为人民服务。在社会发展的现代化进程中，时刻体现人民群众的利益诉求，保障人民群众的各项权益，就是我们党为之努力奋斗的最高价值目标。

坚持以人为本的科学发展观，必须牢固树立马克思主义的唯物史观，真正使人民群众成为经济社会发展的主体，实现好、维护好、发展好人民群众的根本利益。因此，我们在考虑改革发展时，要以人民群众为本，在思考问题、制定决策、作出决策时必须以人民群众的实际承受力为前提，充分倾听人民群众的意见和诉求，着力解决好事关人民群众切身利益的问题，使人民群众得到实实在在的利益。从这一意义上来说，坚持以人为本，既是经济社会发展的长远指导方针，也是实际工作中必须坚持的重要原则。同时也要注意到，以人为本是我们党的执政理念和要求，应当从事关人民群众切身利益的具体事情做起，贯穿到经济社会发展的各个方面，落实到我们的各项具体工作中去。可见，科学发展观“以人为本”的思想，突出了党在巩固和扩大群众基础时应遵循的“以最广大人民群众的根本利益为出发点和归宿”的原则，即党的理论、路线、方针、政策必须始终坚持以人民群众为价值取向，并将其贯彻落实到各个具体环节。只有这样，才能从发展思路上充分体现人民群众的根本利益，从根本上改善党与群众之间的关系。

2.强调领导干部要做到权为民所用、情为民所系、利为民所谋

“权为民所用”内在地蕴涵着权力要为人民所用的意蕴，对人民权力作出了深层次的分析和概括。我们党作为一个长期执政的党，各级领导干部能否正确地认识和使用手中的权力，直接决定着是否真正做到了全心全意为人民服务。人民是国家的主人，是一切权力的拥有者。领导干部只是被人民所推选，受人民之重托来代表人民行使权力。因此，各级领导干部在使用权力上要真正体现人民的意志和愿望，尽心尽力为人民办好事、办实事。当然，这就要求我们必须加强对权力的制约和监督。充分发挥好党内监督、群众监督、舆论监督的优势，让权力在阳光下运行，唯此才能从根本上保证将人民群众所赋予的权力真正用来为人民群众谋利益。

“情为民所系”突出了情感的能动性作用，明确了情感是联系党与人民群众的精神纽带。对人民群众是否充满着真情实感，直接关系到是否能赢得民心、党和国家的兴衰成败。情为民所系，就是要求各级领导干部要始终保持对人民群众的深厚感情，“乐民之所乐，忧民之所忧”，时刻把人民群众的安危冷暖放在心上，真正了解民情、民意，关心人民的疾苦，与人民群众心连心、同呼吸、共命运。要深入到基层一线，体察民情、集中民智、珍惜民力，与人民群众同甘共苦、休戚与共，使人民群众紧密团结在党的周围，从而汇聚起磅礴的力量，把中国特色社会主义伟大事业不断推向前进。

“利为民所谋”突出了党的全部工作的出发点和归宿。中国共产党人的利益观，就是一切从人民群众的利益出发，一心一意为人民群众谋利益。人民群众既有长远的幸福追求，又有十分具体的生产生活琐事；既有长远的利益，又有眼前的需要。群众利益无小事，决不能仅仅停留在口号和一般要求上，必须具体落实到关心群众生产、生活的工作中去，围绕着人民群众最现实、最关心、最直接的利益来落实。要在各项工作、各个环节中都细心研究群众的利益，关心群众的疾苦，体察群众的情绪，既要解决大事、要事、急事，又要解决小事、琐事、平常事。只有这样，党才能始终做到“立党为公、执政为民”，始终赢得最广大人民群众的信任、拥护和支持。

3.建立健全了密切联系群众的相关制度

建立健全了民主决策机制。决策的水平怎么样，正确与否，反映着党的执政水平，与人民群众的切身利益直接相关。党的十六大报告明确指出：“正确决策是各项工作成功的重要前提。要完善深入了解民情、充分反映民意、

广泛集中民智、切实珍惜民力的决策机制,推进决策科学化民主化。”[①]党的十七大报告进一步指出:“推进决策科学化、民主化,完善决策信息和智力支持系统,增强决策透明度和公众参与度,制定与群众利益密切相关的法律法规和公共政策,原则上要公开听取意见。”[②]这就要求党的决策不仅要充分体现人民群众的根本利益,更要建立一种了解民情、反映民意、集中民智的决策机制,以此来保证党同人民群众的血肉联系。

建立健全了党内监督机制。从权力本身来看,其带有一种自发的腐蚀性。不受制约的权力必然会走向腐败。我们党在执政以后,特别是在改革开放的历史条件下,脱离群众的最大危险就是滥用权力、以权谋私。党的十六大以来,我们进一步改革了党的执政方式,坚持使党的主张经过法定程序变为国家意志,做到了党的主张同人民意志的统一。同时,我们在切实加强各级党组织和纪律检察机关对党员干部进行监督的基础上,又进一步加强了人民群众、各民主党派和无党派人士对我们党的监督,形成了自上而下与自下而上相结合的监督机制,使党群之间的关系更加紧密。

建立健全了联系服务群众机制。中国共产党第十六届中央委员会第四次全体会议作出的《中共中央关于加强党的执政能力建设的决定》指出,坚持和发展人民民主,是我们党执政为民的本质要求和根本途径。健全民主制度,丰富民主形式,扩大公民有序的政治参与,保证人民依法实行民主选举、民主决策、民主管理和民主监督。支持人民通过人民代表大会行使国家权力,支持人民代表大会及其常委会依法履行职能。只有密切党同人民群众的联系,才能使国家的立法、决策、执行、监督等工作更好地体现人民的意志,维护好人民的各项权益。

(五)以习近平为代表的中国共产党人对党群关系理论的继承和创新

党的十八大以来,以习近平同志为总书记的新一届中央领导集体,坚持以人民群众为本,始终与人民同呼吸、共命运、心连心,围绕坚持党的宗旨、

---

① 江泽民:《全面建设小康社会,开创中国特色社会主义事业新局面》,《人民日报》,2002年11月9日。

② 胡锦涛:《高举中国特色社会主义伟大旗帜,为全面建设小康社会新胜利而奋斗》,《人民日报》,2007年10月22日。

保持党同人民群众血肉联系发表了许多重要论述。这些论述着眼于实现党的十八大提出的目标任务,着眼于保持党的先进性和纯洁性,着眼于发扬党的优良作风、密切党群干群关系,在实践中有许多新创造,在理论上有许多新发展。

1.深入开展了党的群众路线教育实践活动

2013年6月18日，中央召开党的群众路线教育实践活动工作会议,对全党开展教育实践活动进行了部署。习近平总书记强调指出:“开展党的群众路线教育实践活动，就是要使全党同志牢记并恪守全心全意为人民服务的根本宗旨,以优良作风把人民紧紧凝聚在一起,为实现党的十八大确定的目标任务而努力奋斗。”开展这次教育实践活动,体现了我们党在深刻变化的执政环境中的战略考量，融入了我们党对历史经验的深刻认识和对传统法宝的继承弘扬,是实现党的十八大确定的奋斗目标的必然要求,是保持党的先进性和纯洁性,巩固党的执政基础和执政地位的必然要求,是解决群众反映强烈的突出问题的必然要求。

群众路线是中国共产党把马克思主义唯物史观关于人民群众是历史创造者的原理系统地运用到党的全部活动中创立形成和丰富发展的，其灵魂就在于人民群众是历史的主人。关于坚持党的群众路线,我们党的几代领导核心都有一系列的重要论述。在新的历史起点上,习近平总书记在党的群众路线教育实践活动工作会议的重要讲话中，鲜明地提出了群众路线是党的生命线的重大命题。古人云“得民心者得天下,失民心者失天下”。民心向背关系党的生死存亡。历史和现实都表明,什么时候坚持群众路线,党群关系密切,党的事业就会兴旺发达;什么时候脱离群众路线,党群关系就会受到损害,党的事业就会遭受挫折甚至失败。把群众路线提高到“生命线”来认识、来判断,体现了对人民群众在社会历史发展中的主体作用的充分肯定,这是马克思主义群众观的一个重大创新成果。

我们党的最大政治优势是密切联系群众，党执政后的最大危险是脱离群众。因此,站稳群众立场,走好群众路线,贵在认识,重在行动,归根结底要通过教育实践活动为民办实事、办好事,切实解决人民群众反映强烈的突出问题，让人民群众在看得见、摸得着的实事中真真切切感受到党的优良作风,体会到党和人民的血肉联系。只有在以为民务实清廉为主要内容的教育实践活动中树立问题意识,在解决群众关心的实际问题中改作风、求实效、创实绩,以实际行动密切党群、干群关系,才能让人民受益,使人民满意,团结带领着全国各族人民，引领着中国巨轮驶向中华民族伟大复兴的梦想彼岸。

2.在转变工作作风和解决群众反映强烈的突出问题中密切党群干群关系

党的十八大指出，我们党要始终保持党同人民群众的血肉联系，而要做到这一点，必须做到三个“坚持”——坚持问政于民、问需于民、问计于民，从人民伟大实践中汲取智慧和力量；坚持实干富民、实干兴邦，敢于开拓、勇于担当，多干让人民满意的好事实事；坚持艰苦奋斗、勤俭节约，下决心改进文风会风，着力整治庸懒散奢等不良风气，坚决克服形式主义、官僚主义，以优良党风凝聚党心民心、带动政风民风。改革开放以来，党群干群关系总体上是好的，但现实中存在着两大问题严重影响着党群干群关系：一是一些领导机关和领导干部的工作作风问题，二是群众反映强烈的突出问题。因此，习近平总书记要求我们要“把转变工作作风和解决群众反映强烈的突出问题结合起来”。

以对作风问题的解决促进群众反映强烈的突出问题的解决。无论在革命战争年代，还是在和平建设时期，我们党之所以坚强有力，之所以从一个胜利走向新的胜利，关键就在于党始终保持了优良的作风，同人民群众保持着密不可分的血肉联系。在新的历史条件下，密切联系群众，想群众之所想，急群众之所急，集中解决形式主义、官僚主义、享乐主义和奢靡之风这“四风”问题，依然有着十分重要的意义。正如习近平总书记在党的群众路线教育实践活动工作会议上指出的：“这‘四风’是违背我们党的性质和宗旨的，是当前群众深恶痛绝，反映最强烈的问题，也是损害党群干群关系的重要根源。”只有对这“四风”为代表的作风之弊、行为之垢来一次大排查、大检修、大扫除，才能以优良的党风促政风带民风，形成凝聚党心民心的强大力量；才能贯彻党的群众路线，引导广大党员、干部特别是领导干部深入了解民情，充分反映民意，广泛集中民智，切实珍惜民力，着力解决好人民最关心最直接最现实的利益问题。

以对群众反映强烈的突出问题的解决推动作风问题的解决。联系群众，目的在于服务群众；查摆问题，关键在于解决问题。群众意愿是推进作风建设的方向标，群众痛恨的不正之风是整改的突破口。习近平总书记在中央政治局专门会议上明确要求，要“着力解决好人民群众最关心最直接最现实的利益问题，不断让人民群众得到实实在在的利益，充分调动人民群众的积极性、主动性、创造性”。而“为民”的重要内容，就是要阶段性地解决群众反映强烈的突出问题，尤其是民生问题。要解决群众反映强烈的突出问题，就不能贪图名利、弄虚作假，不求实效、不负责任，铺张浪费、奢靡享乐，而必须要从本地区本部门本单位的实际出发，讲实话、出实招、办实事、求实效。也就是像习近平总书记所强调的那样，“逐项研究，一个一个加以整改”，只有脚踏实地、久久为功，我们的思想作风、工作作风才能有一个明显的改变，教育实践活动也才能给群众带来实实在在的利益。

3.加强了党风廉政建设和反腐败工作

党的十八大将“干部清正、政府清廉、政治清明”确定为反对腐败、建设廉洁政治的奋斗目标，并用“致命伤害”“亡党亡国”来警示腐败问题的潜在危险。十八届一中全会以来，习近平总书记警示全党“打铁还需自身硬”，“物必先腐，而后虫生”；中央出台八项规定，带头改进作风，号召狠刹奢侈浪费；十八届中央纪委二次全会着重就严明纪律、改进作风、反对腐败作出了重要部署。上述这些都表明一个坚定的态度，这就是：从严治党，从转变党的作风入手，坚决反对腐败，建设廉洁政治。这意味着我们党把反腐倡廉工作作为一项经常化的工作深入持久地不断推进，对继续加强反腐倡廉工作提出了新思想、新观点、新目标、新举措，为深入推进新形势下党风廉政建设和反腐败斗争提供了根本遵循。

建设廉洁政治，干部清正是基础，政府清廉是关键，政治清明是核心。要教育引导广大党员干部坚定理想信念，提高党性修养，保持廉洁奉公。抓好党员经常性教育工作，融监督于日常具体业务之中，引导党员树立正确世界观、人生观、价值观，筑牢廉洁自律防线，做到警钟长鸣。同时，党员干部要自觉接受人民群众的监督。监督是做好廉政工作的关键，正是有了监督，才能使党员干部保持清醒头脑，自觉抵制各种诱惑，使自己清正廉洁，少犯错误。只有自觉接受人民群众的监督，才不会懈怠，才不会滥用手中的权力。因此，必须建立健全人民群众监督保障机制，进一步加强对权力的制约。只有尽快制定群众监督保障条例，从法律上使群众监督走上法制的轨道，才能真正确保人民群众的监督权力得到行使，也只有这样才能充分发挥人民群众监督的作用，切实做到有权必有责、用权受监督、侵权须赔偿、违法要追究。

加强廉政建设和反腐败工作，是关系民心向背，关系党和国家生死存亡的根本大计，离不开领导干部的廉洁自律和带头表率。领导干部要明晰法律与纪律的“高压线”，明晰公与私的“警戒线”，明晰个人与家庭的“情感线”。要注重实干，不赶浪头，不出风头，把心思花在抓改革上，把劲头放在干事业上，把精力用在促发展上；要按照科学发展观的要求，切实转变工作作风，坚决反对形式主义和官僚主义，不提脱离实际的高指标，不喊哗众取宠的空口号，不搞劳民伤财的假政绩，不摆不切合实际的花架子，切实保持共产党员的政治本色；要坚持解放思想、实事求是的原则，从现实的党情国情出发，积极探索，与时俱进，既吸取历史上正确运动的群众经验，又坚持当代依法治国的科学精神，形成群众性与法制性相结合的反腐败斗争新模式，从源头上铲除不正之风滋生蔓延的土壤。

第二章
利益格局对党群关系影响的历史考察

密切联系群众，善于做群众工作，是我们党的优良传统和政治优势。人民群众是我们党从胜利走向新的胜利的根本，没有广大人民群众的支持和认同，党的执政能力势必会受到削弱，甚至要出大问题。而人民群众作为一个历史范畴，在不同的历史时期有着不同的内涵。随着时代的发展和形势的变化，我们党对人民群众范畴的认识，也经历了一个不断深化、逐渐完善的过程。列宁告诉我们："必须到生产关系中间去探求社会现象的根源，必须把这些现象归结为一定阶级的利益。"[①]在阶级社会中，人们之间的利益关系表现为严重的阶级对抗。但我们党曾经有过几次成功处理党群关系的实践，对党的事业的发展产生了巨大的推动作用。特别是在我国社会主义制度下，剥削阶级作为一个阶级被消灭了，对抗性的阶级矛盾、阶级冲突和阶级斗争在整个社会主义社会关系中将逐渐退居到次要的地位上，逐步缩小其作用的范围，直至最后消失。那么在阶级矛盾不占主导地位的条件下，利益格局对党群关系会产生什么样的影响呢？如何进一步分析党群之间的利益关系和人民内部利益差别和利益矛盾呢？这就要求我们必须认真研究利益格局对党群关系影响的历史发展脉络，把握密切党群关系的特点和规律，从而为提高党对人民群众的影响力和感召力，始终赢得人民群众对党的支持和拥护奠定基础。

第一节　利益多元化格局的历史发生及其演变

从历史唯物主义的角度出发，需要是人得以生存和发展的根本，没有任

---

① 《列宁全集》(第1卷)，人民出版社，1984年，第464页。

何需要的人就不是现实社会中的人。尽管动物性的需要在人身上始终存在，但人与动物的需要有着本质的区别。利益是生产活动创造的物质生活资料，由于这种生产活动，即“已经得到满足的第一个需要本身、满足需要的活动和已经获得的为满足需要而用的工具又引起新的需要，而这种新的需要的产生是第一个历史活动”[①]。这就是说，人为了获得物质资料，并不只是被动地去适应地理环境，而是有目的地使用工具去作用于对象，从而创造出自己所需要的生活资料。利益多元化格局现象的产生，实质上就在于人们需求的多元化。如果人们满足于一般的衣、食、住、行的需要，那么社会的发展也就将永远被凝固在满足生存的原始阶段上了。人们为了满足多元化的需要，必然在追逐利益实现的过程中结成了不同的利益集团，而利益多元化格局也就是在这种利益集团之间的利益差别的基础上逐渐形成和发展起来的。

一、利益多元化格局的历史发生

人是历史发展的产物。人随着社会进程的发展，逐渐由一个从属于集体的人转变成一个有意识的、独立的人。人为了生存和发展首先就必须从事生产活动。而生产本身包括两个方面：一个是人类自身的生产，即繁衍后代；另一个就是进行物质生活资料的生产。由于在生产活动过程中需要相互的协作，于是语言和意识也就随之而产生了。马克思曾深刻指出：“语言也和意识一样，只是由于需要，由于和他人交往的迫切需要才产生的。”[②]可见，人在产生自己需要的利益过程中不仅生产了自己，而且也生产了社会。因此，人必须是处于一定社会关系中的人，只有通过人们之间的分工与协作才能创造出需要的对象，使人的利益得以实现。在社会分工的发展过程中，人就从一个基于血缘和行政隶属关系所束缚着的人，转变为一个由谋利动机所牵引的、自由的人。由于社会分工的出现，一方面，使得每个个体逐渐获得了专门的熟练生产技能，促使社会生产力和劳动效率得到了显著提高，从而使人们的利益在更高的水平上得以实现。正如马克思恩格斯所说：“一个民族的生产力发展的水平，最明显地表现于该民族分工的发展程度。”[③]而另一方面，促使了私有制的产生，利益从此就分化为“单个人的利益或单个家庭的利益

① 《马克思恩格斯选集》(第一卷)，人民出版社，1995 年，第 79 页。

② 同上，第 81 页。

③ 同上，第 68 页。

与所有相互交往的个人的共同利益之间的矛盾”[①]。这样,不同的利益主体所各自实现的利益又不可避免地存在着差别和矛盾。那么这些利益差别和矛盾又是如何演变成利益多元化格局的呢?

在原始社会时期,人依然还是必须依赖于自然才能生存的,并没有摆脱对自然的依赖关系。在这种状况下,个人的生存完全依赖于原始集体,人的依赖关系就是最初的社会形态。虽然这一时期存在着萌芽状态的分工,有些人被赋予了一定的权力,但他们同样也要和其他人一样从事劳动,共同分享劳动成果,实行原始的公有制。马克思曾明确指出,人不能随心所欲地去选择生产力,一定的生产力发展状态,总会有一定的生产关系与之相适应。原始社会的生产力水平是极为低下的,资源配置也仅限于狭小的家庭和封闭的地域范围内,人们只能进行共同的劳动,而劳动所得也仅仅只够满足最基本的生存需要。当所有的人只有通过劳动才能获得维持自己生活的手段时,并没有重大的消费差别,也没有人对人的剥削。所以人们的谋利动机和谋利行为在这一时期还只是从实现共同体的生存为出发点的,与社会行为并没有分开,私利和贪欲并没有存在的现实土壤。正如恩格斯所说的,在原始社会“几乎完全遇不到贪图私利性质的罪犯”[②]。因此,人们之间所表现出来的经济行为从其本质上来说,也就是伦理行为,人与人之间的社会关系还只是对自然关系的一种延伸而已。这也就决定了利益多元化格局的社会现象在这一时期是绝不可能出现的。

到原始社会后期,随着社会生产力水平的提高,原来那种以生理自然和地理自然为划分基础的自然分工逐渐被自发的分工所取代了。这种自发式的分工包括劳动本身的分工和劳动者的分工两个方面,即把社会总劳动分解成各自相对独立的部门和专业,并把劳动者分别长期固定在这些不同的劳动部门和专业上,从而使人们被迫地服从固定的专业划分。这样,就使得一部分社会成员利用社会分工所造成的特殊地位占有一部分生产生活资料,从而造成资源占有的不均。使原来社会成员之间的财产共同占有逐渐转变为财产的分化甚至对立。正如马克思所说的:“同一氏族内部的财产差别把利益的一致变为氏族成员之间的对抗。”[③]随着旧式分工的进一步发展,社会生产力水平得到相应提高,促进了私有制和商品交换的发展,使社会利益

① 《马克思恩格斯选集》(第一卷),人民出版社,1995年,第84页。

② 《马克思恩格斯全集》(第22卷),人民出版社,1965年,第412页。

③ 《马克思恩格斯选集》(第四卷),人民出版社,1995年,第165页。

结构也随之发生了变革。这既造成了劳动进一步的专业化和分离化,又加强了私人劳动者的独立地位,使劳动者同劳动资料进一步分离,出现了以交换获取价值的商品生产者的私人劳动,产品开始变为商品,劳动者开始成为劳动的奴隶,具有单一直接社会性的社会劳动开始分离为具有具体劳动和抽象劳动二重性质的分离劳动,成为相互对立的私人劳动。从此,人与人之间的那种早先存在的具有原始一致性的利益关系最终被人与人之间的利益差别和矛盾所取代了。

当然,人的多元需求的欲望在利益多元化格局的萌生过程中得到了促进。无论是为了生存自我,还是为了发展完善自我,满足自我都是必要的前提。在社会能够提供足以满足个人的充分需要之前,个人对利益多元化格局的要求只能体现在十分有限的满足对象上。因此,人的多元需求欲望的不断膨胀,就是建立在利益差别和矛盾的基础之上的,是人类社会发展到一定阶段之后的产物。由于人的逐利心理表现为连续不断的一维发展,由于人们对利益多元化格局的满足只能借助于人与人之间的相互关系的提供,因此用社会分工的办法来一步一步地满足人们对利益多元化格局的无限发展的要求,便成了一个永恒的客观过程。这一过程的发展,是财富的多元性被生产出来并随着社会分工的日益缜密而扩大的。由此,我们似乎可以看到这样一个事实:自从人类社会的个体成员有了自己独立的经济利益那天开始,人类社会就注定要走向利益多元化格局的时代。

二、利益多元化格局的历史演变

综观人类社会发展的每一个历史时期,利益多元化格局的表现形式和具体内容都各不相同。在原始社会后期,由于自发分工的产生,促成了私有经济和商品交换,使劳动具有了分离的特点,利益多元化格局的萌芽开始产生。但由于生产手段的简陋所导致的财富数量的不足和品种的有限,使得"在这个时期,奴隶只是家庭的附属劳动力,拥有奴隶的家庭还未脱离具体的生产劳动,还未把获取生活资料的劳动完全转嫁给奴隶。奴隶和奴隶主还未正式分化为对立的阶级"[①]。所以在这一时期虽然出现了自发的分工,使人们之间的利益差别呈现了出来,引发了利益多元化格局的萌芽,但是作为社

① 张玉堂著:《利益论——关于利益冲突与协调问题的研究》,武汉大学出版社,2001年,第88页。

会普遍现象而存在的利益多元化格局并没有就此而出现。

奴隶社会的形成是利益多元化格局得以呈现的最初形态。自发分工的进一步发展，固化了人们在社会分工体系中的地位，加强了私人劳动者的独立地位，使劳动者同劳动资料进一步分离。马克思恩格斯曾指出：

> 分工只是从物质劳动和精神劳动分离的时候才真正成为分工。①
>
> 物质劳动和精神劳动的最大的一次分工，就是城市和乡村的分离……在这里，居民第一次划分为两大阶级，这种划分直接以分工和生产工具为基础。城市已经表明了人口、生产工具、资本、享受和需求的集中这个事实；而在乡村则是完全相反的情况：隔绝和分散。城乡之间的对立只有在私有制的范围内才能存在。城乡之间的对立是个人屈服于分工、屈服于他被迫从事的某种活动的最鲜明的反映，这种屈从把一部分人变为受局限的城市动物，把另一部分人变为受局限的乡村动物，并且每天都重新产生二者利益之间的对立。②

从实质上说，城乡之间的利益差别和对立也就是不同阶级之间的利益差别和对立。实际上，这种利益差别和对立的产生也就是通过强制手段把人们分为奴隶阶级和奴隶主阶级这样两个绝对对立的阶级。在这一时期，劳动者开始由过去家庭的附属劳动力转变为劳动的奴隶。奴隶主只是把奴隶当作会说话的工具，是创造财富的源泉，是获取利益的手段。而奴隶则毫无任何自由和尊严，只能任由奴隶主买卖、剥削、屠杀。可见，奴隶主和奴隶之间的分化和对立，统治者有限的物质满足是以被统治者长期的不满足为前提的。自发分工的发展，不仅使人们从事不同的工作，各司其职成为可能，而且将其变为了现实。因而我们说，奴隶制的产生使社会发展以及利益格局产生了深刻的变革，由此开启了人类数千年的文明史。

进入到封建社会后，随着社会生产力的发展水平进一步提高，人们实现利益的社会方式也随之发生了全新的变化。封建社会是利益多元化格局进一步发展的时期。封建主与奴隶主相比，他们之间的一个本质区别就在于封建主是以占有土地资源而不是以占有奴隶来作为其利益实现的手段。在我

---

① 《马克思恩格斯选集》(第一卷)，人民出版社，1995年，第82页。

② 同上，第104页。

国封建社会中,正所谓“普天之下莫非王土”,所有的土地都是归于最高的统治者“天子”的。“天子”把他的土地分封给诸侯,叫作“建国”,诸侯又把他的土地分封给卿大夫,叫作“立家”。可见,作为当时最主要的生产资料——土地是由封建主们占据着的。因此,虽然农奴相对于奴隶来说有了更多的自由和权利,但他们也只是占有一些简单的生产工具,用这些简单的生产工具在封建主的土地上劳动,以此作为自己的生活来源。他们与封建主之间实际上存在着一种半人身的依附关系,土地也就成为封建社会中的主要争夺对象。随着社会生产力水平的不断提高,到封建社会后期,一些农奴积累了一定的财富成为半资产者,从而成为“市民”。这时,“就政治状态来说,贵族拥有一切,市民一无所有;可是就社会状况来说,那时市民是国家里最重要的阶级,而贵族已经丧失了他们的全部社会职能,他们只是继续取得固定收入,以作为失去这些职能的补偿。不仅如此,市民等级在他们的全部生产中,还受到早已被这种生产(不但被工场手工业,而且甚至被手工业)所超过的中世纪封建政治形式的箝制,受到所有那些已经成为生产的障碍和桎梏的无数行会特权以及各地和各省的关税壁垒的箝制”[①]。可见,虽然在封建社会人们较之于以往追求财富的欲望不断增强,利益对象的总量有所增加,人们追求利益的实现方式有所进步,利益多元化格局现象得到了进一步的发展,但由于商品经济的不发达,使得这一时期“从身份到契约的运动”还没有完成,社会阶层和利益群体结构相对简单,利益主体的分化现象并不突出,基本表现为作为统治阶级的贵族阶层与普通民众之间的利益斗争。因此,利益多元化格局要得到进一步充分的发展并趋于成熟,就必须摒弃这一旧有的利益实现机制,代之以与自由竞争相适应的社会制度。

近代大工业的不断发展,唤醒了资产阶级反封建的意识。通过不断的革命和斗争,最终确立起来了与自由竞争相适应的社会制度,人类社会开始进入到资本主义的时代。随着机器生产代替手工劳动,自然经济随之解体,社会化的大生产占据了统治地位。在资本主义商品经济的高度发展条件下,社会分工也相应进入了一个新的发展阶段,带来了劳动的性质和特点的全新变化。这就使得过去的血缘和行政隶属关系对经济利益的配置作用显得苍白无力,而唯有价值规律在分配利益资源、调节利益流向上占据了主导地位。人类从此便开始摆脱了人的依赖性阶段,步入到以物的依赖性为基础的

---

① 《马克思恩格斯选集》(第三卷),人民出版社,1995 年,第 507~508 页。

人的独立性阶段,物成了人与人之间唯一的关系。这样一种社会的基本特征可以看做“以物质利益彼此相联系的社会关系”,是从“共同体”向“社会化”转变的过程:人们由一种基于约定俗成的或固有价值的纯粹信仰的关系,向一种基于利害考虑的并建立在自由协议的交换基础上的关系转变。在这种新的社会关系中,个人的行为特征发生了根本性的变化,这就是:从“价值合乎理性”向“目的合乎理性”变化,即从“无视行为后果”的、仅从某种价值动机出发(如义务、尊严、美等)的行为,向“根据目的、手段和附带后果来作为他的行为的取向,而且同时既把手段与目的,也把目的与附带后果,以及最后把各种可能的目的相比较,做出合乎理性的权衡”的行为转变。[①]显然,在这一过程中,人们的谋利动机和谋利行为得到了社会的普遍承认和肯定,从而使共同利益脱离了单独的个人而获得了某种现实的独立性,变成了一种与他们的个人利益相对立的东西。因此,在资本主义制度下,商品经济的广泛发展,极大地促进人类社会的进步,使人们的利益在更高水平上得以实现。一方面,冲破了血缘的、地域的、行政隶属关系等所设置的各种障碍,把社会生产的各部门、各行业、各区域联结成了一个统一的整体;另一方面,有着不同要求的利益主体为了争夺更多的资源而展开了激烈的竞争。社会化的大生产和生产要素的复杂化、资源占有和利用的差异化,使得各种新的利益阶层和利益群体开始不断地涌现;又由于每个市场行为主体都以自身利益最大化为宗旨,其本质就是各利益主体把表现在单一财富上的自我既得利益,转化为多样性的财富。与之相适应,经济利益多元化的发展趋势也就比较明显地表现了出来,人类社会开始步入利益多元化格局的时代。

综上所述,从原始社会后期到奴隶社会、封建社会,再到资本主义社会,每当原有的社会制度成了人们利益实现的桎梏时,新生产力的代表就会进行不断的抗争,以推动社会制度的更迭。随着社会生产力的不断发展,旧的分工形态必然会被新的分工形态所代替,利益多元化格局作为一种社会现象也必将随之逐渐地发展。虽然在人类社会发展的几千年中,社会形态、生产方式几经变革,但并没有从根本上改变私有制的本质,在剥削的基础上产生了根本利益相互对立的群体,阶级也就相应地出现了。马克思曾指出:“劳动者在经济上受劳动资料即生活源泉的垄断者的支配,是一切形式的奴役,社会贫困、精神屈辱和政治依附的基础。”[②]因此,阶级分化所产生的利益冲

① ［德］马克斯·韦伯著:《经济与社会》(上卷),商务印书馆,1997年,第56页。

② 《马克思恩格斯选集》(第二卷),人民出版社,1995年,第609页。

突完全掩盖了由职业分工所产生的利益差异，占据了主导地位。从根本上讲，只有用共产主义的新式的分工，即自觉的分工，才能彻底消灭旧式自发的分工的固定性、分离性以及对劳动者的强迫性，从而更好地实现人们的利益，促进人的全面发展。从旧式的自发分工转变到新式的自觉分工是一个漫长的过渡过程，社会主义作为共产主义的初级阶段，也恰恰就是从自发分工向自觉分工过渡的社会。这种过渡性的社会分工第一次在人类文明史上消灭了阶级和剥削，使根本利益相冲突的阶级对抗彻底消失了。但由于它仍然存在着旧式自发分工遗留下来的某些特点，在人们之间根本利益一致的基础之上，也必然要产生许多不同的利益主体，从而导致各利益主体为了实现自身利益的最大化展开了激烈的竞相追求。随着越来越多的个人和团体加入到追逐利益的队伍中来，传统社会中两大对立阶级进行利益比拼的格局演变成了“群雄逐鹿”的局面，利益多元化格局进入到了相对稳定、成熟的发展阶段。

第二节　新民主主义革命时期的利益格局及其对党群关系的影响

共产党是工人阶级的政党，工人阶级解放运动的性质决定着共产党必须始终坚持为工人阶级和绝大多数人谋利益。马克思恩格斯曾明确指出：“过去的一切运动都是少数人的或者为少数人谋利益的运动，无产阶级的运动是绝大多数人的、为绝大多数人谋利益的运动。”[①]中国共产党作为一个马克思主义政党，自成立的第一天起，就高度关注人民群众的利益问题，自觉地将自己定位为实现人民根本利益的忠实工具，把为最大多数群众谋利益作为自己的一切活动的出发点和归宿。在1922年党的第二次全国代表大会通过的《关于中国共产党的组织章程决议案》就明确中国共产党“应当是无产阶级中最富有革命精神的广大群众组织起来为无产阶级之利益而奋斗的政党，为无产阶级做革命运动的急先锋”[②]。在新民主主义革命时期，以毛泽

① 《马克思恩格斯选集》(第一卷)，人民出版社，1972年，第262页。

② 《中国共产党组织史资料》(第八卷)《文献选编上(1921.7—1949.9)》，中共党史出版社，2005年，第13页。

东为代表的中国共产党人就已经开始探索相应的代表人民大众利益的方式与路径,从而将一切革命的阶级阶层紧密地团结在自己周围,带领全国各族人民推翻了旧社会,建立了新中国。

一、新民主主义革命时期利益格局的基本概况

鸦片战争是中国近代重要的历史转折点：中国从一个独立的封建国家开始沦为半殖民地半封建的国家。鸦片战争以后,一方面,西方资本主义国家利用侵略特权,疯狂向中国倾销商品和掠夺原料,逐渐把中国卷入世界资本主义市场，使中国自给自足的封建经济逐步解体，但封建剥削制度的根基——地主阶级对农民的剥削，不但依然保持着，而且同官僚买办资本结合,在中国社会经济生活中仍然占据着明显的优势;另一方面,民族资本主义有了某些发展,并在中国的政治文化的生活中所发挥的作用日益显著,但是它没有成为中国社会经济的主要形式。与此相应地,中国社会在原有的地主阶级、农民阶级和城市小资产阶级的基础上,又产生出了官僚资产阶级、民族资产阶级和无产阶级。其中,地主阶级、官僚资产阶级和资产阶级的上层部分占据统治地位,而无产阶级、农民阶级及城市小资产阶级处于被统治地位。

地主阶级，是从封建社会地主制经济下直接延续到半殖民地半封建社会的阶级,他们凭借土地所有权占有大量土地,主要以地租形式剥削和压迫农民。在中国沦为半殖民地半封建社会后,封建地主剥削制度不仅依然存在,而且日益与买办资本、高利贷资本结合在一起,以剥削农民的剩余劳动为前提。一般来说,占乡村人口不到10%的地主和富农,占有70%~80%的土地,而占乡村人口90%以上的贫农、雇农、中农及其他人民,共占有土地20%~30%。地主出租土地给农民,收取高额地租。除地租外,地主还通过高利贷对农民进行剥削。正如毛泽东所指出的,地主阶级“是帝国主义统治中国的主要的社会基础,是用封建制度剥削和压迫农民的阶级,是在政治上、经济上、文化上阻碍中国社会前进而没有丝毫进步作用的阶级”①。

资产阶级,可以分为官僚资产阶级和民族资产阶级两部分。官僚资产阶级同外国帝国主义、本国地主阶级和旧式富农密切地结合着,具有买办性、

① 《毛泽东选集》(第二卷),人民出版社,1991年,第638页。

封建性、垄断性。他们和农村中的封建势力有着千丝万缕的联系,代表着落后的社会生产关系,是阻碍生产力发展和社会进步的阶级。民族资产阶级主要有两个来源:一是由直接投资官督商办、官商合办和商办的近代企业的地主、官僚、商人形成,二是由采用机器生产的手工工场主上升而来。因此,民族资产阶级又可以分为上层和中下层。上层一般拥有较大规模企业,经济力量较为雄厚,与外国资本主义、本国封建主义之间的联系较多,具有亦官亦商、亦绅亦商的双重身份。中下层民族资产阶级,拥有的企业一般规模较小,资金较少,和外国资本主义、本国封建了势力联系少、矛盾大。对于民族资产阶级来说,无论是上层还是中下层,都具有两面性。一方面,“民族资产阶级受帝国主义的压迫,又受封建主义的束缚,所以,他们同帝国主义和封建主义有矛盾。从这一方面来说,他们是革命的力量之一”;另一方面,“由于他们在经济上和政治上的软弱性,由于他们同帝国主义和封建主义并未完全断绝经济上的联系,所以,他们又没有彻底的反帝反封建的勇气”。[①]民族资产阶级这种经济地位,决定了他们在政治上表现为进步、革命与妥协、软弱的两重性。

农民阶级,是直接从事农业生产的体力劳动者,在全国总人口中约占80%,是中国半殖民地半封建社会中人数最多的阶级。他们承担着社会的基本生产任务,处在社会的最底层,受剥削和压迫最重,生活也最为悲惨。在农民内部,也存在激烈的分化。富农,带有半封建性,占农村人口的5%左右,大多有一部分土地出租,有的放高利贷,是农村中的资产阶级。富农一般也都自己参加劳动,从这个意义上来说,他们也是农民的一部分。中农,占农村人口的20%左右,他们在经济上可以自给自足,一般也不剥削别人,而受帝国主义、地主阶级和资产阶级的剥削。中农大多的土地都不充足,只有一部分中农的土地略有些盈余。贫农,连同雇农在内,占农村人口的70%左右,贫农是没有土地或土地不足的广大农民群众,是农村中的半无产阶级。

无产阶级,是指不占有生产资料,依靠出卖劳动力而获得生活资料的雇佣劳动阶级。中国无产阶级的产生和发展,不但是伴随着中国资本主义的产生和发展而来,而且伴随着外国资本主义在中国直接经营企业而来。中国无产阶级最早诞生于19世纪40年代外国在华开办的企业中,在60年代的洋务企业和70年代民族资本主义企业中又诞生了一批无产阶级。到1894年

---

① 《毛泽东选集》(第二卷),人民出版社,1991年,第640页。

中国产业工人阶级人数约10万人,辛亥革命后,1914年增加到100万人,到1919年五四运动前增加到200余万人。中国无产阶级同世界各国无产阶级一样,不占有任何生产资料,富有组织性和纪律性,是历史上最进步的阶级。中国的无产阶级还具有许多特殊的优点。第一,中国无产阶级深受帝国主义、封建主义和官僚资本主义的三重压迫,这些压迫的严重性、残酷性是世界历史上少有的。中国工人日劳动时间一般都在12小时以上,有的竟达16小时,而工资却极低。第二,中国的产业工人大多数来自破产的农民,他们比较了解农民的痛苦和要求,因而和广大农民有着天然联系,能够和农民结成亲密的联盟。第三,中国无产阶级的人数虽然不多,但集中在沿海、沿江大中城市,集中在煤矿、纺织等一些工矿企业部门,便于组织。尤其是中国无产阶级开始走上政治舞台,就在本阶级的革命政党——中国共产党的领导之下,成为中国社会最有觉悟的阶级。

二、新民主主义革命时期利益格局呈现出的党群关系的特点

近代中国,已经沦为一个半殖民地半封建性质的社会,这是最基本的国情。在新民主主义革命时期,中国共产党要在这样一个落后的东方大国里领导人民革命并取得胜利,就必须认清这一基本国情。中国革命战争的特殊环境与革命党的特殊地位决定了党群关系在这一时期的利益格局中呈现出了独特的特点。

(一)党群关系具有明显的阶级性,强调实现阶级利益

分清敌友,这是革命的首要问题。在新民主主义革命时期,利益格局的划分主要是在地主阶级和买办阶级、民族资产阶级、小资产阶级、农民阶级、无产阶级之间。地主阶级和买办阶级是革命的对象,地主阶级是帝国主义统治中国和封建军阀实行专制统治的社会基础,也是中国经济现代化的主要障碍。只有彻底消灭地主阶级,才能解放生产力,为中国现代化的实现创造条件。买办阶级背靠帝国主义,通过国家垄断金融机构,滥发纸币和国债而疯狂侵吞社会财富,通过建立国家专卖制度控制大量商品和物资而大肆牟取暴利,通过超经济的特权垄断一些行业的经营权而压迫和兼并私人资本主义企业。买办阶级对广大劳动人民的残酷剥削和对民族工商业的巧取豪

夺,严重地束缚了中国社会生产力的发展,因此也是中国革命的对象。

新民主主义革命的动力是工人阶级、农民阶级、城市小资产阶级和民族资产阶级。无产阶级不但是伴随着中国民族工业的产生、发展而产生的,而且是伴随着外国资本主义在中国直接经营的企业而产生的。它是新的社会生产力的代表,也是中国革命的领导阶级。农民阶级深受帝国主义、封建主义和官僚资本主义的压迫和剥削,具有强烈的革命要求。工人阶级只有与农民结成巩固的联盟,才能形成强大的力量,完成所肩负的历史使命。城市小资产阶级,包括广大的知识分子、小商人、手工业者和自由职业者,同样受帝国主义、封建主义和官僚资本主义的压迫,因此他们是中国革命的动力之一,是无产阶级的可靠同盟者。民族资产阶级是一个带有两面性的阶级:一方面,它同帝国主义和封建主义有矛盾,是革命的力量之一;另一方面,它在经济上和政治上又与帝国主义和封建主义有着千丝万缕的联系,缺乏彻底的反帝反封建的勇气。我们党在经济上实行保护民族工商业的政策,又斗争又联合,是合乎实际的,是争取革命胜利的需要。

通过以上对新民主主义革命的敌人、动力的分析,可以认为,我们党在这一时期主要是代表着无产阶级、农民阶级和城市小资产阶级的利益。虽然民族资产阶级在一定时期中和一定程度上能够参加反帝反封建的革命,但在另一时期,又有跟在官僚资产阶级后面反对革命的危险。因此,党对民族资产阶级的政策是既联合又斗争的政策。可见,新民主主义革命时期利益格局呈现出的党群关系具有明显的阶级性。

(二)坚持群众路线,依靠群众,全心全意为群众谋利益

第一,坚持群众路线,紧密依靠群众。在土地革命战争时期,毛泽东等党的领导同志就反复强调了依靠群众的极端重要性。在1929年4月,毛泽东在一次讲话中指出,每个共产党员都要树立争取群众的观念,要像和尚念“阿弥陀佛”一样,随时都要念叨“争取群众”。1934年1月,毛泽东在全国苏维埃代表大会上全面阐述了依靠群众的重要性,强调指出:“革命战争是群众的战争,只有动员群众才能进行战争,只有依靠群众才能进行战争。”“真正的铜墙铁壁是什么?是群众,是千百万真心实意地拥护革命的群众。这是真正的铜墙铁壁,什么力量也打不破的,完全打不破的。反革命打不破我们,我们却要打破反革命。在革命政府的周围团结起千百万群众来,发展我们的

革命战争，我们就能消灭一切反革命，我们就能夺取全中国。”[①]在抗日战争时期，随着群众路线的进一步发扬，毛泽东更是明确提出“共产党的路线，就是人民的路线”。到党的七大时，群众路线被正式规定为党的根本的工作路线，成为了党的三大优良作风之一。事实上，坚持群众路线，紧密依靠群众，也是我们党能够局部执政，得到广大人民群众衷心拥护的法宝之一。

第二，深入群众调查研究，了解人民群众的要求。在新民主主义革命时期，我们党正是在依靠群众路线，深入调查研究，了解群众的利益需求的基础上，才制定出了符合实际的方针、政策和策略。早在建党之初，就要求一切党员必须走到群众中，了解群众的利益要求，为群众服务。强调“既然是为无产群众奋斗的政党，我们便要‘到群众中去’组成一个大的‘群众党’”，“党的一切运动都必须深入到广大的群众里面去”。当时还规定参加国民党议会的中共党员“必须常常保持与群众的直接接触，每年必须到选举他的区域往返几次，召集选民开种种会议，演说政治经济国际等情形及访察群众的新要求”[②]。同时又要求党员在各级议会中，为无产阶级和贫苦农民经济生活的利益辩护，以反抗本国幼稚的资产阶级对于劳动者一切的压迫。只有为群众利益服务，使党的政策贯彻到群众中去，经过群众的实践检验，才能检验政策和方法的正确性。在土地革命战争时期，为了弄清农村的阶级状况、土地分配状况，以便为制定土地革命政策提供可靠的根据，毛泽东在江西的永新、宁冈、寻乌、吉安、兴国和福建上杭等地，作了系统的农村调查，写出了一系列调查报告。后来他说：“我作了寻乌调查，才弄清富农与地主的问题，提出解决富农问题的办法”；“贫农与雇农的问题，是在兴国调查之后才弄清楚的，那时才使我知道贫农团在分配土地过程中的重要性”。[③]重视调查研究，才使党对中国国情有了深刻的认识，为党制定的路线、方针、政策和策略，提供科学的依据。

第三，全心全意为群众谋利益。要想得到群众的拥护和支持，就必须保护群众的利益。在1934年1月第二次全国苏维埃代表大会上，毛泽东明确提出了关心群众生活、注意工作方法的问题。他说：“要得到群众的拥护吗？

① 《毛泽东选集》（第一卷），人民出版社，1991年，第136、139页。

② 《中国共产党组织史资料》（第八卷）《文献选编上（1921.7—1949.9）》，中共党史出版社，2005年，第12~13页。

③ 金春明等主编：《毛泽东思想基本问题》，中共中央党校出版社，2002年，第23~24页。

要群众拿出他们的全力放到战线上去吗？那末，就得和群众在一起，就得去发动群众的积极性，就得关心群众的痛痒，就得真心实意地为群众谋利益，解决群众的生产和生活的问题，盐的问题，米的问题，房子的问题，衣的问题，生小孩子的问题，解决群众的一切问题。我们是这样做了么，广大群众就必定拥护我们。”[①]在抗日战争时期，毛泽东对这个问题讲得就更明确了。1942年12月，毛泽东在《经济问题与财政问题》的报告中明确提出：“一切空话都是无用的，必须给人民以看得见的物质福利……我们的第一个方面的工作并不是向人民要东西，而是给人民以东西。”[②]在具体实践中，我们党根据广大农民的迫切要求，在根据地和解放区普遍废除了各种苛捐杂税，只征收正税，这就大大减轻了农民的负担。帮助农民发展生产，增加收入，改善他们的生活。土地问题解决了，负担减轻了，收入增加了，这才出现了“解放区的天是晴朗的天”这种发自人民群众内心的感慨。

（三）通过武装斗争的方式来实现代表阶级的利益

第一，以武装斗争的形式夺取政权，实现和保障代表对象的利益。与资本主义国家不同，在半殖民地半封建的旧中国，无产阶级和广大人民群众无议会可以利用，无组织工人举行罢工的合法权利。革命人民只有武装起来，以武装的革命反对武装的反革命。毛泽东指出：“在中国，离开了武装斗争，就没有无产阶级的地位，就没有人民的地位，就没有共产党的地位，就没有革命的胜利。”[③]因此，武装斗争对于实现代表对象利益要求至关重要。毛泽东在八七会议上提出了“枪杆子里出政权”的著名论断。以后在根据地的实践中又提出了“工农武装割据”的思想，阐明武装斗争是“工农武装割据”的强力支柱，土地革命和根据地建设，全离不开武装斗争的保护和支持。中国社会性质决定，武装斗争是革命的主要斗争形式，是争取胜利的保障。毛泽东深刻认识到中国革命就是要争取党的兵权，要争取人民的兵权。因为有了枪可以造党，可以造干部、造学校、造文化、造民众运动，延安的一切就是枪杆子造出来的。枪杆子里面出一切东西，只有枪杆子才能保证夺得属于人民

① 《毛泽东选集》（第一卷），人民出版社，1991年，第138~139页。

② 《毛泽东文集》（第二卷），人民出版社，1993年，第467页。

③ 同上，第610页。

的土地和政权，才能从实质上代表无产阶级的利益。

第二，组织工会、农会，领导工人、农民运动为争取代表对象的经济、政治权益而斗争。除了军事武装斗争外，党也组织领导工人、农民开展运动，为争取阶级利益而斗争。党的二大通过的《关于"工会运动与共产党"的决议案》要求各地党组织集中力量组织产业工人工会，如铁路、海员、五金、纺织工会等；工会工作必须把工人阶级的目前利益和长远利益结合起来，工会应该为改善工人的生活和劳动条件而努力；同时还必须领导工人开展政治斗争。[①]持续的工人运动不仅仅是为工人增加工资，改善经济待遇的经济斗争，而且也是为工人的政治权利而斗争，扩大了党和工人阶级在全国的政治影响。除了领导工人运动外，党也注意领导农民、青年、妇女开展运动。党在领导农民斗争的过程中，不断总结经验，确定农民最主要的要求是分得土地。在 1925 年 10 月，中共中央在北京召开执行委员会扩大会议，第一次在党内提出要解决农民的土地问题。会议通过的决议指出如果农民得不到他们最主要的要求——耕地农有，他们还是不能成为革命的拥护者。[②]青年运动主要是通过恢复和加强青年团的工作来开展。妇女运动则主要是通过开办平民女校，创办妇女刊物等形式来开展的。党的二大通过的《关于妇女运动的决议》，就提出中国共产党领导妇女运动的任务是"努力保护妇女劳动者的利益"，"保护女工和童工的利益"，还要"为所有被压迫的妇女们的利益而奋斗"，"帮助普通妇女们获得普通选举权及一切政治上的权利与自由"，"打破旧社会一切礼教习俗的束缚"。

在新民主主义革命时期，党无法实现代表对象的大部分利益要求，而是要在夺取政权后兑现。如农民最根本的问题是土地问题，最大的利益需求就是"打土豪、分田地"，成为农村和土地的主人；无产阶级是中国革命的领导阶级，无产阶级的愿望就是没收国内外资本家的财产，成为城市和工厂的主人。为了激发社会大众对革命的支持，党也采取承诺的方式来满足不同阶级的愿望，如对小资产阶级和民族资产阶级的承诺是：革命后摧毁官僚资本和外国资本，不仅保护他们的存在，而且还要促进它们的发展；对民主党派和无党派人士的承诺是：革命后能与党分享国家权力。[③]当然，这些承诺的实现同样依赖于武装夺取政权。

---

① 中共中央党史研究室：《中国共产党历史》（第一卷）（上册），中共党史出版社，2002 年，第 111 页。

② 同上，第 189 页。

③ 施雪华著：《政治现代化比较研究》，武汉大学出版社，2006 年，第 211 页。

三、在新民主主义革命时期利益格局中密切党群关系的实践

在新民主主义革命时期，中国共产党作为革命党，必须通过革命的手段，带领广大人民群众获得解放。与此同时，中国共产党也是一个被反革命镇压的党，在这样的生存环境里，党采取了多种措施，不断密切与人民群众的血肉联系，正是基于党群之间所形成的“鱼水情”，才赢得了克敌制胜的法宝。

（一）以严格的纪律克服官僚主义

中国共产党是在马克思列宁主义指导下建立的党，受苏共的影响非常深，从建党之初就着重强调了党组织的统一性和权威性。这在党内势必易于滋生出官僚主义。在革命型组织中，官僚制的程序化会降低效率，并在需要快速反应时却表现得非常迟缓。所以党在革命战争时期，极力反对党组织中的官僚制，希望军队和党组织能够扁平化，这样既可以使党对应急事件作出快速反应，又与党一贯追求的平等精神保持一致。

项英曾在对新四军讲话时强调指出：“革命军队胜过雇佣军队的地方就是由于革命军队是为社会福利而战，而不是为着抢劫和升官发财。他们是为社会与民族的自由而战的，因此军官与士兵实际一律平等。为什么要不平等呢？”“在我们的军队里，只有工作之分，没有阶级和身份之别。我们过着同样的生活，有着同样的权利。军官没有特殊的徽号。我们不论是官员与士兵，完全没有饷银，大家得到只是粮食与极少的生活费。我们大家都明白，在极度困难的时候，连这生活费也会取消，以作公用。我们的军官绝对不能贪污，在军官与士兵之间，毫无不可告人的秘密。”[①]正因为强调军队和政党组织的扁平化，强调人人平等的精神，才拉近了党与人民群众之间的距离，真正地走到了群众中去。

对于克服党内和军队内的官僚主义，蔡和森曾在给毛泽东的一封信中谈到了党组织的纪律问题。他指出：“党的组织为集权的组织，党的纪律为铁的纪律，必如此才能培养少数极具觉悟有组织的分子，适应战争时代及担负偌大的改造事业。”[②]毛泽东在回信中说蔡和森的看法见地极当，没有一个字

① 转引自《斯诺文集》，新华出版社，1984年，第104~105页。

② 《蔡和森文集》，人民出版社，1980年，第52页。

不正确。1929年，在红军成立两年以后，毛泽东专门为红军第四军第九次代表大会写下了一个决议，对军队进行了整顿工作，使红军肃清了旧式军队的影响，初步确立起了马列主义的指导思想。项英说道，军队的纪律是民众组织工作的基础。民众运动的迅速开展，与战斗的胜利有密切的关联。没有纪律，便得不到民众真正的友谊，军队便不能提拔当地的民众领袖，没有当地的领导，民众运动便得不到成功。[①]严格的纪律使党员、军队与广大人民之间形成了一种天然的共同体关系。党员以信念为动力，以纪律为保证，冲锋在前，享受在后，在任何情况下都发挥着先锋模范作用。军队士兵则坚决地贯彻“三大纪律、八项注意”，在任何时候都捍卫着人民的利益。

（二）重视人民群众的民主政治权利

在革命战争时期，重视人民群众的民主政治权利，是实现党群关系和谐的重要因素。在1939年，毛泽东同美国记者斯诺的一次谈话中强调指出：“我们需要民主，不仅是作为外交上的辞藻，更为重要的是，必须有民主，才能赢得抗日的胜利。”[②]这一思想进一步印证了列宁当年所提出的观点：无产阶级政党如果没有以民主作为目标，革命是不可能取得成功的；在革命取得成功以后，如果不以民主作为手段，即使建成了社会主义也终归会失败。这就告诉我们，革命党要密切联系群众，民主是必不可少的。

那么到底什么是民主呢？民主与党群关系又有着什么样的逻辑关系呢？我们党在实践中对这一问题进行了认真地思索，并从人民群众的根本利益出发，提出了“大众的就是民主的”观点，并将其贯穿于新民主主义的政治、经济和文化纲领之中。正如毛泽东在《新民主主义论》中所指出的：“这种新民主主义的文化是大众的，因而即是民主的。它应为全民族中百分之九十以上的工农劳苦民众服务，并逐渐成为他们的文化……一切进步的文化工作者，在抗日战争中，应有自己的文化军队，这个军队就是人民大众。革命的文化人而不接近民众，就是‘无兵司令’，他的火力就打不倒敌人。为达此目的，文字必须在一定条件下加以改革，言语必须接近民众，须知民众就是革命文化的无限丰富的源泉。”[③]在1945年7月，毛泽东在回答黄炎培提出的如何

---

① 转引自《斯诺文集》，新华出版社，1984年，第104页。

② 同上，第387页。

③ 《毛泽东选集》（第二卷），人民出版社，1991年，第708页。

跳出“其兴也勃焉，其亡也忽焉”的兴衰周期律时，明确指出：“我们已经找到新路，我们能跳出周期律。这条新路，就是民主。只有让人民来监督政府，政府才不敢松懈。只有人人起来负责，才不会人亡政息。”①

由于民主政治的广泛实施，政府的有力帮助，使得陕甘宁边区的民众大多数都参加了民众团体。例如，各业工人已95%加入了工会。农民全体加入了农会。妇女70%以上加入了救国会。青年绝大多数加入了青年救国会。商人也组织了商会。儿童组织了儿童团。此外还有各种抗日救亡团体及文化技术性质的组织。边区的人民至少每个人加入了一种组织，有的还加入两个以上的团体。陕甘宁边区的民主模式容纳了民众自己组织起来的组织，这些民众组织发挥着连接政党与群众的作用，使边区群众紧密地团结在党的周围。同时，我们党也充分保障了各个抗日民主阶级的参政权利。如在延安的民主模式中采用了“三三制”，“党员三分之一，进步分子三分之一，中间分子三分之一”。在浙东敌后抗日根据地的政权建设中，为了巩固党群关系，我们党在各地、各级设立办事处，动员群众、发动群众，团结一切力量抗日，使党、军队与人民群众之间的关系日益紧密。

（三）注重维护最广大人民群众的根本利益

马克思主义认为，暴力首先是一种经济力，战争是政治暴力的最高形式，战争的胜负取决于交战双方人力物力的因素，取决于生产力的状况，取决于经济力量。我们党和军队之所以受到广大人民群众的支持和拥护，一个至关重要的原因就是党的政治经济纲领维护了最广大人民群众的根本利益。正如斯诺观察发现，“要真正了解农民对共产主义运动的拥护，必须记住它的经济基础……现在，红军无论在哪里，他们都毫无疑问地根本改变了佃农、贫农、中农以及所有‘贫苦’成分的处境。在新区中第一年就取消了一切租税，使农民们有透口气的机会，在老区里，只保留一种单一的累进土地税和一种单一的小额营业税。其次，他们把土地分给缺地农民，大片大片地开荒——多数是在外或在逃地主的土地。第三，他们没收有钱阶级的土地和牲口，分配给穷人”②。

在抗日战争时期，各个根据地先后实行了休养民力、力争外援的新经济

① 黄炎培著：《延安归来》，重庆国迅书店，1945年，第186页。

② 转引自《斯诺文集》，新华出版社，1984年，第205页。

政策：在农业生产方面，制定了减租减息、垦荒、兴修水利等政策，并鼓励发展多种生产。如浙东地区各级党组织规定按财产和收入多少征税，废除各种苛捐杂税，只收粮税、货物税，坚持一物一税制，过境税只交一次，就可以在根据地畅行无阻。新税制的实施得到了老百姓的高度拥护。[①]在工业方面，各个根据地除了政府办的工厂以外，还积极组织部队、机关学习发展工业。在发展公营经济的同时，还强调要发展合作工业、私营工业、手工业和家庭副业。政府鼓励并保护资本家来根据地发展工业，并给予其定期免税和低息贷款等优惠政策。在商业方面，根据地实行"对外调剂、对内自有"的方针，在允许商人自由经商的同时，大力发展公营商业和合作社商业，并实行了不同的商业税收政策。在财政建设方面，制定了"发展经济、保障供给"的总方针，废除了摊派制度，建立健全了财政制度，从而进一步节约了开支，保障了供给。

党在抗日根据地实行的减租减息、累进税、互助和初级合作社等战时政治经济纲领，引起了社会阶级关系的新变化，使原有的富裕阶层在财富和权力方面衰落了，而贫穷的阶级地位则进一步上升了。例如，在五公村，1936年，地主的人均土地是贫农的12倍，而到1946年耕者有其田运动前，已不到贫农的3倍。1936年，中农的土地是贫农的4.9倍，而经过渐进改革，1946年时优势已经缩小为41%。地主和富农人均5.8亩，中农3.1亩，贫农2.2亩。[②]这些政策的实行，不仅保障了各个阶层人民的经济利益，调动了广大人民群众参加抗日的积极性，而且进一步增强了中国抗战的力量，为夺取抗战的最后胜利提供了重要的物质保证。

第三节　社会主义建设初期的利益格局及其对党群关系的影响

1949年中华人民共和国的成立，标志着中国共产党从一个领导人民夺取政权的党变成了一个在全国范围内执掌政权的党，这一转变本身就是经济利益关系的一次重大调整。1956年底，以农业、手工业和资本主义工商业的社会主义改造基本完成为标志，我国顺利进入到了社会主义建设阶段。在

① 罗利行：《试论浙东敌后抗日根据地的党群关系》，《浙江学刊》，1996年第2期。

② [美]费里曼、毕克伟、塞尔登著：《中国乡村，社会主义国家》，社会科学文献出版社，2002年，第127页。

这一时期，社会利益格局所发生的巨大变化，使党对党群关系也有了一些新的认识。但同时，受各种因素的制约和影响，在密切党群关系问题上也出现了一些失误，严重挫伤了群众的积极性，对密切党群关系造成了消极影响，留下了深刻的教训。这就要求中国共产党在正确认识自己所面临的机遇和挑战的基础上，最大程度地整合我国社会各个阶级和阶层的群众，将中国特色的社会主义建设事业推向前进。

一、社会主义建设初期利益格局的基本概况

新中国成立以后，我国虽然确立起了新民主主义国家性质的利益格局，但这并不是党的最终目的，党的最终目的是要带领着全国各族人民走向社会主义道路，确立起社会主义国家性质的新的利益格局。新中国成立以来，对中国社会利益格局变迁产生重大影响的是社会主义改造和与此相伴随的计划经济体制的建立，它使中国社会的利益格局由国民经济恢复时期的新民主主义国家性质的利益格局转变为社会主义国家性质的利益格局。

（一）新中国成立初期社会利益格局的基本概况

从农村的情况来看，在1950年8月4日，中央人民政府政务院通过了《关于划分农村阶级成分的决定》，对农村中各种阶级成分的划分依据作出了明确规定。依据这一规定，新中国成立初期农村中各阶级阶层的分布状况与土地占有情况如下：占人口4%的地主阶级占有全国耕地约50%的土地，富农占人口数约为10%，地主富农占有农村耕地比重高达65%；中农约占人口总数的20%，占有耕地的20%；贫雇农占农村人口约70%，但占有耕地只有15%左右。①

从这一农村阶级阶层的分布状况来看，农村中的经济利益关系存在着比较尖锐的矛盾。农村中的封建土地占有关系和各阶级经济力量的极端不平衡性进一步加剧了农业生产经营的分散性和脆弱性，而这种情形又反过来进一步增强了了地主阶级的优势，加剧了农村中各个阶级经济状况的不平衡。

---

① 孙健著：《中华人民共和国经济史（1949—90年代初）》，中国人民大学出版社，1992年，第8页。

针对这一突出的问题，中国共产党在革命过程中力图通过开展减租减息运动乃至土地改革运动来彻底转变这种利益格局，以推动形成农村中"一极多层"的利益主体局面。减租减息的主要目的是在维持社会原有分化状态的基础之上，通过政府的干预，增加贫雇农的收入而减少他们的负担，以缓和各阶层之间存在的矛盾，鼓励发展生产。不触动地主的土地和维持农村原有的社会分化状态，其目的就是在农村中尽可能地获得最大支持。实行土地改革运动是以消灭农村中的剥削阶级为目的，把土地从封建剥削者手里转到农民手里，"把封建地主的私有财产变为农民的私有财产，使农民从封建的土地关系中获得解放"[①]。

农村土地关系所发生的变化从根本上带来了农村阶级关系的变化。地主阶级作为一个阶级被消灭了；长期无地或少地的贫雇农的经济地位大为上升；富农经济被保留下来以促进经济的恢复和发展；中农作为团结对象，其经济地位有持续上升之势，并使土地改革后的农村阶级结构体现出中农化的趋势。但是农村依然保存着小生产的生产和分配方式。土地占有状况、生产劳动能力、自然气候等因素都决定着不同的农村阶层和同一阶层内部不同农户之间收入差别的存在，并且随着农村中农化趋势的发展，这种新的收入差距会逐步演化成为农村社会新的贫富差距。

就在农村社会利益格局发生急剧变化的同时，城市也正在经历着一场利益主体整合的变迁历程。

首先，消灭了城市的外国资本家。在新中国成立之初，外资企业共有1192个，职工12.6万人，资本12.1亿元。主要为英美两国私人资本所有，两国共占89%。[②]当时的政策是对这部分成分采取"有步骤地彻底地摧毁"的方针，使得在华外资企业数目迅速地减少。从新中国成立到1953年，在华外国资本企业从1192家减少到563家，职工从12.6万人减少到2.3万人，资产由12.1亿元减少到4.5亿元。[③]不仅如此，外资企业的性质也已发生了变化，基本上已变成单纯经济性的投资。同时，外国资本家也基本上丧失了作为一个独立的阶级形态的特征无力对中国当时社会的经济与阶级结构产生影响。外资企业的中国工人也逐渐成为社会主义工人阶级队伍中的一部分。

---

① 《毛泽东选集》(第三卷)，人民出版社，1991年，第1074页。

② 孙健著:《中华人民共和国经济史(1949—90年代初)》，中国人民大学出版社，1992年，第31页。

③ 同上，第36页。

其次，官僚资产阶级已经被消灭。在新中国成立前夕，蒋宋孔陈四大家族的官僚资本约占全部工业资本的2/3，全部工业、交通运输业固定资产的80%。它垄断了全国钢铁产量的90%、煤产量的33%、发电量的67%、石油和有色金属产量的100%、水泥产量的45%。到1950年底，全国尚存外企135家，连同分支机构仅有200多个单位。[①]早在新民主主义革命胜利之初，我们党就开始对官僚资本进行了没收，1949年4月25日的《中国人民解放军布告》中指出："没收官僚资本。凡属国民党反动政府和大官僚分子所经营的工厂、商店、银行、仓库、船舶、码头、铁路、邮政、电报、电灯、电话、自来水和农场、牧场等，均由人民政府接管。其中，如有民族工商农牧业家私人股份经调查属实者，当承认其所有权。"[②]这一工作到1951年基本完成，因而使得过去占据主导地位的官僚资产阶级也随之不复存在。同时，由于相当数量的工人阶级被解放了出来，他们也走上了与生产资料相结合的道路，成为了建设社会主义的劳动者。

再次，保护民族资产阶级。民族资本主义经济作为一种进步的经济形式，是一支不可忽视的经济力量。资本主义工业在新中国成立初期生产总值占全部工业总值的48.7%。[③]在新中国成立初期，中国的私营经济已经处于濒临崩溃的边缘，因此人民政府对一切有利于国计民生的工商业，无论公私都采取了扶持政策，大力帮助私营经济恢复生产。具体措施主要有：发放商业贷款，供给原料，以原料换成品，收购和代销产品，委托加工等。由于措施得力，1949年，资本主义工商业中有利于国计民生的行业，都在很短的时间内停止或减少了停工现象，或得到不同程度的恢复。在这一过程中，中国共产党通过制定各种政策，使民族资产阶级作为一个完整的阶级形态保存了下来，但是其阶级状态同旧社会相比有了很大区别，主要表现为在私营企业中，资本家对工人的剥削程度受到了限制，工人阶级的利益得到了保护，生产积极性普遍提高，同时又进一步提高了民族资本主义企业的效率。

最后，工人阶级逐渐发展壮大。至1949年新中国成立时我国职工总人数为809万人，在城镇居民中的比例只占14%，其中产业工人只有390万。工人阶级与资产阶级一起构成了近代中国城市的主要和对应的两大阶级。

---

① 孙健著：《中华人民共和国经济史（1949—90年代初）》，中国人民大学出版社，1992年，第38页。

② 《毛泽东选集》（第四卷），人民出版社，1991年，第1457~1458页。

③ 孙健著：《中华人民共和国经济史（1949—90年代初）》，中国人民大学出版社，1992年，第71页。

随着官僚资本被收归国有和民族资本被改造，相当一部分工人转入国有企业中，到1950年底，属于产业工人的390万人中，已有224万人属于全民所有制企业，到1952年职工总数更达到1603万人，其中国有制职工为1187万人，占74%，集体所有制职工23万人，约占1.4%。此外，在跨城乡间流动的个体手工业者也是当时国民经济中的一个重要部分。据新中国成立初期统计，全国手工业从业人员约有200万人，其中800多万是个体手工业者，城市、乡村手工业从业人员人数之比为1:2。在国民经济恢复时期，手工业生产得到了很大发展，1952年手工业生产总值为73.1亿元，比1949年32.4亿元增长了近125.9%。[①]这表明，手工业生产在当时的整个国民经济中占有重要的地位，对国民经济的发展具有重要作用。而个体手工业者阶层也构成了当时社会阶级结构中不可忽视的组成部分，其阶级地位得到保护，不仅活跃了市场，保持了需求的旺盛，同时手工业者个人的收入也有一定保障。

从以上的分析来看，虽然外国资本家和官僚主义资本家已经被消灭了，但是民族资本家作为一个阶级是仍然存在的。尽管其凭借财产占有状况而获得收入的方式已经受到了一定程度的限制，但是民族资本家依然由于财产占有上的优势而取得大量的收入。资本主义工商业的存在和个体手工业的存在都决定了收入来源的多元化和收入分配方式的多元化，这些因素决定了在城市中依然存在着收入的差距，这一差距由于民族资本家凭借财产占有关系获得大量收入而拉开，甚至发展成为新的贫富差距。

（二）社会主义改造时期社会利益格局的基本概况

在1953年，中国共产党就明确提出了过渡时期的总路线，即在一个相当长的时期内，逐步实现国家的社会主义工业化，并逐步实现对农业、手工业和资本主义工商业的社会主义改造。对农业、手工业和资本主义工商业的社会主义改造的过程，同时也是运用行政手段改变中国农村与城市的社会阶级结构、缩小社会的利益分化程度的过程，使中国社会利益格局发生了根本性变化。到1956年社会主义改造基本完成以后，经济利益向国家利益集中，经济利益关系趋向平均化、单一化，公有制经济在我国国民经济中占据绝对统治地位。1956年同1952年相比，国营经济的比重由19.1%上升到

---

① 孙健著：《中华人民共和国经济史（1949—90年代初）》，中国人民大学出版社，1992年，第82页。

32.2%；合作社经济由1.5%上升到53.4%；公私合营经济由0.7%上升到7.3%；个体经济由71.8%下降到7.1%；资本主义经济由6.9%下降到接近于零，前三种经济已经达到92.9%。[①]

从农村利益格局的变化来看，在土地改革完成以后，以小土地所有制为基础的农民个体经济成为农村经济结构中的基本形式。农村中利益来源多样化和利益主体中农化趋势的不断发展以及新的分化现象的产生，再加上互助组阶段给农民带来的集体合作的利益示范，使得推动农业的社会主义改造，建立农业合作社的运动很快被提上工作日程。从1953年底开始，政府就动员广大农民入社，到1955年出现了第一次高潮，到1956年12月底时，入社农户在全国农户总数中占96.3%。[②]由于农业合作社的实现，富农也参加到农业合作社中来，使得富农作为一个阶级就此而被消灭了。这也标志着农村中最后的一个剥削阶级被消灭。广大农村社会成员，包括经过劳动改造好了的地主和富农阶级的成员，都成为了社会主义的集体农民，并作为工人阶级的同盟和相对应的阶级而存在。这种运用政治或行政手段强制消灭阶级阶层差别的做法，形成了农村经济利益关系平均化的局面。

从城市利益格局的变化来看，在城市中也开展了对手工业和资本主义工商业的社会主义改造。随着对资本主义工商业的社会主义改造，资本家身份逐步退出了企业，到1956年底，资本主义经济的阶级载体也被消灭了。虽然实行了赎买政策，但他们也已不再构成一个占有生产资料并剥削雇佣劳动的完整阶级了。随着经济利益根本对立的阶级状况的消除，这一阶级中的绝大多数成员转变为社会主义的劳动者并成为工人阶级队伍中的一支有生力量，工人阶级队伍迅速扩大，到1957年达到2450.6万人，较1952年的1580.4万增长了近55.1%。城市中资本主义工商业的社会主义改造和资本家阶级的被改造，使得城市的收入来源与收入分配方式走向单一化，并且随着社会主义公有制的建立，收入分配的平均主义格局也逐步建立起来，使城市的收入差距明显缩小，经济利益关系趋向平均化。

在这一时期，中央集权化进一步发展，国家控制力逐渐渗入社会，并在这一过程中逐步加强了对企业的控制与管理。从1957年7月起，国家陆续对重要的物资和工业原料实行按计划供应或统购统销，对私营工业的产品

① 胡绳著：《中国共产党的七十年》，中共党史出版社，1991年，第322页。

② 《中国农业合作运动史料》（下册），三联书店，1962年，第990页。

实行加工订货。由此，进一步用计划手段将市场从经济生活中排挤出去。同时，在“一五”期间开始了建立集中统一管理体制的步伐，并在财政收支方面对中央和地方政府的财权和事权首次进行了划分，“其基本原则是侧重中央的财政收支，关税、盐税、烟酒专卖收入、中央和大区所属国营企业的收入属于中央的固定收入。中央管理的基本建设投资属于中央财政支出，‘一五计划’的实际执行中，中央支配的财力约占75%，地方支配财力约占25%，这是一个集中度相当高的财政体制”。中央财政权力的扩张加速了中央与地方关系反分化的倾向，同时，物资部门也逐渐建立起来，持续二十多年的中央计划经济体制也开始形成，并逐步控制了国民经济的命脉。

总的来看，社会主义改造铲除了旧中国剥削阶级利益秩序所赖以存在的所有制基础，建立了以社会主义公有制为基础的新的利益格局和利益秩序。这一新的利益秩序同党的领导、人民民主专政的国家机器、马克思主义在意识形态中的指导地位等政治和意识上层建筑结合在一起，获得了强有力的保障。然而所有制形式过于单一、产供销的计划性配置、平均主义分配方式的产生，促成了中国高度集中的平均主义的利益整合模式，使个人利益完全依赖和服从于国家和集体利益，否定了个人利益的独立性。因此，过急过粗的社会主义改造确实遗留下许多问题，需要党在不断探索中加以解决。

二、社会主义建设初期利益格局呈现出的党群关系的特点

在社会主义建设初期，计划经济体制的实行，使得国家利益始终处于独特的地位。在社会经济生活中，经济利益始终向国家利益倾斜，并在保证国家利益优先的基础上，适当照顾到其他主体，如个人、地方等的经济利益，而其他主体的利益都必须服从和服务于社会主义国家利益。这样一种利益格局，使得党群关系呈现出了以下三个特点：

（一）把反对官僚主义、密切联系群众作为自身建设的重点

早在党的七届二中全会上，毛泽东就特别告诫全党，要警惕“骄傲情绪，以功臣自居的情绪，停顿起来不求进步的情绪，贪图享乐不愿再过艰苦生活的情绪”的滋长；要警惕资产阶级捧场和糖衣炮弹的攻击。为防微杜渐，新中国成立后不久，中共中央于1949年11月9日发出《关于成立中央及各级党

的纪律检查委员会的决定》，指出我们党已经成为全国范围的执政党，为了更好地执行党的政治路线和各项具体政策，密切联系群众，克服官僚主义，决定成立中央及各级党的纪律检查委员会。1950年四五月间，又接连发出关于巩固和发展党的组织的指示、关于加强党和人民群众联系的指示、关于开展批评和自我批评的指示、关于整风运动的指示，把密切党和人民群众的关系，发扬党的优良传统和作风作为出发点和归宿。鉴于1950年4月的整风重点是党的各级领导干部，1951年3月又决定用3年时间，对全体党员进行共产党员八项标准教育，对党的基层组织进行一次普遍的整顿；1952年又发出指示，整党运动和“三反”“五反”运动相结合进行，至1954年春，整党运动才基本结束。其间，对于严重违法乱纪行为，坚决处理，惩处了刘青山、张子善，震动了全国。通过不断地整风教育，提高了党员的觉悟，纯洁和壮大了党的队伍，改进了各级干部的思想作风和工作作风，密切了党和群众的联系，增强了党的战斗力。1956年召开的党的八大把反对官僚主义，密切党群关系提到了一个更为突出的地位。会议指出，中国共产党已经是执政的党，因此特别应当注意谦虚谨慎，戒骄戒躁，并且用极大的努力在每一个党组织中，在每一个国家机关和经济组织中，同脱离群众、脱离实际生活的官僚主义现象进行斗争。防患于未然，使我们党保持了一个良好的党风，为密切党群关系提供了根本的保证。

（二）加强人民民主政权建设，保证人民当家做主

在中央人民政府成立以后不久，1949年12月2日就颁布了《省、市、县人民代表会议组织通则》。根据《通则》，全国各地都先后召开了各级人民代表会议，在全国人民中掀起一个人民民主政权建设的浪潮。1953年3月，全国各省（市）、县、乡（村）先后召开了各界人民代表会议，代表大多由选举产生。1953年3月后全国开始组织基层普选，并于1954年过渡为人民代表大会，真正实现了人民群众当家做主。同时，党在制定路线、方针、政策时从实际出发，从群众的觉悟程度出发，比如考虑到全国人民对社会主义还比较陌生，写上社会主义与实际有距离，具有临时宪法性质的《中国人民政治协商会议共同纲领》就暂时地没把社会主义写进去。再如三大改造事业，在稳步前进的方针指导下，对农业的社会主义改造，根据自愿互利、典型试验、国家援助的原则，创造了从临时互助组和常年互助组，到半社会主义性质的初级

农业生产合作社，再到社会主义性质的高级农业生产合作社的过渡形式；对资本主义工商业，创造了委托加工、计划订货、统购包销、委托代销、公私合营、全行业公私合营等一整套由低级到高级的国家资本主义过渡形式。

（三）大力恢复国民经济，提高人民群众的生活水平

在新中国成立初期，我国的国民经济濒临崩溃，工农业生产都比历史最高年产量的1936年大大下降。农业生产大约下降了25%，轻工业生产大约下降了30%，重工业生产大约下降40%，人民生活贫困。[①]经过新中国成立后三年的艰苦努力，到1952年国民经济恢复阶段结束，工农业总产值比1949年增长了77.5%，比历史最高水平的1936年增长20%，其中工业总产值（包括手工业）比1949年增长144.9%，比1936年增长22%。农业连续3年丰收，农业总产值（包括农村副业）比1949年增长年48.5%，比1936年增长18.5%。特别是土地改革，使几千年的封建土地制度被彻底摧毁，几亿贫苦农民得到了梦寐以求的土地。接着，确定了党在过渡时期的总路线，进行了具有历史意义的重大改造。[②]1953—1957年，我国又开始了第一个五年计划建设，到1957年，"一五"计划的绝大部分指标都超额完成。我国开始建立起一批为国家工业化所必需而过去没有的或者非常薄弱的基础工业，工业生产水平有了较大提高；农业生产稳定发展，超额完成了原定的计划；以铁路为中心的交通建设取得新进展，运输能力有了较大提高；商业、文化教育、科学研究和医疗保健事业都有相当大的发展。随着工农业生产的发展，市场繁荣、物价稳定，人民生活得到了显著的改善。广大人民群众从此摆脱了剥削和压迫，翻身做了主人，生活水平也得到很大提高，党受到了人民群众的衷心拥护。

三、在社会主义建设初期利益格局中密切党群关系的实践

新中国成立后，广大人民群众从此摆脱了受剥削和压迫的悲惨命运，翻身作了主人，各项切身利益得到了维护和落实。面对错综复杂、困难重重的

① 宋晓明主编：《中共党建史（1949—1976）》，党建读物出版社，1996年，第1、10页。

② 同上，第1、11页。

基本国情，在社会主义建设初期，党采取了一系列相应措施，快速恢复国民经济，大力整治腐败，与人民群众同甘共苦，增进了互相的了解，受到了广大人民群众的衷心拥护和支持。

（一）积极改善人民群众的物质生活水平

在新中国成立前夕，党的七届二中全会就提出了党的工作重心实现战略转移的问题，即从乡村转移到城市，而城市工作又以生产建设为核心。经过三年的艰苦努力，国民经济得到了全面恢复和初步发展。职工、农民收入增加，生活有所改善。据调查，解放前职工生活水平最高的1936年，全国职工家庭每人每年平均消费额为140元（按1957年价格计算），1952年达到189.5元，增长35%，农民收入1952年同1949年相比，大约增长30%以上。党中央在稳定物价、增进就业等方面也采取了相应措施。在新中国成立6个月内就使全国的物价保持在稳定的范围内，从而结束了长达十几年严重通货膨胀的局面，为安定人民生活，恢复和发展工农业生产创造了有利条件。在党的七届三中全会上，毛泽东就强调把帮助失业工人就业、做好灾民救济工作作为党的中心任务之一。到1952年，全国职工增至1603万人，比1949年的809万人增加了48%，从而使旧中国遗留下来的严重失业现象逐渐减少。

在新中国成立初期，我们党也制定了一些了有利于保护农民利益，发挥农民生产积极性的方针政策，给农民带来了物质利益。

第一，领导和帮助农民发展生产。由于土地改革的胜利，3亿无地少地的农民获得了7亿亩土地和大批耕畜、农具、房屋及其他生产资料，大大提高了生产积极性，普遍增加了农业生产量。从1950年到1956年的7年中，国家共拨款56.6亿元用于水利建设、救灾救济和推广新式农具，促进了农业生产的恢复和发展。7年共放贷80亿元，帮助广大农民解决了生产上和生活上的困难。党和政府还引导农民逐步地按照自愿互利的原则，组织各种形式的劳动互助和生产合作，用新的农具和新的耕作方式提高农产品的收获量，增加收入。

第二，采取了公平合理的负担政策。国家不但规定“增产不增税”，并且规定从1953年起，“今后三年内，农业税的征收指标，应稳定在1952年实际征收的水平上”。国家实施收购政策，取得国家所需的粮食，这种政策实行的结果，完全改变了新中国成立以前谷贱伤农、丰收成灾的现象。

第三,逐步调整农产品收购价格,进一步缩小工农业商品剪刀差。1950年以后,国家为了改善农民的生活和鼓励农业增产,在稳定工业品价格的基础上,逐步调高了农产品收购价格。到1956年,全国工农业商品价格剪刀差价比1950年缩小了20.4%。农民所得到的这些利益,不但是在以往任何朝代和任何制度之下永远不能获得的,而且也是任何农民个人的力量永远不能获得的。由此农民相信,农民的利益和国家的利益,和国家工业化的利益,和工农联盟的利益都是分不开的。[①]

在党的正确方针政策的指引下,人民群众的物质文化生活得到了明显的改善和提高。从1949年到1952年,全国各地区工人的平均工资增加了60%到120%不等。[②]在经过土地改革以后,中农在农村中所占的比例,已由过去的20%左右发展到80%左右;贫雇农则由70%左右减少到10%或20%,而且在逐步减少中。[③]

(二)以克服官僚主义为重点整顿党组织

1951年11月东北局给中央的报告揭露出一些干部严重贪污、浪费的事实,引起中央高度重视。1951年12月1日,针对增产节约运动中揭发出来的一些干部存在着比较严重贪污、浪费现象,中央作出《关于精兵简政、厉行节约、反对贪污、反对浪费、反对官僚主义的决定》,简称"三反"。"三反"运动采取群众运动的方式,大张旗鼓,雷厉风行,以形成有力的社会舆论和群众威力。斗争中抓住典型重大案件,加以处理。在"三反"运动中,全国受到刑事处分的腐败分子有4万多人。仅地方县委以上干部犯有严重错误受到行政上撤职、撤职查办、逮捕法办的就有4029人。其中省级干部25人,地委级干部576人。[④]这次运动清除了党和国家干部队伍中的腐化分子,有力地抵制了旧社会恶习和资产阶级的腐蚀,对于形成健康的党群关系有很大的作用。

1957年1月,中共湖北省委向中央报告,湖北省红安县、区、乡、社四级干部1470名,在党的八届二中全会以后,亲自动手种试验田的就有1151

① 郑金斐:《利益问题是正确认识和处理党群关系的逻辑起点:建国初期党群关系的思考》,《中共福建省委党校学报》,2000年第6期。

② 刘勉玉著:《中国共产党经济政策发展史》,湖南人民出版社,2001年,第172页。

③ 《中共党史参考资料(七)》,人民出版社,1980年,第222页。

④ 陈凤楼著:《中国共产党干部工作史纲》,党建读物出版社,2003年,第135页。

名。在试验田的推动和影响下，全县实现了大面积增产，还实现了领导干部、技术人员和群众的三结合，有效地改变了干部作风。在“红安经验”的影响下，全国各地都普遍兴起了向红安学习的运动。为了改进领导作风，密切党与群众的联系，避免和克服官僚主义、宗派主义、主观主义的许多错误，并改变社会上存在的轻视体力劳动的观念，1957 年 2 月 14 日，中共中央发出通知，要求全国各地区、各方面推广湖北省委关于各级干部种试验田的经验。1958 年 2 月 28 日，中共中央发出《关于下放干部进行劳动锻炼的指示》，提出下放党员干部进行劳动锻炼。1959 年 2 月 12 日，中央又发出《关于坚决贯彻执行“各级干部参加体力劳动的决定”的通知》，再次对党员干部参加体力劳动提出要求。这一时期，各地下放了很多党员干部到基层，以加强基层的工作。到 1960 年下半年，全国已经有百万余名党员干部被下放到基层，主要是到农村担任公社的各级领导职务。这对于改进农村基层工作起到了积极的作用。

党在全国范围内处于执政地位，难免使有些同志产生了特权思想，甚至用打击压迫的办法来对待群众，在党内逐渐滋长了脱离群众和脱离实际的官僚主义、宗派主义和主观主义。在 1956 年 11 月党的八届二中全会上，毛泽东宣布中国共产党准备在 1957 年开始以整治主观主义、宗派主义和官僚主义为中心的整风运动。1957 年 4 月，中共中央发出《关于整风运动的指示》，5 月 2 日，《人民日报》发表了《为什么要整风》的社论，整风运动正式开始。这次整风的主题，是正确处理人民内部矛盾的问题。由于国内的敌我矛盾已经基本解决（还没有完全解决），层出不穷的人民内部矛盾日渐显现和突出。解决这些矛盾，从思想教育的角度来说，一方面是要教育担任领导职务的共产党员、政府工作人员、经济和文化机关工作人员，认真听取群众的批评意见，努力克服脱离实际、脱离群众的主观主义、宗派主义、官僚主义作风；另一方面是要教育群众提高觉悟，提倡以集体利益和个人利益相结合为原则的社会主义精神。[①]这次整风的方针是：从团结的愿望出发，经过批评和自我批评，在新的基础上达到新的团结。对于各级领导干部，主要是检查处理人民内部矛盾的情况，检查对于党的“百花齐放、百家争鸣、长期共存、互相监督”方针和“勤俭建国”方针的执行情况，检查脱离群众的官僚主义现象，检查不从团结出发的宗派主义现象，从而真正地贯彻执行中央关于正确

① 胡绳著：《中国共产党的七十年》，中共党史出版社，2007年，第 380~381 页。

处理人民内部矛盾的指示。

(三)重视建立党与人民群众的联系渠道

新中国成立后,随着各级政权的建设以及党和政府机构的增多,对干部的需求特别是对领导干部的需求就显得尤为重要。因此,党政领导班子建设和干部队伍建设就成为这一时期的重点工作。1953 年 4 月 20 日,中央组织部发出《关于政府干部任免手续的通知》,规定今后凡属中央人民政府或政务院任免范围的干部,在中央人民政府或政务院任免之前,仍需按党内管理干部的规定经过审批。干部提名、考核、任免等管理权限集中到党的组织部门。这是新中国成立后第一次明确确立党管干部的原则。在 1949 年 11 月 9 日,中央发出《关于成立中央及各级党的纪律检查委员会的决定》,规定中央纪律检查委员会在中共中央政治局领导之下工作,各级纪律检查委员会在各级党委指导之下工作。随后,全党建立起从中央到县一级的党的纪律检查委员会。与此同时,党采取了许多激励与制约干部的措施,1950 年 4 月,中央作出《关于在报纸刊物上展开批评与自我批评的决定》,要求在一切公开的场合,在人民群众中,特别在报纸刊物上展开对于我们工作中一切错误和缺点的批评与自我批评。1952 年 3 月,中央节约检查委员会作出《关于处理贪污、浪费及克服官僚主义错误的若干规定》。4 月,中央人民政府制定了《中华人民共和国惩治贪污条例》。这些规定和条例对规范党员干部的行为,激发积极性与主动性,制裁或阻止各种不良行为起到了一定的促进和防范作用。

在 1951 年 5 月,毛泽东批转《中共中央办公厅秘书室关于处理群众来信的报告》的批语中指出:“必须重视人民通信,要给人民来信以恰当的处理,满足群众的正当要求,要把这件事看成是共产党和人民政府加强与人民联系的一种方法,不要采取掉以轻心置之不理的官僚主义的态度。如果人民来信很多,本人处理困难,应设立有适当人数的专门机关或专门的人,处理这些信件,如果来信不多,本人或秘书能够处理,则不要另设专人。”毛泽东针对《报告》所反映的地方党组织动员群众写成批的致敬信的问题,指出:“组织群众成批地写致敬信是不好的,以后不要这样做。”根据毛泽东的批示,6 月 7 日政务院发布了《关于处理人民来信和接见人民工作的决定》,要求各级人民政府对人民来信或要求谈话,要热情接待,负责处理,定期向上级报告。1957 年 1 月,毛泽东在全国省市自治区党委书记会议上指出,脱离群众，官僚主义，势必要挨打。中央的同志，各省市自治区、各部的主要负责同志，一年总要有一段时间到工厂、合作社、商店、学校等基层单位去跑一跑，进行调查研究，搞清楚群众的情况怎样，先进的、中间的、落后的各有多少，我们的群众工作做得如何，做到心中有数。在中央的鼓励和示范下，各级领导干部纷纷下到基层，开展调查研究，并很快蔚然成风。

第四节 社会转型时期的利益格局及其对党群关系的影响

以党的十一届三中全会为标志，中国进入了由传统的计划经济体制向社会主义市场经济体制转变、由传统农业社会向现代工业社会转型的新时期。社会转型的过程是一个由利益均衡到利益分化再到利益整合的过程，在这一过程中，中国原有的利益格局发生了分化和重组，原来的以工人、农民两大阶级和知识分子阶层为主体的基本架构被冲破，演化出了许多新的社会力量，从而形成了利益格局的多元化。在这一新型的利益格局中，中国共产党能否正确认识和科学把握利益格局的变迁，并根据形势的发展变化不断巩固和扩大自己的群众基础，不仅关系到中国特色社会主义现代化建设的顺利实现，更关系到党的执政地位的巩固和国家的长治久安。

一、社会转型时期利益格局的基本概况

改革开放的序幕拉开后，以市场经济为基本启动力的改革从本质上来说，就是利益关系的调整。随着市场化进程的推进，利益关系格局的变化表现出不同于计划经济时期的特点，出现了利益主体多元化、利益来源多样化、利益表达公开化、利益差别扩大化和利益关系复杂化的局面。

（一）利益主体多元化

所谓利益主体就是在一定社会关系下从事生产活动或其他社会活动，以便直接或间接地追求自身社会需要满足的人（个体或群体），即利益的追

求者、承担者、生产者、实现者、消费者和归属者。[①]作为利益主体的人或人群，总是以不同规模的组织形式出现的。例如个人和家庭、工作单位、利益集团、阶级、民族和国家等。在经过对农业、手工业和资本主义工商业的社会主义改造后，个体劳动者和私营企业者被消灭，只剩下“两个阶级、一个阶层”的社会阶层结构。传统的计划经济体制造成了个人利益对于集体和国家利益的高度依赖，严重束缚了利益主体的积极性。改革开放后，随着市场经济体制的建立和完善，各个利益主体对利益的追求得到承认，以职业为基础、以资源占有为标志的新的社会阶层分化机制基本形成，利益主体多元化的局面开始出现。

一方面，从利益个体来看，个人利益的地位由非法走向合法，由高度依赖走向分化和独立，由从属性走向平等性。国家通过立法的形式确立了对私有财产的保护，个人的利益诉求不再像以前那样被否定，甚至遭受批判。每一个人都可以在法律允许的范围内，通过市场竞争来实现利益的最大化。由于法律对个人利益的认可，使得利益主体之间的界限愈益分明，大家以平等主体的地位参与市场竞争，任何人都不得侵犯他人的合法利益。在市场经济条件下，社会利益单元由原来的国家和集体缩小到了社会的最小单位——家庭和个人，过去整体性的国家和集体利益被细分化为分散的、独立的、平等的个体利益，社会利益结构的支点也发生了由集体、国家利益转向个人利益的位移。人们不再像计划经济时期那样高度依赖于单位，人员的流动性不断增强，在择业、投资、储蓄、消费等利益活动的选择上，每一个人都有了一定的自主权。由于人们之间的分工日益专业化，个体利益的实现必须从社会交换中才能得到实现。因此，人际关系的方式从总体上趋于多样化、商品化、货币化、规范化。当然，利益驱动也使一些人在利益竞争中采取不正当的手段，损害他人利益，造成了利益主体之间的利益矛盾和冲突。

另一方面，从利益群体来看，基于不同的社会地位、资源占有方式、利益诉求、生活方式和水平，我国社会利益群体存在的形态由隐变显，利益诉求由单一变多元，利益差距和利益矛盾由暗变明，社会影响和作用也由小变大。除我国社会原有的“两个阶级、一个阶层”之外，还产生了新的社会阶层，并在社会资源的占有、使用和利益分配中扮演越来越重要的角色。工人阶级内部的利益群体分化日趋明显，不同所有制形式的企业职工之间，相同所有

① 王伟光著：《利益论》，人民出版社，2001年，第90页。

制的不同行业之间，相同的产业不同的地区之间，同一企业内部的不同岗位、工段之间，城市工人、农村工人与城里的农民工之间，全民工、集体工、合同工、雇佣工、临时工之间，在岗工人、待业工人、失业工人之间，其收入、待遇、心态都有明显不同，其社会声望、教育程度、经济收入、拥有财富、生活方式、价值观念也有很大差别，从而形成了不同的利益群体。农民阶级在改革开放以来也经历了三次大的分化。第一次是家庭联产承包责任制的实行，使农村生产力得到极大解放，并出现了大量剩余劳动力。第二次是乡镇企业的异军突起，有相当一部分农民进入第二、三产业。第三次是随着城镇化的发展，大量农民工涌入城市并寻找新的就业机会。经过这三次大的分化，传统户籍制度下的具有农业户口的农民阶层已经在职业特点、资源获得、社会地位等方面明显区分为不同的利益群体。知识分子阶层在社会生活中的作用越来越突出，他们的经济地位、政治地位、社会地位较之于以往相比都有了较大提高。在干部队伍"四化"建设中，一些知识分子进入了党和国家干部队伍，握有了更多的政治资源；一些工程技术人员、研究人员和从事生产经营管理人员也获得了较丰厚的经济收入和较高的社会地位；一些从事科研、医疗卫生、教学、新闻、律师、文学、艺术等方面的人员运用知识为社会服务，并以此取得生活资料。新兴社会阶层开始产生。党的第十六次全国代表大会报告中明确指出："在社会变革中出现的民营科技企业的创业人员和技术人员、受聘于外资企业的管理技术人员、个体户、私营企业主、中介组织的从业人员、自由职业人员等社会阶层，都是中国特色社会主义事业的建设者。"①这是在党的文献中首次对改革开放以后新兴社会阶层的政治地位作出明确的判断。

总之，随着我国社会由传统社会向现代社会的转型，社会阶层结构较改革开放前已经发生了显著的变化。部分社会阶层的经济利益在获得满足后，迫切希望提高自身的社会地位，并得到社会的广泛认同和支持，迫切希望自己的经济利益能够得到政治上、法律上的确认和保证，以切实维护自身的合法利益。尤其是部分私营企业主还提出了加入党组织的要求，这一方面说明我们党具有很强的吸引力和凝聚力，能够得到人民群众的信任和支持；另一方面也反映出新兴社会阶层寻求通畅的利益表达渠道和政治参与机制，获得政治保护的呼声正逐渐提高。

---

① 《中国共产党第十六次全国代表大会文件汇编》，人民出版社，2002 年，第 14~15 页。

(二)利益来源多样化

改革开放后,我国所有制结构、社会资源配置方式和收入分配制度发生了根本性变化,从而使人们获取利益的方式和来源呈现出多样性,不仅有货币收入,还有财产收入、身份收入等。就城镇职工来说,货币收入或工资性收入,就包括工资、奖金、各种津贴、退休费等。在中国“短缺经济”阶段结束之前,城镇职工还有大量“从饮料到带鱼、从家具到住房”的实物收入[①]。财产性收入,是指社会成员通过资产增值所获得的收入,主要有通过储蓄存款、股票、债券、私人借款获得的利息和红利,私营企业主经营私人资产所获得的利润、出租不动产的租金等。身份收入,是指部分国家干部、知识分子、国家职工等凭借其优势身份所获得的部分货币和实物收入。不可忽视的是,在社会转型时期, 由于体制改革的渐进性而滋生的一些人利用手中掌握的权利而“设租”所获得“寻租”收入也构成了经济利益的来源之一。

与利益来源多样化相对应,形成了利益手段,也就是利益主体实现其利益目的所采取的方式、方法的多样化。在现实的利益关系中,实现利益目标的手段固然有很多种,但大致上可以归纳为以下两种:

一种是性质相同的谋利手段,但具有不同的方式方法。例如,在计划经济时期,农民实现自身的经济利益,几乎都是通过评工记分,由集体分配来实现的。但是现在,农民实现自己的经济利益的手段,可以通过从事不同的产业和经营不同的业务,还可通过不同的方式如以雇主、受雇、合伙、入股等谋取自身利益。与以往相比,实现经济利益手段的选择度更加灵活和多样。

另一种是不同性质的谋利手段,但可以起到相同的谋利目的。例如,少数党政干部尤其是行政执法部门、管理部门的部分人员,就便于利用社会所赋予的权力搞“以权谋权”“参硬股”“官倒”等。当然,在合法的谋利活动中,也会出现类似的情况,如某些利益主体在取得社会政治利益后,反过来使其经济利益得以更好实现。

① 樊纲著:《公有制宏观经济理论大纲》,上海人民出版社,1994 年,第 129 页。

(三)利益表达公开化

所谓利益表达,就是利益主体为了能够实现其利益而进行的活动。其实质就是把利益主体的态度、意见等转变为向社会、国家表示要求的方式。利益表达渠道的公开化是社会进步的表现,我国在以市场取向的经济体制改革的过程中,造就了众多的经济利益主体,利益主体不断增多,其利益要求也自然各不相同。如何协调好这些不同的利益要求,并把其纳入社会秩序所要求的轨道,就对利益表达制度提出了挑战。只有让不同利益主体的要求得到适时表达,才能减缓其对社会的震荡,也唯有通过一定的渠道了解各利益主体的利益要求,才能做到决策的科学化和协调的有效性。从目前来看,利益表达的渠道主要有以下三种:

第一,利益组织表达。这种利益组织主要有两种,一种是正式组织,即按法律规则所成立的组织,如各级权力组织、党群组织、社会认可的企业事业单位等。另一种是非正式组织,即按不同利益关系结成的群体和集团,如各种规模不等,影响不同的自发性、行业性、综合性、联谊性的非正式组织。这些非正式组织虽然带有自发性,组织程度低,但在社会对话中往往更直接地代表各自的利益群体。

第二,公共舆论表达。随着改革开放和民主化进程的深入推进,越来越多的利益主体通过各种公共舆论媒介来表达出自己的利益诉求。除此之外,还有通过非正式舆论媒介的各种利益群体表达渠道。例如,每当工农产品较大幅度调价,城乡居民的街头倡议就往往成为各利益群体表达愿望和要求的社会舆论,这多是分散性、自发性的表达,但往往也会形成强大的社会压力。

第三,行动表达。这是利益表达中比较剧烈的一种方式,也是争取、实现利益的直接行动。在一定的情况下,这往往是利益主体在其他利益表达渠道不足以维护、争取自己利益时所采取的一种过激举动。对这类比较剧烈的表达方式,在社会转型时期尤其应该引起足够的重视,有时因重视不够或处理不当就可能激化矛盾,甚至会发生对抗。

(四)利益差别扩大化

人们在描述各自的利益差别时,往往采用收入、财富和消费这三个不同的标准。在这三个标准当中,收入差距是一种即时性差距,主要是指社会成员之间年收入的对比,从经济利益流量上规定利益的差别程度;财富差距是一种积累性差距,主要指社会成员之间资产的对比,从经济利益的定量上规定利益的差别程度;消费差距是社会成员在个人收入和财产的消费中所表现出的差别,是从结果上反映利益差别的现实程度。从改革开放以来,我国城乡居民的总体收入水平显著提高,但同时也出现了收入差距明显扩大的趋势,主要表现为以下六方面:

第一,居民总体收入差距。衡量居民收入差距的重要指标之一是基尼系数。按照国际通行标准,基尼系数低于 0.3 属于均等分配的区间;0.3~0.4 属于合理区间,0.4~0.5 表明收入差距过大,超过 0.5 就说明出现了两极分化。据国家统计局的测算,改革开放之初的 1978 年,农村居民的基尼系数大致为 0.21~0.24,城市居民的基尼系数大致为 0.16~0.18。[①]这就说明我国的收入分配非常平均。但进入 20 世纪 90 年代以后,收入差距问题变得日益突出。据国内有关专家测算,2000 年我国的基尼系数为 0.458,2003 年估计在 0.5 左右。[②]如果按照五等分法计算,1978 年,20%的最高收入户的总收入是 20%的最低收入户的总收入的 2.7 倍,而到 2003 年则达到 7.4 倍。[③]

第二,城乡居民之间的收入差距。尽管由于计算口径和方法的不同,对城乡收入差距程度的估计也往往不一致,但这与改革开放以来城乡收入差距经历了先缩小后扩大的总趋势的判断是一致的。2004 年城镇居民人均可支配收入 9422 元,农民人均纯收入 2936 元,收入差额为 6486 元,差距系数为 3.2:1(国家统计局《2004 年国民经济和社会发展统计公报》)。而 1978 年城镇人均可支配收入为 343 元,农村居民人均纯收为 134 元,差额为 209 元,差距系数为 2.56:1。[④]这一系数 2000 年为 2.79:1,2001 年为 2.90:1,2002 年为 3.11:1,2003 年为 3.23:1。

第三,城镇居民内部的收入差距。1978 年我国城镇基尼系数为0.16,2000 年为 0.32。[⑤]根据 2003 年国家统计局城调队对 3.6 万户居民的调查,城镇中

---

① 中央党校邓小平理论研究中心:《重视解决收入扩大问题》,《人民日报》,2003 年 12 月 25 日。

② 汝信、陆学艺、李培林主编:《中国社会科学院"社会蓝皮书"2005:中国社会形势分析与预测》,社会科学文献出版社,2004 年,第 85~86 页。

③ 同上,第 355 页。

④ 赵满华、王尚义著:《收入差距与两极分化问题研究》,中国经济出版社,2002 年,第 74 页。

⑤ 刘国光:《研究宏观经济形势要关注收入分配问题》,《经济学动态》,2003 年,第 5 期。

10%的最高收入户的收入约为10%的最低收入户收入的8.4倍。[1]

第四，农村居民内部收入差距。1978年我国农村基尼系数为0.21，到2000年已经超过0.35。[2]根据2003年国家统计局农调队对6万多农户的调查，农村中20%的高收入户的收入为20%的低收入户收入的7.3倍。[3]

第五，地区之间的收入差距。20世纪80年代初期，我国东、中、西部地区居民收入差距很小，但自20世纪90年代以来，无论是城镇居民还是农村居民，三大地区的差距都明显拉大。拿上海与贵州相比，2004年上海城市居民家庭人均年可支配收入为16683元，而贵州则为7322.04元，上海是贵州的2.28倍；上海农民人均纯收入为7337元，而贵州则为1721.55元，上海是贵州的4.26倍。

第六，行业之间的收入差别。行业之间的收入差距突出表现在垄断性行业与非垄断性行业收入差距过大。以2003年各行业平均工资为例，最高的是金融保险业，达2.25万元。如果按细行业分，最高的是证券业，达4.26万元。而低的农牧渔业只有6969元。平均工资最高的行业是最低的行业的6.1倍。[4]同时，行业内部效益不同的企业之间，以及同一企业内部经营者、管理者和职工之间的收入差距也比较明显。

（五）利益关系复杂化

改革开放之前，在计划经济体制下，由于缺乏独立的利益主体，利益差别不大，所以利益关系比较简单。但改革开放三十年多来，我国社会利益关系变得越来越复杂。尤其是在我国处于社会转型时期，社会结构、经济结构快速变化，旧体制中深层次矛盾充分暴露，且难以立即消除，新体制尚不完善，社会利益关系呈现出一种错综复杂的局面。

首先，利益主体的多层次耦合使得利益关系复杂化。利益主体多元化使利益关系形成一个多维的、有机的系统。就全社会的个人利益来看，会分别形成各阶级、阶层的群体利益，或分别形成以所有制以外条件为基础的群体

---

①③ 汝信、陆学艺、李培林主编：《中国社会科学院"社会蓝皮书"2005：中国社会形势分析与预测》，社会科学文献出版社，2004年，第86页。

② 刘国光：《研究宏观经济形势要关注收入分配问题》，《经济学动态》，2003第5期。

④ 汝信、陆学艺、李培林主编：《中国社会科学院"社会蓝皮书"2005：中国社会形势分析与预测》，社会科学文献出版社，2004年，第87页。

利益，这些群体的个人利益的有机耦合，就形成整个社会的利益关系体系；就全社会的企业利益来看，会形成一个由许许多多企业利益或企业集团利益组成的企业利益关系体系；就全社会的部门利益来看，会形成一个由工业部门利益、农业部门利益、金融部门利益、外贸部门利益等组成的部门利益关系体系；就全社会的地区利益来看，会形成一个由东部地区利益、中部地区利益、西部地区利益以及各省市自治区及其内部不同地区之间利益组成的地区利益关系体系。而个人利益关系体系、企业利益关系体系、部门利益关系体系、地区利益关系体系的多层次耦合又形成了整个社会的利益关系体系。

其次，利益关系调节方式的多维度使得利益关系复杂化。利益关系调节方式主要包括市场调节与计划调节。在推进社会主义市场经济体制改革的进程中，市场调节与计划调节的脱节或重置是利益关系问题出现的主要原因。在有些领域，利益的计划调节已经完全退出，利益的市场调节却没有能够跟上；而在另一些领域，利益计划调节还没有退出，利益的市场调节已经发挥作用，由此而来造成了利益调节的混乱。因此，如何协调利益的市场调节与计划调节是非常重要的。

最后，利益关系的多重性使得利益关系复杂化。在社会主义市场经济体制改革不断深化的过程中，社会利益关系的横向契约性质越来越清晰。同时，由于体制改革的渐进性，以及改革过程中制度惯性等因素的存在，社会利益关系仍然带有一定的纵向权威性。总体上而言，当前我国社会利益关系呈现出纵向权威性利益关系与横向契约关系互相交叉与渗透的特点，利益关系的多重性使得利益关系复杂化。

利益关系历来是党群关系和谐与否的晴雨表、风向标。历史经验证明，利益关系紧张之日，就是党群关系不够和谐之时，而协调利益矛盾，实现利益共享，是构建和谐党群关系的关键。让人民共享社会发展的利益，这既是历史经验的总结，又是对马克思主义利益理论的新发展。人是社会的出发点、目的和归宿。人们从事经济、政治、文化活动无不出于对利益的追求，没有利益，人们从事社会活动就丧失了目标，社会主义社会也概莫能外。因此，社会发展的中心就是要让社会的因子——人全面享受社会发展的成果，亦即利益共享。但是城乡之间、地区之间、行业之间、群体之间、阶层之间、个人之间等利益差距的扩大，利益分化的“马太效应”显现，尤其是改革进程中的“寻租”行为，某些权力与资本结合起来寻求暴利等社会不公平、机会不公正现象所导致的贫富差距问题，引起一些利益主体，尤其是弱势群体的不满。

恰恰就是这些因素使得当前利益冲突事件时有发生，利益关系格局对党群关系发展的负面影响显现，并成为一种阻碍。

二、社会转型时期利益格局中党群关系的调整

在历经十年“文革”的动乱后，社会中积累了许多严重的经济、政治和思想问题。在经济领域，工矿企业的生产和交通运输陷入混乱，商业流通堵塞，国民经济的重大比例关系严重失调，人民的物质生活长期没有得到应有的改善。在政治领域，人们民主意识淡薄，法律虚无主义盛行，人民无法充分行使当家做主的权利。在思想领域内，发生了若干值得引起注意和警觉的现象：一些同志由于受到“左”倾思想的束缚，对于三中全会以来党的路线和政策表现出某种程度的不理解甚至抵触情绪；极少数人打着“社会改革”的幌子，曲解“解放思想”的口号，采取“攻其一点，不及其余”的手法，把党的错误加以极端的夸大，企图否定党的领导，否定党所指引的社会主义道路。这些情况严重影响了党群关系的正常发展。党的十一届三中全会果断地停止使用“以阶级斗争为纲”的口号，完全否定了“无产阶级专政下继续革命”的错误理论，在把全党的工作重心转移到社会主义现代化建设上来的同时，采取了有力措施恢复和发展了密切党群关系的优良传统，使党群关系发展到新的历史阶段，总体来看，党群关系在社会转型时期是健康的、和谐的、融洽的。

（一）对“群众”内涵的重新界定

对资本家进行了重新的认识。邓小平明确指出：“我国的资本家阶级原来占有的生产资料早已转到国家手中，定息也已停止十三年之久……现在，他们作为劳动者，正在为社会主义现代化建设事业贡献力量。”[①]对知识分子进行了重新界定，提出“我国的知识分子绝大多数是自觉自愿地为社会主义服务的。反对社会主义的是极少数，对社会主义不那么热心的也只是一小部分”[②]。对阶级的划分进一步淡化。为原来的右派、地主、富农摘帽，不再进行政治分层。在1979年7月，中共中央在《关于被定为右倾机会主义分子的平

① 《邓小平文选》（第二卷），人民出版社，1994年，第186页。

② 同上，第49页。

反、改正问题的通知》中提出，在 1957 年以来的反右倾斗争中，因反映实际情况被定为右倾机会主义分子或右倾机会主义错误的人，一律平反；1979 年 1 月，《关于地主富农分子摘帽问题和地富子女成分问题的决定》指出，凡是多年来遵守政府法令，老实劳动，不做坏事的地主、富农分子以及反、坏分子，经过群众评审、县革命委员会批准，一律摘掉帽子，给予农村人民公社社员的待遇；1979 年 1 月，中共中央批转统战部等六个部门《关于落实对国民党起义、投诚人员政策的请示报告》要求对冤案要昭雪、假案要平反、错案要纠正，凡是因历史问题或主要因历史问题而被戴上历史反革命分子帽子或其他帽子的，一律摘掉，对其家属子女不得歧视。1979 年 11 月，中共中央批转统战部等六个部门《关于把原工商业者中劳动者区分出来问题的请示报告》，12 月，又批转了统战部等五个部门《关于对原工商业者的若干具体政策的规定》，把原来被当作资产阶级工商业者而卷入公私合营的一大批小商、小贩、小手工业者恢复为劳动者，给予原工商业者以“干部”身份。这样，自新中国成立之初实行的成分划分终于画上了句号，极大地调动了长期遭受歧视的这部分社会成员的积极性。人们之间在政治地位上的差异开始急剧缩小。

（二）在纠正大量冤假错案中落实党的干部政策

1977 年 10 月 7 日，《人民日报》发表了《把被“四人帮”颠倒了的干部路线是非纠正过来》一文。文章指出，我们党的干部队伍是好的，干部大多数是好的。对于干部要看他的全部历史和全部工作，要在长期的群众斗争中考察和识别干部，挑选和培养接班人。对待犯错误的干部要从团结的愿望出发，经过批评或者斗争，在新的基础上达到新的团结，而不能百般挑剔，无限上纲，造谣诬陷，残酷迫害。文章指出，要敢于冲破阻力，推翻“四人帮”一伙对干部审查中的不实之词和所作的错误结论。12 月 10 日，中共中央任命胡耀邦为中央组织部部长。胡耀邦到任后，立即对中央组织部机关进行整顿，成立了干部分配组、干部接待组、老干部生活组，开展了落实干部政策的工作。遵照实事求是、有错必纠的原则，进行了大量深入的调查研究，有领导、有步骤地在全国范围内展开了落实政策、平反冤假错案的活动。到 1978 年 7 月，已按政策分配和安置中央、国家机关干部 534 名，占中央和国家机关 53 个单位原有待分配干部的 87.2%。到年底，副省长、中央副部长以上受审查未作结论的 190 人中，已结案 130 人，原没有安排工作的 261 人，有 189 人安排了工作。到1978年底，一部分中央和地方受迫害的干部和各条战线的专家、劳动模范、先进工作者的错案得到平反昭雪，恢复名誉，重新工作。①十一届三中全会后，中央和地方都加快了平反冤假错案的步伐，到1982年中共十二大召开之前，在三年多的时间里，不仅平反了“文革”中的冤假错案，而且还纠正了一批“文革”前乃至新中国成立前党内的冤假错案，为党和国家及军队各部门的一些领导人，“文化大革命” 中受到错误批判或遭受诬陷的中央一些部门，各地发生的事件、冤案，在“文革”期间被错判的反革命案件、刑事案件，冤杀、错杀案件，在历次政治运动中特别是“文革”运动中受到打击、诬陷和迫害的党外人士和“文革”前的冤假错案等进行了平反、清理和纠正。

（三）进一步改革党的干部制度

党的十一届三中全会以后，随着社会主义现代化建设的全面展开，党的干部队伍的现状已不适应新形势发展的需要。一是党的中高级领导干部年龄老化情况非常严重。二是相当多的干部缺乏科学文化知识，受过系统的专业训练，懂得先进科学技术和管理知识的人比较少。针对这一问题，党及时进行了一系列干部制度的改革，从而使党的干部工作出现了新的面貌。一是针对干部年龄普遍偏大的状况，提出了实现干部队伍的革命化、年轻化、知识化、专业化的“四化”方针。二是废除领导职务终身制，建立干部的离退休制度。这就从制度上保证了干部队伍的正常交替，造就了一大批适应社会主义现代化建设需要的干部队伍。

（四）充分调动人民参加社会主义建设的积极性

1978年11月，邓小平在中央工作会议上提出了一个影响中国社会分层的大政策，他指出：“在经济政策上，我认为要允许一部分地区、一部分企业、一部分工人农民，由于辛勤努力成绩大而收入先多一些，生活先好起来。”②这表明，我党在政策取向上由强调人民内部利益的一致性，忽视或否定人民

---

① 中央党史研究室第三研究部：《新时期中国共产党的建设简史》，中共党史出版社，2009年，第8~10页。

② 《邓小平文选》（第二卷），人民出版社，1994年，第152页。

内部存在的利益差别或冲突，转为承认社会主义制度下利益分化的客观性，尤其是社会主义初级阶段追求个人利益的合理性。它意味着社会利益主体的分化与多元化，从单一的国家、集体利益，分化出了个体利益，这无疑是对社会利益格局认识的质的突破，个体利益可以存在并允许个体追求合理的个体利益。这一政策变化是以承认安徽凤阳小岗村农民的家庭承包责任制并把它推向全国为标志的，联产承包责任制改变了过去那种生产资料、经营管理、劳力调配、收益分配高度集中的“三级所有，队为基础”的人民公社管理体制，实现了土地所有权和经营权的分离，调整了分配关系，使劳动者的利益同劳动成果直接结合起来，极大地调动了农民的生产积极性。1981 年 6 月，党的十一届六中全会《关于建国以来党的若干历史问题的决议》指出：“国营经济和集体经济是我国基本的经济形式，一定范围的劳动者个体经济是公有制经济的必要补充。”1981 年 6 月，中央作出《关于城镇非农业个体经济若干政策性规定》。1982 年 9 月，党的十二大再次鼓励发展个体经济，指出：“在农村和城市，都要鼓励劳动者个体经济在国家规定的范围内和工商行政管理下适当发展，作为公有制经济的必要的、有益的补充。”在分配方面，1978 年国有企业开始试行计件工资制度，恢复奖励制度，并改善了企业内部的工资关系，建立了岗位津贴，城市居民在个人收入方面也拉开了差距。

（五）努力提高人民群众的生活水平

十一届三中全会将党的工作重心转移到社会主义经济建设上，提出改革开放的重大决策，以促进经济发展和人民生活水平的提高。中国选择了一条“由外到内”、渐进式的市场化改革之路，作为体制核心部分的全民所有制企业在一定时期内仍然实行计划经济，而处于体制之外的非公有制经济和处于核心体制外围的集体经济则率先开始实行新体制，进行市场化探索。随着新体制的逐步确立，其地位逐渐提高，作用日益加强，等到条件成熟时旧体制再向新体制并轨，最终建立起社会主义市场经济体制。这种改革在最初的阶段上是基本成功的，不仅原有利益关系格局中处于核心地位的国有企业职工和国家与社会管理者阶层因为改革收入水平不断提高，更重要的是处于原有体制外围或体制之外的社会成员因为改革改变了其原来相对弱势的经济地位和社会地位，实现了利益的大幅度提升。正因为如此，此时的改革最大程度地凝聚起了社会共识，受到了人们的普遍拥护和支持，拥有强大的动力。农民是我国改革开放最早的受益群体,个体经营者也是改革开放最早的受益群体之一。在20世纪80年代中期以前,是各阶层在改革中普遍受益的普惠时代,虽然社会各阶层之间的利益已经出现了差别,但差别不大,还停留在合理的范围内,对经济社会发展起积极的促进作用。经过党和群众的共同努力,被"文革"扭曲的干群关系得以恢复,并得到正常发展。

三、社会转型时期利益格局中密切党群关系的实践

在社会转型时期,党制定了一系列代表人民群众根本利益的路线、方针和政策,给群众带来了实惠,群众对我们党的信心大增,党在群众中的威望日益提高。人民群众的生活水平成倍增长,因而对党的政策更加拥护,党在群众心目中的地位进一步提高,党群之间的鱼水关系逐步得到恢复和加强。

(一)采取有力措施大力发展社会经济

利益关系是党群关系的根本,大力发展社会经济,不断提高人民群众的生活水平,是这一时期党和人民奋斗的第一要务。党的十二届三中全会通过《中共中央关于经济体制改革的决定》,明确提出了有计划的商品经济理论,突破了把社会主义和商品经济对立起来的传统观念和把指令性计划当作社会主义计划经济根本特性的传统观念,第一次肯定了社会主义经济是商品经济。经济改革的中心从农村转向城市,开始按照市场取向推进城市经济体制改革。在所有制方面,继续实行鼓励个体经济发展的政策。1987年1月,中共中央在《把农村改革引向深入》中指出:私人企业"作为社会主义经济结构的一种补充形式,对于实现资金、技术、劳力的结合,尽快形成社会生产力,对于多方面提供就业机会,对于促进经营人才的成长,都是有利的"[①]。1987年10月,党的十三大开始使用私营经济的概念,并进一步肯定了私营经济的作用,指出:"私营经济一定程度的发展,有利于促进生产,活跃市场,扩大就业,更好地满足人民多方面的生活需求,是公有制经济必要的和有益的补充。"1988年6月,国务院发布《中华人民共和国私营经济暂行条例》,私营经济获得了合法的地位。1992年党的十四大根据邓小平南方谈话的精神,把建

① 《十二大以来重要文献选编》(下),人民出版社,1988年,第1237页。

立社会主义市场经济体制作为经济体制改革的目标。在所有制方面，指出："以公有制包括全民所有制和集体所有制经济为主体，个体经济、私营经济、外资经济为补充，多种经济成分长期共同发展，不同经济成分还可以自愿实行多种形式的联合经营。"在分配制度方面，提出要坚持以按劳分配为主体、多种分配方式并存的分配制度。极大地促进了非公有制经济的发展。十四届三中全会通过的《中共中央关于建立社会主义市场经济体制若干问题的决定》，把党的十四大确定的经济体制改革目标和基本原则加以系统化和具体化，提出了建立社会主义市场经济体制的蓝图和基本框架。党的十五大进一步把公有制为主体、多种所有制经济共同发展确立为社会主义初级阶段的基本经济制度。非公有制经济不再是社会主义经济必要的补充，而是社会主义市场经济的重要组成部分。这一阶段初步形成了多种所有制经济并存的局面，改变了社会成员单一、僵化的就业状况。十六大提出充分发挥个体、私营等非公有制经济在促进经济增长、扩大就业和活跃市场等方面的重要作用，促进非公有制经济健康发展，完善保护私人财产的法律制度。十七大提出坚持和完善公有制为主体、多种所有制经济共同发展的基本经济制度，毫不动摇地巩固和发展公有制经济，毫不动摇地鼓励、支持、引导非公有制经济发展，坚持平等保护物权，形成各种所有制经济平等竞争、相互促进的新格局。在分配制度方面，党和政府继续贯彻按劳分配原则，并确立劳动、资本、技术和管理等生产要素按贡献参与分配的原则，坚持效率优先、兼顾公平，鼓励一部分人通过诚实劳动、合法经营先富起来，拉开了社会成员的收入差距。

这一时期，人民生活水平有了很大提高。据国家统计局年度统计公报显示，2001 年全年全国城镇居民人均可支配收入 6860 元，而 1984 年全国城镇职工平均每人可用于生活费的收入仅为 608 元；2001 年农村居民人均纯收入 2366 元，其中农村居民人均现金纯收入 1748 元，而 1984 年农村人口平均每人纯收入为 355.3 元（包括来自生产经营活动的 313 元，来自外出人口寄回、带回的现金和实物以及国家发放的救济金等方面的 42.3 元）；2001 年居民住房条件继续改善，全年城镇竣工住宅面积 5.4 亿平方米，农村竣工住宅面积 7.4 亿平方米，而 1984 年全民所有制单位和城镇集体所有制单位新建住宅约 1 亿平方米，农民新建住房约 6 亿平方米。2002 年到 2009 年，城镇居民人均可支配收入从 7703 元增加到 17175 元，年均实际增长 9.6%；农村居民人均纯收入从 2476 元增加到 5153 元，年均实际增长 7.2%，为党群关系实现和谐发展提供了物质基础。

(二)采取各种措施坚决治理腐败

自20世纪80年代中期以后,随着改革的推进,社会利益分化进一步加快。特别是由于改革处在新旧体制并存、交替的特殊时期,加之权力的因素,在我国的经济社会领域出现了一些极不合理的现象,其中最突出的就是“官倒”问题以及人民群众所痛恨的腐败现象。在1989年发生的政治风波中,极少数人之所以能够蒙蔽和煽动不少群众,一个重要的原因在党的干部队伍中确实存在腐败现象,搞动乱的少数人利用反腐败这个口号蛊惑人心。对此,党有非常清醒的认识。邓小平在谈到反腐败的问题时说:对腐败问题我们往往下不了手,这就会丧失人心,使人们以为我们在包庇腐败。“这个关我们必须过,要兑现。是一就是一,是二就是二,该怎么处理就怎么处理,一定要取信于民。”[①]现在最重要的一条,就是消除人民群众所痛恨的腐败现象,重建党同人民群众的血肉联系,鱼水关系。“要整好我们的党,实现我们的战略目标,不惩治腐败,特别是党内的高层的腐败现象,确实有失败的危险。新的领导要首先抓这个问题,这也是整党的一个重要内容。你这里艰苦创业,他那里贪污腐败,怎么行?”[②]1990年,中央有关部门搞了一次万人社会舆论调查,调查报告表明,有64.2%的职工、59.6%的干部、62.8%的教师、58.1%的党员认为,增强党的凝聚力和战斗力的关键还在于严肃党的纪律,消除腐败现象。这说明党内干部中存在的不正之风和腐败现象还没有得到根本好转。主要问题是:以权谋私,即以权力为资本,以人情为媒介,以金钱为诱饵,以谋取私利为目的,直接侵害群众利益;行业不正之风,即利用行业和单位的工作之便,吃、卡、要,有什么权谋什么私;违法违纪违章建造私房,用公款装修豪华住房,一些群众称之为“摆在马路边上的腐败现象,干部不廉洁的活标本”;弄虚作假,虚报浮夸,报喜不报忧,用虚假政绩骗取组织信任,搞假职称、假档案、假学历以图得到提拔重用;大吃大喝,收受礼品。党内不正之风和腐败现象虽然发生在少数党员干部上,但它严重妨碍了党的正确路线的贯

① 《邓小平文选》(第三卷),人民出版社,1993年,第297页。

② 同上,第313~314页。

彻执行，损害着党同人民群众的关系，甚至会导致群众与党的尖锐对抗。[①]

为了认真解决腐败问题，1989 年 7 月，中共中央、国务院作出《关于近期做几件群众关心的事的决定》，坚决制止高干子女经商；取消对领导同志少量食品的特供；严格按照规定配车，严格禁止进口小汽车；严格禁止请客送礼；严格控制领导干部出国；严肃认真地查处贪污、受贿、投机倒把等犯罪案件，特别是抓紧查处大案要案。1990 年 3 月，党的十三届六中全会通过《中共中央关于加强党同人民群众联系的决定》，决定认为，十一届三中全会以来，"我们党同群众的关系、干部同群众的关系总的说是好的。但是，这些年来在一些党员干部中滋长了官僚主义、主观主义、形式主义、个人主义和以权谋私等腐败现象，有的发展到相当严重的地步"[②]。对此，全党同志必须保持高度警觉。并坚持不懈地同这些现象作斗争，尽一切努力恢复和发扬党密切联系群众的优良传统和作风。十三届六中全会决定下发以后，许多地方认真贯彻落实了中央的决定精神。比如，江西省通过加强廉政建设取信于民，到1990 年 8 月，全省查出 11294 名干部违章、违纪、违法建私房的问题，收缴违纪金额 923 万多元，有 260 名干部受到党纪政纪法纪处分。[③]党的十五大以后，党中央作出了一系列重大部署，将预防腐败体现在各项重要政策和措施之中，有力地推进了反腐倡廉工作。1998 年，中央决定，军队、武警部队和政府机关不再从事经商活动。在全国普遍推行了行政审批制度、财政管理体制和干部人事制度改革，相继建立经营性土地使用权出让招标拍卖制度、建设工程招标投标制度、产权交易制度和政府采购制度。党的十六大以来，党中央坚持反腐倡廉战略方针，大力推进惩治和预防腐败体系建设，提出"标本兼治、综合治理、惩防并举、注重预防"的反腐倡廉战略方针，颁布《建立健全教育、制度监督并重的惩治和预防腐败体系实施纲要》。在继续抓好治理教育乱收费，纠正医药购销和医疗服务中的不正之风以及减轻农民负担的基础上，又坚决纠正征收征用土地、城镇房屋拆迁、企业违法排污、企业重组改制和破产中损害群众利益以及拖欠和克扣民工工资等问题。党群关系有了一定的加强。

---

① 陈凤楼著：《中国共产党干部工作史纲》，党建读物出版社，2003 年，第 271 页。

② 《十一届三中全会以来党和国家重要文献选编》（下），中共中央党校出版社，2003 年，第 10页。

③ 陈凤楼著：《中国共产党干部工作史纲》，党建读物出版社，2003 年，第 269~272 页。

(三)大力发展社会主义民主政治

在改善党群关系方面,民主是不可或缺的重要手段,主要体现在党内民主和社会民主中。所谓党内民主是指在党内生活中,根据《中国共产党章程》和党的其他规定,党员在平等的基础上,按照有关的民主程序和形式,享有参与党的事务、党内决策与管理的权利。我们党是一个党员人数已超过8500万人的大党,其中大多数党员也属于基层群众,他们在不同的工作岗位上工作,与普通群众一起工作、生活、学习。从这个意义上讲,党内民主实际上也是密切干群关系的一个重要渠道。改革开放以来,各级党组织从改革体制机制入手,建立健全充分反映党员和党组织意愿的党内民主制度。中央和地方各级党委常委会向全委会负责、报告工作和接受监督的制度,党的代表大会代表提案制度,代表提议的处理和回复机制等,逐步得到落实。2004年9月中央颁发《中国共产党党员权利保障条例》,逐步扩大党务公开范围,建立和完善党内情况通报制度、党内重大决策征求意见制度等,党组织工作的透明度得到增强。广大党员对党内事务有了更多的了解和参与。社会民主发展的一个重要方面就是中国选举民主的不断拓展和深化。在中国广大农村,农民开始自主选择当家人,村民委员会选举成为中国亿万农民学习政治参与的重要途径。20世纪90年代末以来,长期的村级选举实践推动了乡镇长直接选举、乡镇党委"公推直选",以及城市社区居委会直接选举等改革探索的出现,同时一些地方还出现了公民自主竞选基层人大代表的现象。基层民主的实践改变了权力授予的方向,由党和政府从上至下逐级授权变成了由社会向国家权力机关的授权,体现了国家权力归于人民的指导思想。基本上缓解了党群之间由于权力"向谁服务"问题所导致的紧张与矛盾。

第三章
利益多元化格局中党群关系的分化重组

社会主义现代化建设和改革开放的巨大成就，集中体现为社会生产力的迅速发展、综合国力的极大提升和城乡居民生活水平的普遍改善，中国人民从来没有像现在这样满怀信心地面向未来。广大人民群众衷心拥护党的路线、方针、政策，在社会主义现代化建设进程中表现出了极大的热情。当然，也必须看到，随着改革开放的深入和社会主义市场经济的发展，社会利益格局多元化已经形成。经济成分、组织形式、就业方式、利益关系和分配方式日益多样化，旧的平衡机制被打破，新的平衡机制却尚未建立，各种社会团体、非公企业单位、新经济组织以及某些非正式组织等也具有自主利益的倾向，在社会生活领域的新问题、新矛盾不断涌现，影响并制约着党群关系的和谐发展。

第一节　利益多元化格局是社会发展的必然趋势

利益是不以人的意志为转移的客观存在。利益产生于人类的需求这一特点表明，人类自产生之日起就有了对利益的追求和向往，利益和人的生存、发展息息相关。可以说，利益在人类的全部历史活动中都始终存在并发挥着重要作用。因此，利益是我们解读社会历史现象的一把钥匙，追求利益是人类一切活动的永恒主题。但在一段很长的历史时期，我们却非常忌讳探讨社会主义社会中的利益群体、利益分化的问题，始终强调利益的一致，疏漏具体利益、现实利益的区分。因而有些人对社会主义市场经济条件下所出现的利益多元化格局的现实熟视无睹、避而不谈，甚至认为承认利益多元化格局，就完全背离了社会主义的原则。另一些人则认为，市场经济的发展必然导致利益多元化格局，而利益多元化格局的发展就必然要走向政治体制的多元化，开始竭力强调走西方多党制、分权制等政治体制的道路，妄图把西方的发展模式作为普遍的发展模式加以运用。面对着利益多元化格局的来临，中国社会对此却明显缺乏准备，困惑多于理解，拒斥多于欢迎。然而利益多元化格局不仅是历史发展的必然、社会发展的进步，也是今后进一步深化改革的重要动力。这一点已由中国半个多世纪以来的社会实践所证实。所以拒绝或否定利益多元化格局既不可能，也不应该。因此，面对当前存在的种种误解和困惑，我们应对其进行深刻的分析，澄清种种疑惑，以积极的心态迎接利益多元化格局时代的到来，并寻找在利益多元化格局条件下重建党群关系和谐的新机制。

一、利益多元化格局反映历史发展的必然趋势

利益是社会发展过程中最初的东西，任何社会历史现象都可以从利益那里找到它的根源，它是社会历史得以发展的最初萌芽，其结果潜在地存在于作为根据的开端之中。黑格尔说："离开端而前进，应当看作只不过是开端的进一步规定，所以开端的东西仍然是一切后继者的基础，并不因后继者而消灭。"而且"在一切后继的发展中，都是当前现在的、自己保持的基础，是完全长留在以后规定的内部的东西"①。利益就是种子，它是社会历史这生命过程的开端，包含在其中的胚胎是这一切的根据，社会历史往后的发展不能脱离这个根据，而是在它的基础上获得越来越丰富的规定，最后在结果中得到圆满的表现。所以人类的漫长发展史就是一部在矛盾和斗争中，在付出沉重的代价或损失的同时，不断地创造出日趋完善和合理的制度，以求更好地追求和实现自己利益的历史。在这个历史发展过程中，利益是每时、每处都存在着并起着重要的作用。

诚然，医为利益是由人的需要所引发的，所以从人的需要出发，就是我们探讨利益萌芽产生的开始。当人有了某种需要之后，就会引起他去从事生产活动，这可以说是生产的最终目的，也是生产的直接动因。由于这种生产活动，即"已经得到满足的第一个需要本身、满足需要的活动和已经获得的为满足需要而用的工具又引起新的需要，而这种新的需要的产生是第一个历史活动"②。虽然利益产生的最初动力来自于人的某种具体需要，但绝不是

① ［德］黑格尔著：《逻辑学》（上卷），商务印书馆，1966年，第56页。

② 《马克思恩格斯选集》（第一卷），人民出版社，1995年，第79页。

说需要本身就能够产生利益，人们所需要的各种利益只有在社会生产力中才能够产生。正如马克思恩格斯所说:“人们为了能够‘创造历史’,必须能够生活。但是为了生活,首先就需要衣、食、住以及其他东西。因此第一个历史活动就是生产满足这些需要的资料,即生产物质生活本身。”[①]人只有主动地而不是被动地去适应地理、自然环境,而且是有目的地使用工具去作用于对象,才能创造出自己所需要的生活资料。在历史发展的各个阶段上,人们改良工具,提高劳动效率,其根本动因就在于要从自然界获取更多的物质生活资料。正是从这个意义上来说,没有了社会生产力的发展,利益便无从谈起。当然,我们也绝不能把利益仅仅归结于纯粹的生产力上,因为它毕竟还包括生产关系方面的内容。从生产本身来说,包括两种生产:一种是人类自身的生产,即繁衍后代;另一种是物质生活资料的生产。在生产另一些人的同时,也就生产出社会关系。在历史的发展过程中,任何社会生产力都是人们在结成一定的生产关系中形成的。生产力使人们生产出供人们消费的生活资料，但只有通过生产关系才能把这些生活资料具体地分配到消费者手中,才能使其变为人们的真正利益。因此,利益在形成上、在内容上、在实现程度上、在其实际运动中,总是由一定的社会关系,特别是由生产关系决定的,所以人类利益也不能脱离生产关系而存在,从而使利益表现出鲜明的历史性。也就是说,无论利益的社会历史内容发生如何的变化,利益本身是永远存在的。

利益从哲学上来说,它是一定的利益主体对于客体的价值肯定,它所反映的是某种客体(物质的以及精神的东西)能够满足主体(个人、集体或社会)的某种需求,二者之间是一种对立统一的关系。利益的客体性表明利益是动态的,处于不断发展变化之中。因为利益主体的需要是一个无限开放的系统,但主体需要的满足不在于主体自身,而在于外界。但外界又没有现成的东西来供给主体享用,必须依靠主体的劳动来创造。只有通过和外界进行物质、能量、信息的变换,改变外界存在的形态,才能生产出合乎主体的目的和需要的东西。这种资源的稀缺性和需要的无限性之间便形成了尖锐的矛盾。在追求利益的过程中从时间和空间上不断形成新的利益关系,从而使利益天然地具有了极强的开放性。一方面是时间维度上的不断延伸。利益的满足和实现是永远没有界限、永远不会停止的。已经实现和满足了的利益,成

① 《马克思恩格斯选集》(第一卷),人民出版社,1995 年,第 32 页。

为进一步前进的新的基础和起点，它具有不息的冲动，永远指向前方、指向未来。另一方面是空间维度上的不断拓展。利益通过种种载体在实现增值后，绝不会满足现状，原地踏步，而是要寻求新的生长点，实现新的增值。利益以永不满足的冲动如此扩张，以至无穷，使利益在空间上不断地拓展。与利益的动态性相一致，利益主体也是处于不断发展变化之中的。随着社会生产力的进步和生产关系的发展，社会财富不断增多，作为社会成员的个人或团体掌控的财富也在逐渐增加。社会经济的发展和财富的积累使人们对财富的观念也在不断发生变化，随着渴望利益的欲望不断膨胀，从而导致越来越多的个人和团体加入到追逐利益的队伍中来。在这个过程中，由于各个利益主体都会首先从自身的利益出发，尽可能地去争取自身利益的最大化，所以必然产生利益的排他性，使社会的整体利益发生分化，从而呈现出利益多元化格局的发展态势。随着经济利益与经济利益主体的不断变化，相应地，利益关系也会不断发展变化。因此，从这一点来说，利益多元化格局反映着历史发展的必然。

二、利益多元化格局体现社会发展的进步

马克思主义认为人们的一切社会活动，都可以从其对于物质利益的关系中找到原因，利益原则是支配人类社会活动的基本原则。作为自然界长期发展和进化产物的人类社会，既带有自然界的一些特性，属于自然界的一部分，又有着它自身的一些特点和规律，使其能够与自然界相区分。自然界是天然的自发力量在起作用，而人类社会是依据有意识、有目的的人来发挥作用的。人的需要在本质上就是社会的需要，经过经济关系的过滤和渗透，经过经济关系的编织，人的需要就不同于单个的个体需要，而成为相互联系、互相矛盾的社会需要。这样，处于一定经济关系中的人的需要和需求关系就成为利益和利益关系。因此，从根本上说，社会的物质生产基础是社会利益形成的前提和条件，但利益并不是社会生产发展的被动产物，利益可以起到促进社会生产发展，从而具备推动整个社会发展的作用。新的利益要求的出现首先是社会生产发展的标志，同时也是社会生产进一步发展的动力。

无论在任何社会，利益都构成人类进行社会历史活动思想动机背后的具体动因。虽然生产力是利益产生的决定力量，但它又必须受到生产关系的直接制约。人们对于产品的占有、分配、交换、消费等各种利益关系，就是生

产关系内容的具体体现，利益之间的差异以及利益矛盾的产生就是在这些利益关系的差异上出现的。因此，生产关系所体现出来的人与人之间的利益关系，对利益的产生和发展具有支配和影响作用。随着生产力的发展，财产占有和利益分配所带来的影响使社会利益关系变得越来越复杂化。社会利益关系越是复杂，它对整个社会形态结构的制约也就愈益突出。马克思在《政治经济学批判》(1857—1858年草稿)中，对社会关系的这种历史演变进行了深入的论述。他指出："人的依赖关系(起初完全是自然发生的)，是最初的社会形态，在这种形态下，人的生产能力只是在狭窄的范围内和孤立的地点上发展着。以物的依赖性为基础的人的独立性，是第二大形态，在这种形态下，才形成普遍的社会物质交换，全面的关系，多方面的需求以及全面的能力的体系。建立在个人全面发展和他们共同的社会生产能力成为他们的社会财富这一基础上的自由个性，是第三个阶段。第二个阶段为第三个阶段创造条件。"①

在原始社会条件下，由于生产力水平极端低下，人类虽然从自然中解脱出来，但离人类的解放仍相距甚远。从这一时期的人类本质上讲，只不过是脱离了自然的外观，并没有达到现实社会中对人的要求，必须依赖于自然才能生存，仍具有自然的属性。与此相应，人们的谋利动机和谋利行为也并没有能够从其社会行为中分化出来，生产的目的就是为了消费，使产品和生产者融为一体。这就使得人们之间仅存在生理上的差别，并没有利益上的分化，更没有独立的利益主体。这种利益关系使人们处于共同劳作、共同享有劳动成果的原始公有制的条件下。所以这一时期的经济行为就可以完全等同于伦理行为，只是在自然关系延伸的基础上所出现的社会关系。由于生产力的发展水平低下，这种人与人之间的依赖关系，在欧洲一直延续到近代文艺复兴之前，在中国一直延续到20世纪初辛亥革命以前。欧洲在文艺复兴后，随着资本主义生产力的快速发展逐渐形成了一个成熟的市民社会。市民社会发展的直接结果就是利益上升为人的统治。资本主义在生产力发展的带动下，用物质力量彻底推翻了封建主义的人的统治地位，使物质变成了人们之间的唯一关系。马克思说，在金钱面前，"一切神都要退位。钱蔑视人所崇拜的一切神并把一切神都变成商品"②。从此，人类开始摆脱人的依赖性关

---

① 《马克思恩格斯全集》(第46卷上)，人民出版社，1979年，第104页。

② 《马克思恩格斯全集》(第1卷)，人民出版社，1956年，第448页。

系，而步入到以物的依赖性为基础的人的独立性阶段。资本主义割断了以前那种以血缘脐带为联系的自然关系，使人类社会向更高的社会形态迈出了一大步。在从传统的伦理社会向现代社会的转型中，人们的谋利意识和动机得到了社会的普遍认可和保障。在商品交换快速发展的条件下，人们逐渐冲破了道德的桎梏，开始由一个伦理人向一个经济人转变，从传统自然经济的社会关系中演变为一个独立的经济主体。以亚当·斯密为代表的古典经济学家们，在以谋利为根本动力的“经济人”的基础上构建起现代“国民经济”的体系，在经济活动中把伦理道德的因素剔除了出去。斯密说：“我们每天所需要的食料和饮料，不是出自屠户、酿酒家或烙面包师的恩惠，而是出于他们自利的打算。我们不说唤起他们的利他心的话，而说唤起他们利己心的话。我们不说自己需要，而说对他们有利。”[①]在此基础上，利益关系逐渐代替了传统的血缘关系，作为了社会交往关系的准则，并居于了主导地位。这也为市场经济资源合理配置提供了现实可能。在市场经济之前，由于生产力的不发达，“从身份到契约的运动”还没有完成，社会阶层和利益群体结构相对简单，利益主体的分化现象并不突出。进入市场经济后，随着社会生产力的快速发展，各种新的利益阶层和利益群体不断地涌现，传统社会中两大对立阶级进行利益比拼的格局变成了“群雄逐鹿”，利益主体呈现出了明显的多元化发展态势。可以说，从人类社会的个体成员有了自己的独立利益的那天开始，人类社会就注定要走向利益多元化格局的时代。

利益多元化格局对社会的发展具有重大的促进作用，因为多元化意味着自由，利益多元化格局自身需要自由，同时它也在创造着广泛的自由，这样最终将给社会带来一种自由的秩序。只有通过利益的自由竞争，利益主体的充分博弈，才能实现利益主体利益的最大化，从而实现各种利益之间的最佳协调，并找出调整复杂利益关系的理性规则。对最符合人性和社会进步要求的利益关系的恰当安排，任何精确的算计都达不到，而只有在自由竞争中实现。具体到我国而言，社会主义制度的建立，第一次在人类文明史上消灭了阶级和剥削，根本利益相冲突的阶级对抗消失了。而社会主义制度本身就是多元的，应当而且能够容纳性质不同的多元利益，计划经济和高度集权政治体制的基本弊端就在于它否认利益的丰富多样性，把本应复杂的利益结构和体系简单化，并通过国家权力强制性地分配几乎一切重要的利益。结

① ［英］亚当·斯密著：《国民财富的性质和原因的研究》（上卷），商务印书馆，1972年，第14页。

果，为追求片面的一致性而牺牲了经济利益的多样性，使得社会失去活力，陷于僵化和停滞之中。在改革开放三十多年的发展过程中，出现了一个与计划经济时期利益统合相反的变动趋势，这要求每一个利益主体都具有较强的独立性或自主性，而不是较强的依附性，并且承认每个主体都具有各自独立的经济利益。在此基础上，每个利益主体都将最大程度地激发出自己的创造性和积极性，从而使自己的行为更为理性，并在追求个人经济利益的过程中极大地增进社会的福利，促进社会的发展。随着独立的利益主体的不断涌现，必然出现利益多元化格局的发展趋势，这绝不是对社会主义的背叛，而恰恰是对社会主义的正名，体现了社会发展的进步。

三、社会主义的利益多元化格局不同于资本主义的利益多元化格局

随着改革开放的发展、社会主义市场经济体制的建立，人们"从身份到契约"的转变在我国也得到了极大的发展。契约是为了规范个人和社会行为而依据各利益主体的利益关系和理性原则所订立的协议。每个利益主体在遵守和履行契约的条件下，都可以通过自身的努力实现自由的发展。与高度凝固化为特征的身份制社会相比，契约型社会更有利于实现公平的竞争，促进人的自由发展，具有强大的历史进步性。在《家庭、私有制和国家的起源》一文中，恩格斯明确指出，资本主义生产"把一切变成了商品，从而消灭了过去留传下来的一切古老的关系，它用买卖、'自由'契约代替了世代相因的习俗"[①]。"从身份到契约"的社会转变正是我们当前经济利益多元化发展的根本性变革。但我们要清晰地认识到，社会主义的利益多元化格局与资本主义的利益多元化格局有着本质的区别，决不能将两者等同起来，它们之间的本质区别主要表现在以下三个方面：

首先，从利益多元化格局的基础来看，资本主义利益多元化格局的产生来源于旧式的社会分工，在资本主义的生产关系的基础上，这种旧式的自发分工就具体地表现为生产资料的私有制，把社会劳动分离成各个相对独立的生产经营者，使劳动及其产品的占有不均衡，进而使相互交往的利益主体的共同利益之间发生了矛盾和冲突。资本主义的文明就是在这样一个矛盾

① 《马克思恩格斯全集》(第 21 卷)，人民出版社，1965 年，第 93 页。

中发展起来的，甚至这种矛盾被一些思想家看作一个自然规律，即少数人要发财致富，多数人就得牺牲他们的利益。贝纳德·孟德维尔医生用《蜜蜂的寓言，或个人劣行即公共利益》来“颂扬”这种文明。蜂房（社会）开始一片富足繁荣，大批蜜蜂聚集在一起，它们有的腰缠万贯，大肆挥霍。而成百万蜜蜂（人）却不得不从事繁重的劳动，累得筋疲力尽，以养家糊口。还有官僚、骗子、无赖出于私利干出种种丑事。单个来看，全是劣行；整体而论，那是天堂。大家各司其职，彼此服务，既引起对各种职业的需要，还激发人们从事劳作、发明和投机钻营的精神，如盗窃使锁匠有事可干，使穷人生活得更好些。因此，劣行加在一起倒成了公共福利。但是一场道德革命，使原先奢侈的蜜蜂收敛了劣行，勤俭节约。德行的结果反而是失业增加，商业萧条，经济崩溃，“蜜蜂纷纷飞离蜂房”①。孟德维尔生动地描述了资本主义私有制的现实，即资本主义财富的积累，是以牺牲大多数雇佣工人的利益为代价的。因此，资本主义的利益多元化格局根本来源于是否占有生产资料，在私有制的基础上以阶级阵线为鸿沟来进行利益划分的，而社会主义的利益多元化格局是以生产资料公有制为基础的。社会主义初级阶段公有制的国有经济的所有制关系就是生产资料是由劳动者共同占有，而不是由个人占有的关系。然而我国社会主义初级阶段生产力发展的落后现状和社会分工的基本性质等特点，从根本上决定了这种所有制关系还不可能达到由全体社会成员共同占有、财产公有、联合劳动的关系，这也就决定了社会主义初级阶段的所有制结构只能是以公有制为主体的多种所有制形式。但在社会主义社会中，公有制经济的主体地位，不仅要体现在它所拥有的数量上，而且要体现在它对非公有制经济及整个国民经济的引导作用上，从而决定了社会主义的利益多元化格局主要根源于人们从事的职业、行业的不同，它是建立在劳动的数量和质量差别的基础之上的。

其次，从各利益群体的相互关系上看，资本主义社会利益群体的关系最重要的就是两大利益群体之间的利益冲突和对抗。从整个人类社会利益发展的过程来看，大体要经过三个历史阶段：根本利益一致，根本利益对立，根本利益一致。在原始社会时期，由于生产力水平的限制，生产资料公有，每个人的利益都是一致的，利益矛盾和冲突没有存在的土壤。所以原始公有制所

---

① Bernard Mandeville, *The Fable of the Bees: or Private Vices, Public Benefits*, ed. by F.B.Kaye, Vols.2, Oxford, 1924, p.17.

表现出来的集体利益是决定性的利益，各利益主体的独立性几乎完全淹没在整个共同体的共同利益之中。随着生产力的发展，出现了私有制，社会分裂为阶级，形成了根本对立的利益集团，产生了根本对立的利益矛盾，使人们之间形成了基于利益对立的利害关系。在私利作为驱使人们进行活动的资本主义社会中，资产阶级和劳动阶级之间剥削和被剥削、利益侵占与被侵占是对抗性的矛盾。我们可以把这种情况叫作“双方零总和”模式，即在双方对立的情况下，一方所得即为另一方所失（一方剥削了多少，另一方就被剥削了多少），双方得失相加，总和为零，不存在都有所得和都有所失的情况。在《共产党宣言》中，马克思恩格斯曾对当时资产阶级结构的特点作过这样的描述：“我们的时代，资产阶级时代，都有一个特点：它使阶级对立简单化了。整个社会日益分裂为两大敌对的阵营，分裂为两大相互直接对立的阶级：资产阶级和无产阶级。”[①]这就从根本上决定了在资本主义社会中的资产阶级和无产阶级的利益矛盾是对抗性质的，他们之间的利益冲突也是不可调和的。在社会主义基本制度建立以后，人们之间的剥削压迫关系彻底消失了，各利益主体之间的利益关系也不再具有对抗的性质了。恩格斯说：“在共产主义社会里，人和人的利益并不是彼此对立的，而是一致的。”[②]因此，只有在能够完全实现单一公有制的共产主义社会中，人们之间的利益差别才会真正地统一起来，上升到根本利益一致的阶段。在当前社会主义初级阶段的社会形态里，并没有达到共产主义社会意义上的根本利益一致，人们之间还存在着一定的利益差别和利益矛盾。但在社会主义条件下，实行了生产资料的公有制，铲除了利益对抗的根源，广大劳动群众的利益从根本上说是一致的，社会的发展带来了人民内部利益群体共同的利益增长。因此，社会主义社会中的各利益群体之间的利益分化和差别完全可以通过协调的方法来解决。

最后，从经济利益多元化的发展趋势上看，在不同的社会历史条件和社会基本制度下，其表现形式是不同的。恩格斯指出：“到目前为止的一切生产的基本形式是分工。”[③]从实质上来讲，分工就是人类在劳动过程中所采取的基本存在形式，对劳动特点起着根本的影响作用。分工的细化和分化，使劳动发生了内在分离，相互对立的私人劳动开始出现，使过去单一直接社会性的社会劳动转变为二重性形式的分离性劳动，出现了具体劳动和抽象劳动

① 《马克思恩格斯选集》（第一卷），人民出版社，1995年，第273页。
② 《马克思恩格斯选集》（第二卷），人民出版社，1957年，第605页。
③ 《马克思恩格斯选集》（第三卷），人民出版社，1995年，第640页。

的差别,劳动也就具有了分离的特点。这种旧式的自发分工随着资本主义的进一步发展使劳动的分离性和独立性进一步加剧，劳动者同劳动资料的分离进一步加深。劳动者开始变为剥削阶级获取私利的工具,成为了劳动的奴隶。这样,在资本主义的生产关系上就突出地表现为私有制的高度发展,从而使劳动的分离性和强迫性特征逐渐进入到成熟的发展状态，以至于最终采取了公开对抗的形式:剥削者同被剥削者之间的对立,私人劳动和社会劳动之间的对立、“死”劳动同“活”劳动之间的对立、充分表现出了阶级与阶级之间的对抗冲突。资本主义的剥削阶级把一己的阶级私利美化成社会共同利益,采取虚构的集体或社会利益的形式支配、控制、剥夺被剥削阶级的个人利益,使社会的财富越来越集中于生产资料的垄断集团手中。所以尽管资本主义社会大大促进了财富的创造,但却存在“无产阶级绝对贫困化”,存在社会利益结构的失衡。私有制追求超额剩余价值目的的唯一性和强烈的排他性，决定了生产的社会化和生产资料私人占有制之间的矛盾为资本主义的基本矛盾。这一矛盾的本性所带来的周而复始的危机,最终必将导致这一社会制度的彻底灭亡。在我国社会主义的具体国情下,生产机构内部的自觉分工逐步提高到全社会内部分工的水平上成为了可能，这为最终消灭劳动的分离性,实现劳动的直接社会性发展创造了条件。但是由于社会主义初级阶段生产力发展水平的限制，在公有制以外还存在着其他形式的所有制关系，所以当前我们正处于新的社会分工与旧的社会分工共存共处的特定历史阶段上,还不可能把社会总劳动提高到自觉分工的发展水平上。这一阶段的性质和特征从根本上决定了劳动还必然带有一定的内在分离性，还必须承认个别劳动的相对独立性。但我们要注意到,虽然各个利益主体之间仍存在着利益的差别和矛盾,但与资本主义社会中的阶级对立关系不同,这是在根本利益一致基础上的矛盾,不存在根本的对立。所以社会主义公有制的发展所体现出来的是一种相对协调的利益关系，这比资本主义不平等的鲸吞式竞争,更有利于合理配置自然资源和人类劳动资源,也更有利于促进社会经济的健康发展。

总之，社会利益是唯物史观的重要范畴，是推动人民创造历史的发动机。不论任何社会,都存在着不同的利益主体,不论任何社会,都存在着具有一定利益差别和利益关系的社会利益体系，其旺盛活力的内在原因就在于人们的利益追求、利益竞争。毛泽东曾深刻指出:“马克思列宁主义的基本原则，就是要使群众认识自己的利益，并且团结起来，为自己的利益而奋斗。”① 所以在面对当前社会主义社会所存在的利益多元化格局趋势，我们不应感到恐慌，而应该看到它与资本主义利益多元化格局的本质区别，积极应对，加以引导，在促进社会发展的同时，处理好党群之间的利益关系，给人民以看得见的实惠，从而最大限度地调动劳动者的积极性，最终走向以人的自由而全面发展为唯一目标的“人类史”阶段——共产主义社会。

第二节　利益多元化格局中社会阶层的变化

在改革开放后，随着利益多元化格局的出现，社会各个阶层也发生了分化与重构。从工人阶级来看，人数在急剧扩大的同时，其内部流动也在加快，过去主要集中于国有经济组织和集体经济组织，现在则向非公有制经济组织大量转移，工人阶级的内涵与外延发生了深刻变化。从农民阶级来看，出现了不同权益的新型群体。新的社会阶层开始不断涌现，出现了民营科技企业的创业人员和技术人员、受聘于外资企业的管理技术人员、个体户、私营企业主、中介组织的从业人员以及自由职业人员阶层。这些新出现的变化对新时期的党群关系提出了崭新的课题。

一、工人阶级的全新变化

在中国，传统意义上的工人阶级，是指共同占有生产资料，依靠工资为生，处于领导阶级地位的劳动者所形成的阶级。在改革开放前，我国社会阶级基本上就是工人、农民 两大阶级，工人阶级内部结构也比较单纯，且界限清楚，长期固定不变，这其中以产业工人为主体，包括国家机关和事业单位工作人员。然而自改革开放以来，随着生产力的发展和经济体制改革的深入，我国社会阶层结构发生了迅速而显著的变化，中国工人阶级是指与社会化大生产相联系，以公有制形式为主体占有生产资料，以工资收入为主要生活来源的劳动者所构成的社会利益集团。在新时期，随着社会主义市场经济体制的建立和发展以及产业结构的战略性调整，中国的工人阶级状况发生

① 《毛泽东选集》(第四卷)，人民出版社，1991 年，第 1318 页。

了深刻的变化。

(一)工人阶级的内涵与外延都发生了新变化

从工人阶级的内涵上来看,传统意义上的产业工人的数量已大大减少,脑力劳动者、技术劳动者、管理劳动者的数量大大增加。工人的主体已经开始由大规模集中的产业工作、体力劳动者转变为相对分散的、主要从事第三产业的工人和脑力劳动者;由于脑力劳动、知识劳动在劳动中所占据的地位越来越重要,传统的靠体力的产业工人已大幅度减少,因而劳动者的所得不可能再继续维持在满足最低生活需要的阶段上,必须要有自己的财富积累;劳动不再只是参与直接生产过程,而是大量处于直接生产过程之外,成为生产的设计者、监督者和调节者;中国工人阶级的年龄结构也处于不断优化之中,青年职工在工人队伍中所占的比重越来越大;同时,职工的知识结构也在不断优化,其科学文化素质和思想道德素质日益提高。

从工人阶级的外延上来看,随着以社会主义公有制为主体的多种所有制经济成分格局的形成、乡镇企业的兴起和壮大,以及户籍制度的松动、劳动用工制度的改革,工人的组成成分日益复杂并导致结构性变化。在构成上,除原有的全民所有制和集体所有制工人以外,新增加了乡镇企业工人、私营企业工人、股份制等企业职工、外资企业职工以及大量流入城市的农民工。在这里需要指出的是,知识分子在整个工人阶级中是一支最具文化素养、富于开拓性的知识力量,他们凭借着自己所掌握的知识和技术,推动着社会生产力的发展。知识分子作为工人阶级的一部分,他们的加入也使工人阶级的整体素质得到明显提高。根据国家统计局的统计,2002 年国有企事业单位技术人员合计约为 2186 万人,比 1978 年增长了 5 倍,其中,工程技术人员由 157 万人增长至 529 万人,农业技术人员由 29 万人增长至 667 万人,卫生技术人员由 128 万人增至 340 万人,教学人员由 89 万人增至 1224 万人。①

(二)工人阶级的队伍日益壮大

改革开放和现代化建设的发展,催生了各类企业的繁荣,与之相应的工

① 国家统计局:《中国统计年鉴——2003》,中国统计出版社,2003 年,第 754 页。

人阶级队伍日益壮大。据统计，“1978 年，全国在职职工总数为 1.2 亿多人。到 2000 年，全国在职职工总数近 2.7 亿人，占全国总人口的 20.61%，占城乡从业人员总数的 36.67%。从此以后，我国每年新增城市就业人口有 1000 多万，基本上都加入到工人阶级队伍中来”。“2013 年末，全国第二产业和第三产业法人单位从业人员 35602.3 万人，比 2008 年末增加 8290.8 万人，增长 30.4%。有证照个体经营户从业人员 9013.4 万人，比 2008 年末增加 818 万人，增长 10%。”[①]可见，随着产业结构的调整，第三产业迅猛发展，使在此就业的职工数迅速增长，大批职工就职于商业和服务业以及科教文卫等部门，构成了我国工人阶级的又一支劳动大军，并在很大程度上改变了过去以第二产业工人为主的结构特征。随着所有制形式的多样化，职工就业领域具有明显的跨所有制的特点，除了在国有和集体经济组织中工作的职工以外，还有大量的职工在各种非公有制经济组织、外资经济组织和各种混合经济组织中工作，他们也是当代中国工人阶级的有机组成部分。从目前的情况来看，工人阶级已成为一个庞大而复杂的群体，广泛地存在于各行各业之中。

（三）思想道德素质和科学文化素质日益提高

以往我国工人阶级队伍的主体部分是从事体力劳动的产业工人，他们为数众多并在社会主义经济建设中发挥着主力军的作用。随着社会主义现代化建设的发展和产业结构的调整，特别是科学教育文化事业的迅猛发展及社会管理、社会服务事业的蓬勃兴起，我国工人阶级队伍出现了“智能化”“白领化”的趋势，工人阶级队伍中不仅包括从事体力劳动的产业工人，而且包括从事脑力劳动的白领工人和知识分子、科技人员、管理人员、领导干部等，而后一部分成员的数量正在不断增加，所发挥的作用也日益显著。全国国有企事业单位的专业技术人员 1978 年为 434.5 万人，1990 年为 1080.9 万人，到 1999 年已达 2143 万人，其中有初级技术职称的达到 20%以上，有中级和高级技术职称的达到 15%以上。2004 年城镇单位专业技术人员数为 3153.1 万人。[②]在利益多元化格局中，工人阶级作为劳动阶级的重要代表，在社会生活中的中坚地位没有动摇，其所代表的劳动至上、勤奋进取、诚信合作等主流价值取向和道德养成为转型期社会伦理道德的重要防线。随着现

---

① 国家统计局：《第三次全国经济普查主要数据公报》，2014 年 12 月，http://www.stats.gov.cn.。

② 彭劲松著：《和谐社会的利益关系》，中共中央党校出版社，2006 年，第 185 页。

代科技革命的加速进行和知识经济时代的到来，工人岗位对于技术和知识的要求越来越高,工人阶级的整体科学文化水平随之明显提高,一些工人通过组织学习和自学掌握了新知识、新技术。

(四)社会流动性不断加大

随着劳动用工制度的改革深化，企业与职工的双向选择机会都在不断增多,职工的自主流动意识得到明显增强,出现了比较广泛的职业流动。从工人阶级的职业流动来看,主要有以下三种类型:

第一,所有制之间的流动。国有企业工人出现了向集体企业、私营企业和外资企业流动的趋势,还有部分职工趋向于从事个体经营。据国家统计局的统计,1991 年底,私营和个体就业人员有 2491.5 万人,到 2001 年底,达到 7474.1 万人,而同期国有单位就业人员从 10664 万人下降到 7409 万人。①

第二,从体力劳动领域向脑力劳动领域流动。随着科学技术的发展和社会的进步，工人阶级的科技文化素质明显改善，他们普遍具有初中以上学历，从事专业知识和技术要求不断提高的体力与脑力相结合劳动的工人日益增多。我国各行各业从事科学研究、技术工业和教育工作的脑力劳动者从 1978 年的不到 800 万人增加到 2000 年的 2500 万人。

第三,从第二产业向第三产业流动。从西方发达国家的情况来看,第三产业普遍得到快速发展,在整个社会的产业结构中,已经明显超过了第二产业,在社会总产值中占据着更大的比重。我国的第三产业在经过改革开放 30 多年后,其产值也在逐年上升,与此相适应,第三产业各行各业的劳动者数量都在不断增加。截至 2000 年底,在第三产业中就业的劳动者已接近 2 亿人,这个比例从 1978 年的 12.2%上升到 27.5%。

(五)下岗失业人员不断增多

由于我国实行公有制为主体、多种所有制经济共同发展的基本经济制度,发展社会主义市场经济,实行经济结构的战略调整,推进企业改制,一些工人群众的工作岗位发生了变化,不再是“铁饭碗”、衣食无忧,而出现了下

① 国家统计局:《中国统计年鉴——2001》,中国统计出版社,2001 年,第 128~140页。

岗的情况。在新中国成立初期,失业曾是一个相当严重的社会问题。新中国成立以后,由于追求社会主义的充分就业,实行低工资高就业的政策,把绝大多数城市失业者以各种方式纳入了国家和集体企业职工队伍。在改革开放后,随着经济体制改革的不断深入,企业开始转变经营方针,追求经济效益,计算经营成本,人员过多的包袱已成为最沉重的负担。企业职工数量过多,不得不由隐性失业变为公开失业,失业者数量随之而迅速增加。据有关部门统计,到 1997 年,全国共有下岗职工 1150 万人,下岗职工占全部职工的比重达到 7.8%。其中国有企业下岗人员 700 多万人,占国有企业职工的比重超过了 10%。[①]从 1998 年到 2002 年 6 月,全国累计国有企业下岗职工有 2600 多万人,其中有 1700 多万人实现再就业,还有下岗待业人员 900 多万人。到 2002 年底,全国城镇登记失业人数为 770 万人,登记失业率为 4%,加上国有企业下岗职工 410 万人,实际失业率为 6%。[②]失业也意味着丢掉“饭碗”,意味着生活保障受到了威胁和影响。大量的失业者在利益多元化格局中也成为一个独特的利益群体。

二、农民阶级的全新变化

农民是农业生产和农村社会经济活动的主体,他们以各种形式为工业化和城市化提供源源不断的实物资本和人力资本,承载着社会发展和转型的基础作用。随着家庭联产承包责任制的实施以及市场经济的发展,农村原有的高度同质化、均等化局面被打破,农民阶级呈现出了全新的变化。

(一)经济地位发生了改变

从农民的职业特征来看,传统意义上的农民,是面朝黄土背朝天,终生在土地上耕作的农民。在计划经济时期,与城市的单位制相对应,农村实行了政社合一的人民公社制度。国家对农产品全面实行统派购制度,农民作为劳动者,仅仅是完成国家下达给人民公社统派购任务的生产者而已。随着家庭联产承包责任制的大力推行,农民的身份由过去单纯的劳动者变成了独

---

① 张学斌等著:《改革危险期》,中华工商联合出版社,1999 年,第 190 页。

② 汝信、陆学艺、李培林:《2004 年:中国社会形势分析与预测》,社会科学文献出版社,2004 年,第 89 页。

立的商品生产者和经营者。在承担国家和集体有关义务的基础上,农民拥有了经营决策权、生产指挥权、经营管理权、产品分配权;除了粮、棉、油、烟叶等仍有部分或全部国家计划任务以外,对其余的农业、畜牧业、渔业、林果业的生产,农民都以市场收益为根本依据,实行自主经营生产,产品也直接面向市场进行出售。同时,今天在农民阶级中分化出来了一些脱离了土地的新型农民——农民工。农民工已经成为中国各省区域城镇人口的重要组成部分,虽然没有得到正式城市户口,也没有获得基本公共服务,但是其生活和生产方式已与城镇劳动力大体相同。即使是身在农村的农民也与传统意义上的农民有了许多差别,他们可分为农业专业大户、兼业农户、小耕农、集体农民和村干部。今日的农民不仅承担着建设社会主义新农村的重任,而且是我国社会主义现代化建设和城市发展的重要力量。

(二)农民的文化素质逐步提高

改革开放以来,我国农民的数量就呈现出减少的趋势,他们所占就业人口的比重从 1978 年的 67.4%下降到 1999 年的 44%。[①]从实际情况来看,外出务工经商、兴办乡镇企业、接受高等教育以及城市化的推进,成为农业劳动者实现社会流动的主要途径。从事种植业和养殖业生产的劳动力绝对数量在持续减少,比重不断下降,平均每年要有 800 万农村劳动者进入乡镇企业和其他非农领域,约一千多万人流入城镇,数百万人转入个体工商业或其他行业。[②]随着物质生活水平的提高,农民精神文化生活也出现了新的需求。针对这种新的需要,各级政府不同程度地推进了乡村文化事业的建设。乡村图书馆、文化馆、文化站、读书室及广播电视村村通等公益性文化设施和项目逐步建立和完善;在免费义务教育政策的激励下,农村义务教育的普及程度明显提高;农村职业教育勃兴而起,成为农村文化教育的重要组成部分;文化部门和基层政府组织的电影、戏曲、图书、歌舞、科技培训等文化下乡活动,以及民间文艺团体演出和自娱自乐活动的内容日益丰富;电视、广播、音像制品、报刊、电脑等先进文化媒体开始进入农民生活之中。与改革开放前相比,农村文化设施的建设、农民文化生活的内容和质量都发生了新的变

---

① 陆学艺著:《当代中国社会流动》,社会科学文献出版社,2004 年,第 347 页。

② 朱光磊:《世纪之交中国社会阶层分化的十大趋势》,《南开学报(哲学社会科学版)》,1998 年第 1 期。

化。一项关于农民精神文化生活的调查显示，农民空闲时选择“看电视、听广播”的比例最高，占 37.1%，选择“阅读书报刊”的占 20.3%，选择“聊天闲逛”的占 13.5%，选择“打牌搓麻将”的占 9.3%，选择“参加文体活动”的占 8.2%，选择“其他”的占 5%，选择“去娱乐场所”的占 3.4%，选择“上网”的占 3.3%。[①]这表明，农民的精神文化生活不仅越来越具有丰富性，呈现出个性化和差异化的现代文化消费特征，而且凸显出增长知识、提高技能、了解信息的发展型文化需求高于聊天闲逛、打牌搓麻将等娱乐休闲的文化消费需求，反映出农民精神文化需求的水平和质量总体上在不断提高。与此同时也应当看到，一方面，农民的精神文化生活与城市相比尚存在着差距；另一方面，农村地区间的发展也存在着不平衡的问题，尤其是在一些乡村还严重存在巫婆、看相、算命、看风水等封建迷信以及赌博成风、网络游戏成瘾等不健康的文化消费。这些问题，正是当前农村文化事业发展所要解决的新课题。

（三）农民阶级出现了职业分化

在改革开放以前，严格的户籍管理和限制“农转非”政策的实行，使得我国广大农民在人民公社的体制下仅仅从事着非常单一的农业生产活动，除了上学、参军的途径外，农民很难实现其身份与职业的改变。改革开放以来，农业劳动生产率的提高、商品经济的发展、城乡户籍管理制度的松动以及我国工业化、城市化的发展等多方面因素的作用，使农民阶级出现了向市民化等多元方向流动以及内部的阶层分化。农民阶级的阶层分化是就农民阶级的内部关系而言的，指农民阶级的高度同质和集体同构状态被打破，开始分化成若干个职业、利益和愿望不同的阶层。目前农民阶级的阶层分化仍在进行中，尚未完全定型，但农民阶级阶层分化的基本框架已经形成。尽管学术界对农民阶级内部阶层的划分持有不同的看法，但多数学者赞同社会学家陆学艺的以职业特点及与之相关的利益和消费水平差异为划分标准的八大阶层理论。一是农业劳动者阶层，是指以承包集体耕地，从事种植业、养殖业，全部或多数收入依靠农业的阶层。农业劳动者是农村其他阶层的母体，但其经济收入和消费水平却是最低的。二是农民工阶层，是指常年或大部分时间从事二、三产业劳动，但户籍在农村，身份是农民，有承包田，享受不到

① 邹玉杰：《当代中国农民阶级新变化探析》，《理论探讨》，2011 年第 4 期。

城镇居民的各种补贴和待遇的群体，其人数仅次于农业劳动者，收入和消费水平略好于农业劳动者。三是雇工阶层，是指受雇于私营企业或个体工商户，通过劳动获得工资，择业相对自由，其收入远低于雇主，但高于农业劳动者，是与农民工的收入大体相当的阶层。四是农民知识分子阶层，是指具有一定专门技能，从事农村教育、科技、文化、医疗卫生、艺术等智力型职业人群。他们的收入、地位、声望高于农业劳动者、农民工和雇工。五是个体劳动者和个体工商户阶层，多为农村中的能工巧匠，具有某项专门技术或经营能力，自有生产资料或资金，从事某项专业劳动或经营小型工、商、服企业，雇工在7人以下，其收入和消费水平高于农民知识分子的群体。六是私营企业主阶层，是指生产资料私有，自主经营，以营利为目的，雇工8人以上的阶层。他们对企业人财物拥有支配权、决策权、指挥权和受益权。较之其他的阶层，他们有很强的商品意识和冒险精神，经济收入较高，但社会地位和声望低于乡镇企业管理者。七是乡镇企业管理者阶层，是指乡、村集体所有制企业的厂长、经理及主要科室领导和供销人员。他们都是乡镇企业的实际控制人和管理人，收入比较高，在乡村的地位和影响力也很大。八是农村管理者阶层，是指乡村两级的农村基层干部，是农村政治、经济和社会生活的组织管理者，起着党和国家联系广大农民的纽带和桥梁作用。农村干部素质的高低、工作的好坏，关系到党在广大农民中的形象，并且直接影响着农村经济、政治、社会生活的发展状况。其收入和社会地位总体看低于乡镇企业管理者阶层。应当说明的是，近些年来，随着商品经济的发展和我国工业化进程的加速，农民的阶层分化在结构、比例及各个阶层的经济、政治地位等方面出现的一些新情况新问题，仍需要在理论和实践层面深入跟踪研究。

（四）生活水平显著提高

改革开放前，受僵化的人民公社管理体制的束缚，农村生产力发展缓慢，生产力水平低下，直接制约了农民生活的改善。截至1978年，不仅有1亿多农民没有解决温饱问题，而且农村居民人均纯收入只有134元。农民物质生活相对贫困，精神文化生活也十分匮乏，文化娱乐活动仅限于听广播，看几种有限的书刊，偶尔看一场电影而已。农村交通的不便，使得广大农民基本上处于闭目塞听、孤陋寡闻的状态。

改革开放三十多年来，随着农村劳动生产率的提高和党和政府各项惠农政策的逐步落实,农民生活水平大幅度提高,从物质生活到精神文化生活均发生了巨大变化,并达到了总体小康水平。农民人均纯收入从 1978 年的 134 元,到 2008 年提高到 4761 元,扣除物价因素,30 年的年均增速为 7.1%。从消费来看,2008 年我国农村居民家庭恩格尔系数为 43.7%,人均住房面积已达 32.42 平方米,农村居民平均每百户拥有的电视机、电冰箱、摩托车、洗衣机、电话机和移动电话已分别达到 109.1 台、30.2 台、52.5 辆、49.1 台、67.0 台和 96.1 台,空调和电脑每百户已有 9.8 台和 5.4 台。这些数据表明,改革开放三十多年来农民物质生活水平有了大幅度的提高。当然, 改革发展的过程,不仅仅体现在经济的快速增长,而且还体现在各个阶层利益的分化重组上。改革开放以来,由于每一个地区的地理位置、经济水平、交通状况等条件都各不相同,除了乡镇工业的发展以外,还出现了商业、交通业、建筑业和服务业等多种行业。行业的多元化发展,带来了各个地区之间以及各个行业之间的利益和分配的差异,再加上职业分层的影响,在农民阶级内部出现了贫富差距逐渐拉大的趋向。

三、知识分子阶层的新变化

科学技术是第一生产力。在利益多元化格局的背景下,知识分子的劳动得到了社会的推崇,知识分子的价值得到了市场的印证,知识分子成了作为先进生产力代表的工人阶级的一部分。知识分子成为今天市场竞争制胜的人才,这是一种历史的进步,知识分子阶层也相应地发生了全新的变化,其数量不断扩大,综合素质进一步提升,社会流动日益频繁,内部阶层结构分化持续加快,生活待遇水平显著提高。

(一)知识分子的人数增多、素质提高

社会主义市场经济体制的建立,对知识对人才提出了更高的要求,推进了对知识对人才的竞争。市场经济呼唤人才,改革开放需要人才,现代化建设离不开人才。与此同时,20 世纪 90 年代以来, 随着教育改革的展开和深入,中国的教育事业进入了持续、稳定、协调发展的阶段,特别是高等教育发展很快。1999 年,党中央、国务院作出了扩大高等教育规模的决定,全国各类高等学校实际招生 280 万人,其中,普通高校招生约 160 万人,增长 47.4%,

高考录取率达到49%,比1998年提高了13个百分点。2000年,普通高校招生超过200万人,比上年增长25%以上。预计到2002年,我国高等教育本专科在校生总体规模将比1999年扩大150万人左右,2010年, 我国高等教育入学率将接近15%,更多的适龄青年有接受各种形式高等教育的机会,将不断地迅速地扩大我国的知识分子队伍。此外,工人、农民等其他阶层的一部分人也正在或将通过自学、进修等途径转化到知识分子阶层里。因此,知识分子的人数将会逐步增多,其在全国人口中所占的比例会越来越大。知识分子人数逐步增多的发展趋势在21世纪无疑会继续延续下去。

随着知识分子队伍的发展壮大, 知识分子队伍的整体素质也将有所提高。在未来的发展过程中,科教文卫等事业单位以及高新技术产业部门对人才的吸纳将注重高起点、高素质,大批硕士生、博士生和海外留学归国人员将是知识分子队伍补充的重要来源。可以预见,21世纪初叶,我国知识分子队伍将逐步达到高学历化。从知识分子队伍的结构演化看,随着职称评聘制度的不断改进和完善,知识分子的能级结构将趋于合理、科学,高级知识分子的年龄将趋向年轻化,整个知识分子队伍将以中青年人才为主体。随着政府机构改革的逐步推进和"科教兴国"战略的实施,知识分子队伍的内部从业结构将会有所变化,从事教师职业和从事农林、文史哲等基础学科的知识分子将有所增加,科学研究人员在整个知识分子队伍中的比重也会有所提高。

(二)知识分子的宏观分布呈现新的特点

据国家有关部门一项调查显示, 我国专业技术人才的60%分布在事业单位,这一数字与发达国家70%的专业技术人才分布于企业形成鲜明对比,人才资源结构性问题突出。有关数据显示,我国近10年来在企业工作的专业技术人才占专业技术人才总数的比例一直在40%上下徘徊。受"官本位"和"铁饭碗"观念的影响,知识分子过多地集中在非生产领域,而生产领域人才缺乏。可以预料,随着我国干部人事制度改革的深化,人才市场的充分发育和人才流动机制的进一步完善, 这种知识分子宏观分布不合理的局面将有所改观,改革开放的加快将吸引一批知识分子投身到经济建设的主战场,事实上,自20世纪90年代中期以来,这种发展趋势已经十分明显。由于我国技术、资金和知识密集型企业高速发展,尤其是第三产业中金融、房地产、电信、信息等企业的迅速增加,知识分子在企业职工中所占比例,每年都有大幅度增加。据统计,在第二产业的国有、建筑企业职工中,知识分子的比例,1980 年为 12.7%,到 1995 年已上升为 17.39%。在第三产业企业中,知识分子所占比例则会增加得更多。企业中知识分子的增加主要来源于:一是大中专毕业生,二是已商业化或企业化的原事业单位和国家行政部门中的干部。目前,我国正在深化行政、事业单位的改革,随着这项改革的推进,又将有相当数量的知识分子流入生产领域。

知识分子队伍在宏观分布上的另一重要发展趋势是,非公有制经济中的知识分子将逐渐增加。随着市场经济的发展,原来单一的公有制基础正在逐渐被以公有制为主体的多种所有制并存的格局所取代。个体经济、私营经济、三资企业等非公有制经济已进入一个全新的大发展时期。一部分知识分子正在陆续走出大专院校、科研院所、国家机关和国有大中型企业,流入个体企业、私营企业和三资企业,改变了原来知识分子主要集中在大中城市和国有大中型企业的结构。除公有制经济中有大批知识分子外,非公有制经济,特别是民办科技、民办或私立学校以及高新技术产业中的知识分子人数将明显增加。这样,知识分子队伍的宏观分布将打破过去集中于公有制单位的状况,流动和分布于多种经济成分之中,从而改变只依附于公有制经济成分上的单一结构形式,而是呈现出依附于多种经济成分上的多种结构形式。

(三)知识分子的流动更趋频繁和规范

20 世纪的 80 年代以来,知识分子的“流动潮”风起云涌,形成了“孔雀东南飞”“一江春水向东流”的持续景观。综合近几年的情况可以看出,知识分子流动的特点主要表现在:一是具有中初级职称和高学历的青年知识分子流动较多。据对中国科学院北京地区各专业所外流人员的调查,流失人员中小于 35 岁的占 64.8%,拥有研究生学历的占 40.3%,具有助研以上职称的占 75.5%。在中国科学院兰州分院、甘肃省科学院、兰州大学外流人才中,具有高中级专业技术职称的分别占 57%、58%和 69%。在年龄构成上,一般在 25 岁至 35 岁之间。二是从事紧俏专业和冷门专业的知识分子流动较多。一方面是那些从事与市场经济联系紧密的热门紧俏专业的知识分子成为市场经济大潮中炙手可热的稀缺资源,成为各方面人才争夺的中心。另一方面是那些基础学科或冷门专业的知识分子,由于受市场经济的诱惑,耐不住清贫和寂寞而流失。在市场经济的大环境下,越是属于适应能力强的学科或专业的科研人员想离开本单位的就越多。

从总体上看，受利益多元化格局的冲击，知识分子流动状况是体制间“流失”居多.许多知识分子不要人事档案，自动离职、跳槽、下海，这都是一种非规范的流动，它既反映了原有人才管理体制对利益多元化格局的不适应，同时也是对原有人才管理体制的一种挑战。此外，在体制内，知识分子队伍的流动比率也不高。由于受原有管理体制的束缚，目前，公有制领域内的知识分子流动阻力比较大，人才的单位、部门所有制，造成了一部分知识分子尤其是青年知识分子的工作积极性难以提高。流动比率偏低的直接后果就是有碍人才资源的最优配置和社会经济的迅速发展。因此，从宏观上看，应进一步制定和完善与知识分子的流动有关的政策及相应的法规，使得知识分子的流动既不至于造成国家在人才培养投入上的损失和浪费，又能确保知识分子流动有序、顺畅。

（四）知识分子的观念和心态出现新的变化

近年来，随着社会主义市场经济体制的建立和发展，我国的民主政治建设也逐步加强。这种社会大环境为知识分子参与国家政治生活创造了更为有利的条件和更加广阔的天地。因此，知识分子潜在的民主思想逐渐表露出来。他们对国家政治生活越来越关心，兴趣越来越浓厚。与20世纪80年代相比，如今知识分子的参政议政是更为理性的行为，是更多地富有使命感的抉择。知识分子中有的加入各种政治团体和群众性组织，有的则参与各级职能部门的咨询工作，更多的则表现在关注社会热点问题和我国政治发展等敏感问题上。在利益多元化格局的今天，从总体上看，知识分子的一个重要发展趋势是，他们更为关注国家的发展前途，爱国主义热情将会进一步高涨，也更加坚信中国走社会主义道路的正确性，拥护中国共产党的领导，同时也更加自觉地意识到自己肩负的历史使命和义不容辞的责任。

利益多元化格局这一崭新的理论和实践的出现，必然要求人们更新观念，树立起与之相适应的思想文化观念。知识分子作为一个思想较为活跃的群体，他们的观念更新较其他阶层超前。他们解放思想、实事求是，正在逐渐抛弃一些陈旧观念，树立起了利益观念、平等观念、自由观念、竞争观念、效益观念和市场观念等一系列崭新的思想观念。思想的解放和观念的更新，使得知识分子的心态由单一趋向多样化，由封闭僵化逐渐转向开放活跃。可以肯定的是，随着社会的进步特别是社会主义民主与法制建设的发展，知识分子的思想会更趋活跃，其价值观、道德观以及信仰追求也将更鲜明地呈现多样的发展趋势。因此，必须加强对知识分子的教育和引导。

四、新社会阶层的崛起

改革开放以来，在利益多元化格局的背景下社会成员的大规模流动、职业身份的转换以及收入差距的逐渐扩大，使计划经济时期的“两个阶级一个阶层”的固定格局被打破，阶级阶层出现了分化重组。在传统的工人阶级、农民阶级、知识分子阶层发生历史性变化的同时，又出现了一批新的社会阶层。这些新的社会阶层一般是指民营科技企业的创业人员和技术人员、受聘于外资企业的管理技术人员、个体户、私营企业主、中介组织的从业人员和自由职业人员等。简而言之，主要是指非公有制经济人员和自由择业知识分子等。在利益表达的成效上，新社会阶层从起初追求经济自由发展的实现，到后来关注社会成果分享的落实，三十多年来一路走到今天，强烈的参政议政意识，促使新社会阶层除了关注本阶层利益表达的畅通、完整与否，更加关注本阶层在利益表达中的作用大小、地位高低，尤其关注本阶层对党的决策的影响力、渗透度。能吸引和带动更多的公民参与到国家的政治生活中来，也正是我国社会主义民主政治建设健康发展的需要。因此，我们在支持、鼓励、壮大新社会阶层的同时，必须及早、全面地研究新社会阶层的成长与发展趋势，以求各个社会阶层在利益表达上都能平等博弈，和谐发展。

（一）发展初期，以实际行动达成经济利益诉求

在今天人们的眼里，新社会阶层人士，最令人瞩目的是创业有成的老板、企业主、发明家或白领，他们中间有相当一部分人的经济实力非常雄厚，有的甚至是富甲一方，这已是不争的事实。追溯一下改革开放三十多年来新社会阶层的发展过程，可以清楚地看到，新社会阶层人士在追求经济利益实现的过程中，由于利益表达机会的不同，在具体的表达方式、表达效果上是有所不同的，方向却是一致的，大致可以分为以下三种：

一是种田打工出身的老板。这样的老板，他们表达自己经济利益的渠道与方式就是大胆追求发家致富的行动。他们虽然没有很高的文化水平，也很

少从理论上去阐述自己行为的合理性、超前性,但他们认准自古传下来的一个道理:不偷不抢,肩挑背扛着自家生产的农产品,走村串巷销售赚取一点零花钱,增加一些供养老人孩子的闲钱,政府不会把自己怎样。即使早期有本地政府"割资本主义尾巴"的打击,他们也能像游击队员一样善于躲避风头,避免或减少被没收、被罚款的结局。后来,他们看到了政府主导市场经济发展的先机,依然是用行动来表达自己对经济利益的追求。他们利用自己胆大心细、头脑灵活、眼光独到、吃苦耐劳等优势,从人们的日常生活所需中找到了自己致富的出路,或者借助进城打工积攒下来的一些小钱,或者依靠多年经营的一些小买卖攒下的一点小本钱, 开始以微薄的利润滚雪团似的进行原始资本积累,结果资产越滚越多,规模越搞越大。其中,有相当一部分人抓住了改革开放的好机会,不仅在乡镇兴办起了自己的企业,有的还开始进军城市创大业。在发家致富的创业过程中,他们表达自己经济利益的方式就是直接去做,而不是去向党提建议、提要求,静候党相应政策的出台。结果,他们成功了,完成了创业的原始积累,走上了规模化经营之路,有的甚至走向了国际市场。

二是下岗工人出身的私营企业主。下岗工人大多数是我国改革开放初期国有企业改制的结果。当然,也不乏不愿意枯守朝九晚五的刻板工作,更不愿意在贫穷中度日如年而主动辞职的工人。他们作为多年被誉为领导阶级地位的工人老大哥,在创业的过程中,除了自己的勤劳与智慧作主要支撑外,都不同程度地受益于政府的政策扶持,受益于政府援手的力量与作用,比如政府先后出台的下岗工人摆夜摊不收各种费, 兴办经济实体前三年免税等政策。所以他们表达自己经济利益诉求的渠道与方式,就是理直气壮地享受营业不上税,场地不交费等优厚待遇。随着创业的成功,他们中有的人逐渐被各级政府树为典型,号召成千上万的下岗工人向他们学习。这种示范作用扩散出去以后,在一些相关部门,他们的经济利益愿望不需要经过制度诉求的过程,就可以借助各种成功者形象,非常便捷地实现了。

三是知识分子出身的发明家与白领。改革开放初期,知识分子的经济待遇还没有得到足够改善, 当研究导弹的教授收入还不如卖茶叶蛋的大妈收入高时,当连出版一本自己的学术专著还需要自己出钱却囊中羞涩时,知识分子骨子里固有的清高使他们不服这种反差、窘困,但又不可能去向党反映自己的利益要求,以争取缓解经济拮据。于是,在相应政策的鼓励下,大批拥有技术资源、管理资源和社会资源的高学历者便义无反顾地"下海"创业了。

知识分子们的这种行为，恰恰契合了改革开放以来各类企业对科学发展都非常迫切的需求，这使知识尽快转化成了高新的科研产品、现代的管理成果，不仅提升了企业的市场份额，更使得知识分子依靠自己的智慧直接成了私营企业主，有的甚至变成了中产者乃至资产雄厚者。如果说他们在自己的经济利益上还有什么要求的话，那就是他们利用直接面对媒体亮相的机会，阐述自己对党和政府改革开放政策的热烈拥护和衷心支持，建议国家发展经济的政策最好以法律的形式固定下来，而不要朝令夕改。

可见，新社会阶层在其成长发展的初期过程中，受到党和政府的关注还是比较多的，得到党和政府的政策支持与措施优惠也是比较多的。此时，作为新社会阶层最关注的是自身经济利益的实现，对政治方面则比较淡漠。因此，在初期其表达自身经济利益要求时，表达的渠道与方式是比较单一、比较明朗的，基本上是行动说明一切，且仅局限于经济利益的诉求。

（二）发展中期，注重分担社会责任的重负

随着改革开放的深入，经济快速发展，社会不断繁荣，带来了社会需求多样化的出现，也促使社会公众，尤其是经济实力不断壮大的新社会阶层对自己所享受的公共服务现状，即政府公共服务的产品、能力和水平，都有了更多、更高的要求。在这些要求中，普遍性、基础性、迫切性的公共服务要求，通常是在以党和政府开辟的各种信息征集平台、利益表达渠道反映出来之后得到改善的。而多样化、高层次、奢侈性的社会利益要求，则不是每一项都能在通过制度性渠道提出来时就及时解决的，有的是以各阶层对党和政府某一方面公共服务稀缺感到不满，多次呼吁仍得不到解决，以至于人们质疑是否是在党和政府不作为时，通过新社会阶层主动补缺才得到解决的。

对于公共服务产品本身的属性来说，大体上可以分为纯公共产品、准公共产品和带有规模经济效益的公共产品三类。作为纯公共产品，如国防、社会治安管理、外交、公安、司法、义务教育等，完全是由党和政府承担其发展责任。而准公共服务产品，如科技、高等教育、公益性文化、公共工程等，则是由党和政府与其他投资者（企业、社会组织、公民个人等）共同承担。此外，就是由党和政府出面提供的带有规模经济效益的公民消费品服务，如邮政、民航、铁路等。按照这种观点，党和政府没有必要也不可能完全包揽社会公共服务的所有领域，很多公共服务领域的社会责任将由公民及社会组织来承

担。但是我国的公民社会发育还很不完善,那么公共服务的社会责任承担主体欠缺的空档由谁来填补呢?新社会阶层以其慈善心、责任感,不仅自豪地担当起了丰富公共产品服务、改善公众生活的社会责任,而且新社会阶层在寻求社会利益实现的表达能力与效果上,也远远超过其他群体,尤其是弱势群体。于是,新社会阶层也就自然而然、顺理成章地在某些时候、某些问题上成了各阶层社会利益的代言人。

客观地说,新社会阶层有时作为各阶层社会利益方面的代言人,是以他们的慈善心和责任感为前提的。认可他们所拥有的慈善心,主要是因为他们今天所拥有的经济财富、社会地位,不是通过什么巧取豪夺、坑蒙拐骗等手段而来的,大多是通过合情、合理、合法的劳动致富而来的。面对社会公共服务的短缺,他们出于朴实的同情心、关爱心,或集资捐款修桥补路,或慷慨解囊资助失学儿童、贫病家庭,或集资合股开办高档消费场所,分担起了本应完全由党和政府承担、或部分由党和政府承担的公共设施、义务教育、社会保障等公共服务责任。肯定他们所拥有的责任感,是因为无论他们自己在致富的道路上创业时有多艰难,一旦成功了,他们就会想着回报家乡,振兴地方。他们一般都不会置家乡的贫穷与落后而不顾,都会通过不同的渠道与方式,来支持乃至扶助家乡的发展。新社会阶层的慈善心、责任感促使他们在融合了本阶层与其他阶层共同的社会利益诉求,填补了政府公共服务空缺的社会责任的同时,也赢得了社会公众对他们的认同与依托。这种认同与依托,在一定程度上促使相当一部分社会公众愿意将本阶层社会利益方面的诉求倾诉给新社会阶层,再由新社会阶层的代表向党和政府进行有效的表达。当然,这也就使新社会阶层当中一些精英感悟到适当分担社会责任,有效表达社会公众利益需求,不仅可以赢得较高的政治地位、社会地位,而且还可以更好地维护自身的经济利益。当然,这样他们的积极性就更高,热情就更强烈了。

(三)发展,激发了掌控话语权的欲求

就治理本身而言,是一种公共管理行为,是价值因素较少而技术因素较多的政治行为。民主治理,是国家政治体制在治理体制上的重要内容。我国的民主治理内涵比较丰富,也给新社会阶层参政议政提供了较为广阔的平台。其一,它的基础是公民参与,公民参与程度愈高,民主治理的程度也就愈

高。衡量我国公民参与状况最重要的环节是选举民主与协商民主。其二,它最重要的目标是保护和扩大人权和公民权。国家的人权和公民权的实现状况,是民主治理的最终结果。它既体现在国家的法律和政府的政策中,更体现在政府和公民的实际政治生活中。其三,它的直接后果是合法性,即党和政府权威和政治秩序自觉被公民认可和接受的程度。由此可知,新社会阶层能够参与民主治理,表达利益诉求的程度之深、范围之广,是前所未有、非同一般的,这反映在如重大决策的公众听证和协商,法律对公民权利的保护,公民对党和政府的认同等方面。

新社会阶层参与民主治理,表达利益诉求最常见的制度性渠道,就是人民代表大会制度、政治协商制度和社区居民自治制度及职业自治制度。改革开放以来，非公有制经济人士和自由择业知识分子组成的新社会阶层队伍不断壮大,为此,在各级人大、政协换届期间,也不断扩大新社会阶层的安排面,为新社会阶层的民主诉求开辟了更广阔的渠道。队伍的壮大,素质的提高,为重大问题的政治协商创造了较好的条件,也充分体现了新社会阶层是光荣的社会主义事业建设者的政治地位。有了这样的制度性政治安排,新社会阶层代表表达利益诉求,机会更多,也更有效了。但是有时候也不尽然。由于在目前人民代表大会及政治协商会议自身履职过程中，或多或少所存在的局限性、滞后性、表面性,使得新社会阶层代表已不满足于现有的利益表达制度,想方设法欲开辟新的、更有影响力的渠道。

民主治理说到底,体现在政治权力的取得、使用及巩固过程中。我国的民主治理内涵已经决定了新社会阶层可以享有的种种民主治理权力。这一方面提高了政府民主治理的水平,集中了社会公众的不同利益诉求,另一方面也使新社会阶层强烈地意识到了民主治理权力的重要性。当然,新社会阶层代表社会公众进行有效表达,实现利益诉求,也使社会公众对新社会阶层表现出前所未有的信任、依赖与支持。不过,对于民主治理来说,党和政府才是凝聚社会各阶层利益诉求,获得社会各阶层支持的主体。因此,在实施民主治理的过程中,党和政府应该适当听取、采纳不同阶层的利益诉求,这是构建和谐社会的要求，也是现代民主治理中党不断从全能型政党走向服务型政党的重要趋势。党和政府不应该任由社会上某一个阶层成为各个阶层利益诉求的代言人。因为完全由新社会阶层来表达各个阶层的利益诉求,不仅不客观、不科学、不民主,而且在梳理各阶层利益诉求的过程中,新社会阶层有时难免更多地反映本阶层的利益诉求。毕竟,在目前阶段,从整体上看,新社会阶层具有两重性：他们既拥护党的领导和社会主义制度，是党的改革开放政策的实践者、受益者，而当某些人的利益没有得到满足时，又容易对党和政府产生不满情绪；他们既寻求法律保护，而某些成员又存在与法律相悖的行为；他们既参与社会公益事业，关注社会弱势群体，而某些成员却又漠视员工的合法权益。因此，在社会公众的不同利益诉求中，重要的不是由新社会阶层成为代言人，而是要创新利益表达机制，建立合法有效的制度，让不同的阶层都能通过有效的渠道与方式，发出自己的声音，表达自己的利益诉求，进行利益的平等博弈。

总之，当新社会阶层表达其经济利益诉求时，是通过行动来实现的，其结果最主要的是改变了自身命运；当新社会阶层表达其对社会利益的重视时，是以分担社会责任，逐渐成为不同阶层利益代言人的方式进行的，其结果是改善了周围许多人的处境；而当新社会阶层表达其政治利益愿望时，则是逐渐以组织化的方式来表达。尽管其组织带有自发性，组织化程度较低，但是如果持续下去，其影响的将不是一个群体，有可能是整个社会。因此，必须重视建立合理、合法的利益表达机制，从制度层面上规范党和政府的各部门、社会组织、人民团体的职责，使相应阶层的团体和组织机构在法律制度的框架下规范自己的行为，通过合法途径进行利益表达，维护和保障其代表的阶层的权利。

第三节　利益多元化格局中社会阶层变化对党群关系的影响

综观中国共产党九十多年的发展实践，党群关系总体上是健康的，发展的。当前，我国已进入改革发展的关键时期，经济体制深刻变革，社会结构深刻变动，利益格局深刻调整，思想观念深刻变化。这四个深刻变化，就是从原来计划经济体制和单位社会体制中利益主体、利益结构的单一化，急剧演变为利益主体的多元化、利益关系的复杂化、利益矛盾的多样化，人们的思想观念、生活方式日趋个性化、自主化，这些巨大而深刻变化必然影响到党群关系，党群关系出现了一系列新的严峻复杂的问题和矛盾，党群关系再次走到了历史的十字路口，如何调整与人民群众关系，是我们党面临着的新的挑战和考验。

一、工人阶级的新变化对党群关系的影响

从党的阶级性来看,中国共产党以工人阶级为阶级基础,是党依托的阶级力量。改革开放以来,工人阶级的整体素质普遍提高,对党所制定的路线方针政策有了更加清晰的认识,从而进一步增强自己的责任感和使命感,坚定地站稳政治立场,始终与党保持一致,成为社会主义现代化建设的一支重要力量。但工人阶级不断发生的新变化,也对党与工人群众之间的关系产生了深远的影响。

(一)对党的不满意度增加

工人阶级的主人翁地位是由其作为社会主义国家的领导阶级所决定的。我国的宪法总纲第一条指出,中华人民共和国是工人阶级领导的、以工农联盟为基础的人民民主专政的社会主义国家。人民民主专政是我国的国体,是我国社会主义制度最根本的制度。人民民主专政,既是我国工人阶级获得自身经济解放和政治解放的首要条件,也是我国工人阶级加强自己的主人翁地位,领导和组织社会主义建设,实现自己历史使命的强大工具。坚持人民民主专政,发展社会主义民主,首要的和根本的就是要切实保障国家的各项法律法规体现工人阶级的意志,反映工人阶级的诉求;切实保证工人阶级依照宪法和法律,通过各种形式和途径,管理国家事务,管理经济和文化事业,管理社会事务,保证工人阶级作为一个整体当家做主。

随着利益多元化格局的出现和发展,政府的权力逐渐下放给企业的管理者,不再直接控制社会经济组织的内部管理,不再干预其中的用工制度和分配制度,这使得工人阶级的权力随着政府强权保护的退出而逐渐减弱。特别是在公司法人治理结构建立后,实际出资者成为社会经济组织的主人,股东会和董事会成为了权力中心,董事会成为管理者的任命者而不再是由工人选举产生的管理者,工人阶级以主人翁的地位和身份制衡管理者权力的制度失去了经济基础。工人阶级在生产中的地位,决定了其收入分配的水平,特别是在社会就业岗位不足的情况下,工人阶级不仅工资收入较低,而且大批工人下岗、失业。他们与企业管理人员、技术人员的工资收入差距也逐渐拉大。此外,工人在人民代表大会中的代表席位也逐渐下降,也降低了

他们对政策法规和执法行为的影响力。工人的权力、收入、地位的跌落,使得他们的社会心态也发生了变化,由过去主人翁的自豪感转变为失落感和不公平感,因而产生出对党的不满情绪。

(二)党对工人阶级的思想整合难度加大

社会存在决定着社会意识,利益多元化格局的出现必然使工人阶级的思想价值观念出现多元化的趋向。对于任何一个政党来说,其意识形态必须是一元的,中国共产党就是以共产主义价值观和人民群众的根本利益作为思想与行动的最高指南的,是始终保持党的先进性和纯洁性的根本。然而现实中的利益和价值观的多样化、复杂化,使工人阶级队伍正遭受着各种非无产阶级世界观、价值观的侵蚀,并有进一步蔓延的趋势。

一是随着经济体制的深刻变革、社会结构的深刻变动、利益格局的深刻调整,工人阶级的思想意识、价值取向、道德观念多元、多样、多变的特点更加明显,各种社会群体的心理呈现出丰富性和活跃性,引领和整合难度加大。二是随着生活水平提高,特别是年轻一代的工人阶级,已不再满足温饱和养家糊口,而是追求更高层次的精神需要预期与现实利益取舍相互交织,多种利益诉求和新老矛盾相互交织,带来一些敏感问题,辨别和处理难度加大。三是互联网的广泛普及,新视野、新角度带来的思想观念冲击,以及负面信息、负面舆论和一些糟粕文化的影响,防范和应对的难度加大。随着信息技术的迅猛发展,互联网已成为年轻工人获取信息的有效途径和进行交流的重要渠道,对工人的价值取向和思维方式正在产生潜移默化的影响和感染。境外敌对势力利用互联网发动攻势,使大量负面的、消极的思想文化信息广泛传播,形成了异常复杂和空前激烈的思想碰撞。各种非主流价值观念的存在和扩散,不可避免地冲击和影响着工人阶级的思想观念。四是整个社会经济中的人才流动性不断增强,多元化、多方位地选择就业和生活方式,使得企业特别是普通制造业企业留住职工的难度加大。五是生产经营效益的不稳定性,薪资水平难以大幅度增长,保持和增强职工队伍旺盛的斗志和紧密的凝聚力的难度加大。六是面对市场激烈的竞争,工人阶级越来越关注于自己在激烈竞争中的经济地位、政治地位和社会地位,能否获得经济利益的最大化成为了大多数工人行为选择的价值评判标准。在面对下岗失业、收入差距拉大等现实挫折时,一部分工人对党的先进性和代表性产生了怀疑和抵触情绪，出现了某种程度的“信仰危机”，进而对党的感情渐趋淡薄，出现了党群关系疏离的迹象。特别是对于工人阶级中的青年一代来说，他们的阶级光荣感、主人翁责任感和历史使命感大为降低。这些问题的存在，导致工人阶级整体阶级意识弱化，使党对工人阶级思想整合的难度不断增大。

（三）对党维护工人阶级的团结提出了挑战

在计划经济时期，工人阶级的同一性在社会上打下了深深的烙印，长久以来，人们仅仅局限于从传统的产业工人来对工人阶级进行理解。然而随着市场经济的发展和产业结构的战略性调整，工人阶级的内部结构也发生了巨大的变化。工人阶级内部已不再是单一的结构，而是一个多元化的状态，如管理阶层、知识分子阶层、产业工人阶层、雇佣工人阶层、下岗和半失业阶层等。从当前工人阶级内部的矛盾和冲突来看，大都是由涉及切身利益的问题而引发的。其中，既有经济迅速发展中的利益关系不协调与不公平问题，也有部分职工的基本生活问题还没有得到明显改善的问题。在当前包括因企业改制、城市拆迁等因素所引发的各种矛盾，实质上就是发展和改革中的工人阶级之间的物质利益冲突。同时，我国劳资矛盾开始形成，劳动纠纷大幅度上升。根据劳动保障部提供的数据，1996 年全国各级劳动部门接受劳动争议申诉为 4 万多件，至 2003 年，达到 21 万多件，上升了 5 倍。2008 年以后，我国各地各级劳动争议急剧增加。2009 年，全国统计各级劳动人事争议仲裁机构共处理劳动人事争议案件 87.47 万件。其中，各级劳动争议仲裁机构共处理 87 万件，是上年的 93.47%。[①]

从工人阶级内部矛盾的性质和内容上来看，这些冲突不仅表现在经济活动、经济收入、物质生活上，而且也体现在政治权力和政治参与以及精神需求和心理上，亦可概括为物质利益矛盾、政治利益矛盾和精神利益矛盾。其中，物质利益矛盾是最基本的利益矛盾，政治利益矛盾是物质利益矛盾的集中体现，精神利益矛盾反映了物质和政治利益矛盾。这些矛盾从性质上来说虽然属于非对抗性的矛盾。然而在当前改革进入攻坚阶段，多种矛盾彼此交织，国际国内因素相互融合并存和多方面制度“缺失”的条件下，人民内部矛盾也有可能激化或转化，甚至出现对抗。随着市场经济关系的发展和竞争

① 房宁：《正确认识和处理新时期人民内部矛盾》，《政治学研究》，2013 年第 6 期。

的加剧，这些差异和矛盾更加复杂和多样化。从矛盾主体来看，在不同的个体之间、集体之间、阶层之间、群体之间都可能存在利益矛盾，其中，普通工人与企业所有者、社会管理者之间，在岗与下岗之间、高收入与低收入者之间的利益差别和矛盾尤为突出。工人阶级内部出现阶层分化是必然的，阶层之间某些方面的差异性存在也是必然的，它可以激发工人阶级的生产积极性，促进工人阶级先进性的进一步发展。但是如果差异过大、引导不好，则不仅影响广大工人群众的生产工作积极性，而且会削弱工人阶级内部的团结，影响工人阶级的战斗力，从而影响党的执政地位。

二、农民阶级的新变化对党群关系的影响

在中国这样一个农村地区面积极大、农村人口极多、农村发展长期滞后的国家，必须解决好农民问题。农民是党在农村的依靠力量，是国家政权最广泛、最深厚的群众基础。什么时候比较好地调动了农民阶级的积极性，革命、建设和改革的路就比较好走。改革开放以来，农民阶级的分化打破了农村社会原有的均质性状态，给农村的社会政治关系带来了深远的影响。农村中的经济精英们在带领农民致富，促进农村经济发展方面发挥着重要作用；农村中的个体工商户和农民工等普通农民阶层，对于促进城乡交流，促进农村商品交换等方面有着重要的意义。虽然各阶层农民的组织要素不同、行为方式各异，但他们在农村社会中的功能却不能被替代，于是各阶层农民间便逐渐形成一种相互依赖的关系，从而减少了阶层之间的矛盾和冲突。同时，农村阶层的分化促使党对农村政策体系进行了调整和改革，如放宽对城乡流动的限制，允许农民进城务工经商、落户等，从而有利于其在政治发展中保持政治稳定。当然，农村阶级的嬗变打破了原来的均质性状态，使农村的社会经济成分、组织形式、社会价值观念、生活方式和就业方式发生了深刻变化，这些变化所引发的一系列问题对党在农村执政基础的巩固提出了挑战。

（一）对党在农村执政基础的巩固提出了挑战

在计划经济时期，人民公社体制下，广大农村实行单一的集体所有制，农民的生活消费品按工分配，农民之间的收入差距非常小。但随着农民阶级的分化，农村在分配上的平均主义被彻底打破，贫富差距有了逐渐扩大的趋

势。农民由于有了职业的分化,所带来的收入之间的差距也是造成农民之间贫富差距逐渐扩大的重要原因。农民的收入等级结构由于职业的不同而呈现出了金字塔式的结构。私营企业主阶层因为其接受教育多、社会阅历丰富,懂得专业技术和管理,所以他们的收入在农村中最高,居于金字塔的上层;农村个体工商业劳动者阶层因为掌握了较为丰厚的社会资源,所以其收入水平也较高,居于金字塔的中上层;农民工阶层在大城市务工劳作,其收入来源灵活、广泛,所以其收入也比较稳定,居于金字塔的中层;农业劳动者阶层由于仅仅依赖于土地而生存,加之文化水平较低,所以其收入水平也较低,位于金字塔的低层。

如前所述,广大农民属于社会的弱势群体,而他们直接面对的是一个农村强势群体。这个农村强势群体是由乡村干部、乡镇企业经营者、私有企业主、粮食收购店、派出所、工商、税务等单位的负责人组成的。对农村强势群体,从整个社会来看,不算强势群体,但在农村,他们有钱有势,"凌驾"在农民之上。按照法律规定,村民委员会应是农民的自治组织,但村民委员会在现实中往往成为乡镇政权的延伸。乡镇一级政权有着强烈的权力扩张行为且缺乏权力制衡,市场经济的唯利是图和农村的封建残余结合在一起,使得"为人民服务"的宗旨在少数农村演变成了"为人民币服务"。因此,农民和农村基层政权的冲突时有发生。从近年来发生的多起事件来看,引发冲突的原因不外乎:一是农民负担太重,乡村干部强行收缴。二是乡村干部在土地、山林、鱼塘的承包中,牺牲农民利益,偏向强势群体。三是乡村干部利用集体土地谋取私利。土地本是集体所有,是农民的生存基础。但乡村干部掌握着土地的支配权,容易利用土地发包、土地使用权出售等从中谋取私利。四是乡村干部在处理民事纠纷中偏袒本地强势群体,甚至包庇坏人,压制善良百姓。五是宗族斗争、权力斗争和经济利益的冲突结合在一起,可能引起械斗。六是乡村干部作风恶劣,任意打骂农民。以上六个方面也是防范农村阶层冲突发生的工作重点。农民各阶层之间的收入和贫富差距逐渐扩大的趋势,势必使一部分农民对党在农村中的方针政策产生怀疑,甚至对党和社会主义制度产生不信任感,从而影响了党在农村执政根基的稳固。

(二)对农村民主政治的健康发展产生了影响

农民的政治参与是民主政治发展的重要内容,标志着我国农村民主政治建设的进步和我国政治发展程度的提高。在计划经济时期,整个农民是一个具有单一身份性的群体和阶级,农民享有同样的身份和地位。在这种情况下,人们没有政治参与的利益动机,因此其政治参与的水平长期停留在“响应政府号召”的被动层次上。随着市场经济体制的建立和发展,农民阶层日益分化,农民的个体自主意识逐渐复苏,各个阶层的农民为了实现自身利益的最大化,都不同程度地以各种方式参与到国家政治生活中来。但是随着农民个体意识的觉醒,农民自愿参与政治的程度差异却呈现出逐渐扩大的趋势,表现出政治参与的不平衡性。从目前来看,有相当数量的农民政治参与不能正确利用国家赋予自己的政治权利,习惯于行政越权安排。他们热衷于能带来实利的经济活动,忽视政治生活。部分农民政治参与态度比较消极,对于村务不管不问,对参加农村的民主管理和民主决策表现冷淡,对于村民自治中出现的贿选、干部涂改选票、宗族家族干预选举等违法行为听之任之,对干部的制约监督不到位,参与目标也仅仅停留在经济层面。

由于受自身素质的限制,农民政治参与的效能感偏低,主要表现在:一是农民政治参与的内容范围窄、层次低。农民处于社会权力底层,多数政治参与集中在不属于国家政权结构的农村,却无法涉足乡镇以上层次的政治参与。二是农民政治参与形式单一、渠道不畅。农民政治参与主要是县乡人民代表选举和村级换届选举。三是农民政治参与能力不高。由于文化水平有限,农民的政治参与往往只能停留在选举上。农民的政治参与行为组织化程度不高,就难以在政府及其他利益集团的决策中产生影响,导致其政治活动目标难以实现。这在一定程度上降低了农民政治参与的质量。目前,农民的利益表达大多是以个人和小团体形式进行的,而通过组织或协会等参与政治的很少,即使有人试图借助组织或协会参与政治,也由于农民利益诉求不同而很难达成一致的政治要求。农民之间出现的政治参与水平不平衡性将直接对农村民主政治的健康发展产生影响:一方面,使基层党组织不能全面、及时地了解和掌握农民的愿望和诉求,从而影响到党在农村方针政策的制定和实行;另一方面,农民政治参与的愿望得不到满足,势必会产生出挫折感,进而使一部分农民对基本制度心生怨言,甚至对党和国家失去信任和信心。

（三）党在农村的思想政治工作难度增加

所谓价值取向，是指人们根据一定的价值观念，从价值的角度来决定自己的价值选择和价值实施过程的一系列要素的总和。在计划经济体制下，农民作为一个阶级，其价值取向表现出高度的一致性或稳定性，即只承认集体主体的合法性，忽略了个人价值取向的选择。这种一元化的价值取向，忽视了个体的创造力，使个体逐渐失去了奋斗、进取的精神和毅力。[①]改革开放后，随着市场经济体制的建立，一元化的利益格局被打破，农民的价值取向也相应逐渐呈现出多元化的特征。多元化的价值取向虽然有利于人们解放思想、拓宽视野、更新观念，如现在既有传统意义上的农民也有常年外出打工或者就近在一些企业打工的农民工，他们虽然在身份上还是农民，但是经常居住地和工作场所在极具市场气息的企业工厂，在观念上已经基本接受市场模式的理念和城市的生活方式，已经不是完全的"村民"，在利益诉求和思想上既具有农村内容又具有一些具有城市、市场观念的需求。这就使得农村思想政治工作既有传统意义上的群众工作内容，也有市场经济条件下产生的新问题、新亮点。但与主流意识形态不同甚至相反的价值观念也会大量涌现，致使各种思想观念相互碰撞与冲突频发。

党员干部与群众之间本是鱼与水的关系，思想一致、感情融洽。但是一些干部工作作风粗暴，简单的一刀切的工作方式伤害了群众的朴实情感，引起了群众误解。尤其是一些困难群众因家庭负担过重而产生抵触情绪，因收益少而存在失衡心理，导致干群关系不是在交流中缩小距离，而是在实践中扩大分歧，久之，则产生对抗心理，给干部与群众之间增加了障碍和难度。随着社会主义建设不断前进和民主法制建设的加强，群众的物质生活水平和文化水平有了显著提高，法律意识和民主意识有了增强，但群众的道德素质却没有水涨船高，反而在市场经济的发展过程中出现了部分的道德滑坡现象。一些群众很懂得用党的方针、政策和法律知识来维护自己的权益，甚至曲解党的方针、政策和法律的含义。但是不习惯也不愿用法律和道德来规范和约束自己的言行，如有些人只顾追求自己的个人私利，却全然不顾他人、

① 尹焕三、刘增禄、李振华著：《当代中国社会阶层的分化与流动》，山西人民出版社，2002年，第271页。

集体和社会的利益；在追求自我实现时，只讲自我解放，而不讲对社会的责任；在追求目标上，只讲个人的幸福与享乐，而不顾他人的幸福与安定……在这种情况下，党如何引导各个阶层的农民对价值的合理诉求，以化解价值取向多元化给党在农村的执政基础带来的潜在影响，这是党在农村的思想政治工作亟待破解的难题。

（四）对党的政治认同出现了危机

政治认同，是指人们在社会政治生活中所产生的一种感情和意识上的归属感。政治认同与农民的政治信仰直接密切相关，农民是否有坚定的政治信仰，直接对党的基本路线、基本政策在农村的贯彻执行产生影响。党在革命战争时期，领导着包括广大农民在内的中国人民推翻了“三座大山”的压迫，取得了新民主主义革命的胜利。在党的十一届三中全会后，又制定出了改革开放的新政策，使广大中国人民逐步摆脱了贫困，向共同富裕的康庄大道上坚实地迈进。从总体上可以说，绝大多数农民对党有着深厚的感情。但是由于政治认同是一个人的主观反映，处于不同经济状况、不同阶层地位的农民必然会产生出不同的政治态度。

从目前来看，农民代表在国家权力机构中所占的比例小，能够发出的声音弱，因而农民的利益要求就很难得到充分有效的表达。并且在政治实践中人们也常常会看到这种情况，那就是一些地方的人大代表往往成为一种政治荣誉和政治安排，并不能或者是不愿去真正地代表民意。当然我们也不能否认在现实中大多数敢于担当社会责任的人大代表，他们关心农民疾苦，并为农民弱势群体的利益代言，但从总体上来说，很少有农民在诉求利益时去找人大代表反映，因为他们知道即使找了也不管用。虽然从理论上讲，农民可以用自己手中的选票来选举那些能够代表自己利益并具有参政议政能力的人作为自己的代表，但是对于农民个体来说，试图通过这一民意表达机制来充分表达自身的意愿却不容乐观。信访制度是农民利益的重要表达渠道，然而由于信访制度本身有着设计和运作的缺陷，它还不能有效承载农民利益表达的需要。由于农民上访反映的问题往往又是与地方政府有关，或者很可能构成对地方政府不当利益的威胁，于是一些地方政府往往视上访者为“刁民”，对上访者进行拦截、收买、欺骗、强制遣送，甚至高压迫害。其结果是逐步消解了底层民众对基层信访机构的信任，下层利益诉求无从上达。这就严重损害了党在人民心目中的形象和威信，降低了党在农民心中的地位和政治认同。

三、知识分子阶层的新变化对党群关系的影响

改革开放以来，党对知识分子政策的实施实现了历史性的转变，在“尊重知识、尊重人才”的大政方针指引下，党制定的贯彻落实知识分子的政策彻底解决了知识分子的后顾之忧，凝聚了知识分子的力量。特别是随着知识分子生活待遇的改善，进一步增强了知识分子对党组织的信任感和对所在单位的认同感和归属感。同时，也进一步激发了广大知识分子参与社会主义建设的热情，以自己的实际行动贯彻落实党的方针政策。他们以自己的知识和技能投身于社会主义建设，潜心于社会体制和具体制度改革理论的探索，为中国现代化建设奠定了科学的认识基础和实践指导；他们走出“象牙塔”，积极投身于经济建设的主战场，把自己的知识成果直接转化为商品，转化为现实的生产力，为现代化建设提供了雄厚的技术创新原动力，从而推动着我国现代化建设的快速发展。然而我们在看到知识分子阶层变化积极方面的同时，也必须要看到其变化对党群关系所产生的消极影响，从总体上来说，主要表现在以下两个方面：

（一）对党管人才战略实施的影响

人才问题是党和国家事业发展的关键问题。当今世界，无论是企业与企业、地区与地区、还是国家与国家的竞争，说到底就是人才的竞争。因此，各级党组织要从全局和战略的高度，以高度的政治责任感和历史使命感，把实施人才强国战略作为党和国家一项重大而紧迫的任务抓紧抓好，始终坚持党管人才的重要原则，努力培养造就各类高素质劳动者、专门人才和拔尖创新人才队伍，充分发挥各类人才的积极性、主动性和创造性，开创人才辈出、人尽其才的新局面，大力提升国家核心竞争能力和综合国力，为全面建设小康社会和实现中华民族的伟大复兴提供重要保证。经过多年的努力，我国人才发展方式有了很大程度的转变，但依然严重滞后于经济发展方式的转变。人才发展方式顽固地体现出粗放型特征，追求规模扩张、忽视内涵发展，重引进、轻培养，长期以来处于低层次的外延扩张状态。知识分子在社会流动

中呈现出单向性的趋向，即相对于流出一方来说是有出无进或出多进少，而相对于流入一方来说，则是有进无出或进多出少。这种单向式流动的结果必然使人才拥堵和人才奇缺两种截然不同的社会现象共存于同一社会的不同行业、地区和单位。而且当前我国知识分子的社会流动呈迅猛式，而不是平缓式，即单位时间内的流量过大、流速过快、其造成的结果是不仅流出一方由于人才顿失而工作受损，而且流入一方因人才猛增而出现新的人才积压和浪费现象，从而给党的人才战略带来了一定的影响。

改革开放以来，我国社会经济成分、组织形式、就业方式、利益关系和分配方式日益多样化。这些新情况、新问题，对我们做好新世纪新阶段的人才工作提出了新的更高的要求。我们必须进一步解放思想、与时俱进、更新观念，准确把握新形势下人才工作的特点和规律，努力跟上时代前进的步伐。在坚持党管人才的前提下，我们要进一步增强市场观念，最大限度地发挥市场在配置人才资源中的基础性作用，切实做到事得其人、人尽其才，才尽其用。各地区各单位要进一步增强开放观念，采取灵活多样的方式吸引和使用人才。在此基础上，不断推动人才工作的体制、机制创新，把人才工作提高到一个新水平。

（二）对党的知识分子政策感到怀疑

改革开放以来，在党对知识分子政策的引领下，广大知识分子享受到了改革发展的成果，收入有了大幅度的增长，生活水平明显提高。分配制度的改革也从总体上消除了计划经济体制下的平均主义“大锅饭”，逐步形成了按劳分配为主体，多种分配方式并存的分配制度，资本、技术等生产要素参与收益分配，激活了知识分子投身于改革和发展的积极性。但同时也必须看到，当知识分子进入到市场以后，评判他的价值标准主要是看他所创造的经济效益。创造的经济效益越高，相应地，他的经济收入就越高，经济效益和经济收入之间构成正比关系。由此，那些进入市场并能适应市场需求的知识分子，一般都获得了比较丰厚的经济收入；而那些进入市场后不能适应市场需求，或因各种原因远离甚至不能进入市场的知识分子，他们的经济收入就相对较低，致使知识分子阶层内部的收入差距呈现出扩大的趋势。

从地区情况来看，城市的知识分子收入高于农村的知识分子收入，大城市的知识分子收入高于中小城市的知识分子收入，沿海地区的知识分子收入高于内陆地区知识分子的收入。这一点我们可以从优秀知识分子“东南风”的现象中看出端倪。从职业的分化来看,从事高新科技产业、信息产业、金融贸易产业等的知识分子直接推动了社会生产力的发展，也从中获得了经济利益,个人收入丰厚起来。相比之下,从事基础学科、社会学科、教育和文化工作的知识分子,收入提高则较慢,收入水平也比较低,造成了不同行业的知识分子的收入有很大差距。再从所有制的角度来看,国家机关和公有制企事业单位,知识分子的经济收入遵循按劳分配原则。在非公有制企业,有的知识分子既有劳动收入的一面，又有按资本分配，获取剩余价值的一面;有的知识分子既有经济管理中付出劳动的报酬,又有机会收入和风险收入。知识分子收入分配差距较大的状况,导致一些知识分子产生出强烈的被剥夺感,进而使其对党的知识分子政策感到怀疑,逐渐失去建设中国特色社会主义的热情与积极性。

四、新社会阶层的崛起对党群关系的影响

新社会阶层既是改革开放和市场经济建立的产物，促进了社会主体重新组合的状态的形成,同时这种状态一旦形成,又反过来成为中国改革开放和市场经济的积极参与者和有力推动者，证明了改革路向的正确性和可行性。他们之中绝大部分人力图维持这一方向并延续这一进程。与此同时,新阶层的形成也为党群关系的和谐发展增添了许多变数。研究表明:社会阶层结构的分化与重组、新社会阶层的出现是社会结构转型和发展的结果,其存在和发展具有深刻的历史合理性。首先,它推动了社会结构从身份到契约,由刚性到弹性的转变。这种变化的总趋势与世界现代化过程中社会结构演变的趋势具有一致性。新社会阶层的涌现不断推动着社会结构走向开放,变得富有弹性,使其更富有活力同时又更具有持久的社会稳定功能。其次,它促进了民主和法治建设的进程。在多元化的利益主体的基础上将产生出潜在的多元化的政治利益主体，从而为进一步推进民主政治建设奠定坚实的社会基础。再次,新社会阶层具有一定的社会“激励”和“示范”乃至引导功能。在社会阶层分化过程中,各阶层在权力、财富、声望各方面的不平等状态,会给社会个体留下深刻的印象。社会结构转型为各阶层提供了重塑的机会,社会资源的再分配,政治利益以及政治态度的重新定位成为个人身份变动的最大原动力。人们都期望通过自身的努力,提高自己的社会地位,借以

实现自身的社会价值。同时，我们也应看到，社会结构的分化与重组，新的社会阶层的出现也暴露出社会分化加剧，各阶层收入分配差距扩大，政治利益日渐出现明显反差，是引发社会不安定因素的非常重要的原因。

（一）党群关系在经济层面的影响

新社会阶层成为经济市场化和产业结构合理化的主导力量之一。新阶层是中国市场化改革中获益较多亦较为成功的群体，从某种程度上说，他们的“发迹史”就是经济改革的成功史，他们是经济改革的形象代言人和市场经济的“弄潮儿”，他们的成功，提升了全民族的市场经济意识。这些新兴阶层尽智尽力，有力地推动中国经济转型。尤其是他们在政策不到位时，敢于突破僵硬体制的羁束，灵活地培育市场新生代，自觉不自觉地大大加速了市场经济的拓延和前进。当前，这些社会精英们，熟谙市场规则，在已基本完成资本的“原始积累”的前提下，力促法律法规到位，成为市场经济深化发展的推动者和引导者。同样，在国家产业结构调整过程中，这些新兴阶层也扮演了极为重要的角色。最早正是个体户经营突破了原国有国营一统天下的独霸局面，当前私营经济、乡镇混合经济作为中国最充满活力的经济成分，在沿海发达地区表现得相当抢眼，对当地经济起了重要的拉动作用。在我国施行的以公有制为主体、多种所有制并存的经济格局中，它们逐渐做大，以其特有的力量进一步促使这一格局合理变动。

有些学者认为，在改革中获利的那部分人已经形成既得利益集团，原定模式改革的深化将触动甚至减损他们的利益，他们对党的经济改革政策，要么持观望态度，要么力图抵制，甚至影响原定改革路向，全面深化改革的前景堪忧。而持反对意见的则认为这种观点有很大的偏颇性。不可否认，自改革开放以来，确实有一部分人利用“双轨制”钻法律空子发财致富，成为所谓“权贵资本”“裙带资本”“寻租经济”“黑色经济”的占有者、获利者，还有一些“不落空”阶层，共同构成所谓的“暴富阶层”的主体，他们日渐保守甚至没落，竭力维护既得利益。新社会阶层的主流虽然也是改革开放以来的既得利益者，但大多是通过合法手段发挥聪明才智所得、通过市场竞争获益，对党的改革发展政策一贯持赞同态度。或许他们中有些人对政治改革会因各自立场的差异，存有一些歧见，但他们对坚持市场化改革的态度是一致的，是经济改革的动力而非阻力。再者，新社会阶层本身是松散的、变动的，并非完整的既定群体，在市场中锐意进取、敢于创新的主流新社会阶层必将继续努力推进改革进程，完善中国的市场机制的建构，并同时完成自身的发展与完善。

(二)党群关系在政治层面的影响

首先，新社会阶层的出现，使我国基本认同民主多样合理的发展态势，有利于推进政治文明建设的进程，从而成为我国建设现代化民主国家的有利条件。大部分新阶层脱胎于原有高度集中的计划经济体制和与此相适应的高度集权的政治体制，在他们的人生成长和事业发展的过程中，受行政效率低下、行政干涉过多、官僚专权独断，尤其是双轨制下不透明的“黑箱操作”之苦。中国的政治体制改革从根本上说是要顺应市场经济的要求，但这种要求是一种内在的无声诉求。而正是新阶层把这种无声的诉求转变成现实的强大声音。

其次，有助于推进中国法制建设。市场经济本质上是法治经济，没有完备的法律法规和制度，市场经济是难以正常运作的。在市场经济中摸爬滚打获得成功的新社会阶层人士，深知此理。不可否认，新社会阶层中有少数人是钻法律法规不健全的空子发财致富，甚至成为暴富阶层，但是大部分勤劳守法的新阶层在市场经济日渐深入的进程中，却感到法治滞后对其事业的不良影响。地方保护、行政垄断、政府权力膨胀所致的行政非法干预、行政官员操纵下的“黑箱操作”、制假贩假的泛滥、中介服务组织的行业败坏等因法律约束力不到位所生成的丑恶现象，使大部分新兴阶层身受其害。新兴阶层在政治身份上基本属于“体制外”人士，对中国法制的关键——依法行政要求极为强烈，非常欢迎政务公开，增加经济决策透明度，行政法治化。中国法制建设近年来取得的长足进步，在很大程度上得益于新兴阶层的呼声。随着新兴阶层整体社会地位的提高，他们对中国法制建设将会发挥更为积极的作用。

最后，新兴社会阶层经济实力的增强和阶层规模的扩大，进一步促进了其政治参与意识的成熟，他们从保护和追求自身的利益出发，尤其关心党和国家有关新兴阶层的政策。同时，他们也非常希望能够广泛地参与到政治领域中表达出自己的政治诉求，通过自己的活动影响并推动政治系统决策过程。中共山东省委统战部研究室曾对私有企业主的政治参与意识进行过一次调查，他们对 240 名私营企业主抽样调查的结果是，私营企业主积极要求参加中国共产党，已有共产党员48人，还有63人迫切要求参加，二者加起来占总数的46%。还有一批人积极要求参加民主党派。私营企业主对政治安排要求迫切，对担任政协委员、人大代表、工商联执委兴趣很浓。为什么参政意识这么强烈呢？调查表明，22%左右的答卷是因为经济实力增强后，在政治上寻找靠山，为了有说话的地方；20%左右是因为寻找发表意见、保护自身权益的渠道；20%左右是因为担任某种职务，对客户来说也是一种荣誉。[①]从目前的情况来看，全国各省、直辖市、自治区商会中虽然都有新社会阶层的代表，但由于比例太小，不足以为他们反映利益诉求、畅说心声提供充分的政治舞台。因此，党必须进一步扩大新兴社会阶层的政治参与渠道，以创造出和谐共处的政治局面，巩固党的执政地位。

（三）党群关系在其他层面的影响

首先，竞争是新社会阶层所信奉的人生和事业法则，竞争意识是现代社会得以存续、发展的重要心理基础。成功的新社会阶层大都是通过在市场竞争中获得成功的，这将对我国社会思想文化产生深远的影响。深植于大部分新社会阶层心中的民主意识、法制观念必将随着新社会阶层的成功和社会竞争的激烈化、规范化而发扬光大，成为社会思想文化的重要主旨。此外，新社会阶层还为社会主义思想文化提供了其他积极、健康的合理成分，如求实、进取、敬业精神。而且新兴阶层的主体对外来的先进文化能以宽阔的胸襟，积极主动地吸纳、消化并融合到中国本土文化中，如把国外的管理理念和中华管理文化“中西合璧”形成诸多成功的企业管理模式，为中国社会主义新型文化建设提供了一定的动力。

其次，合理的社会分层与流动是社会健康发展的重要条件和保障。改革开放前那种僵化的以身份制为核心的刚性社会结构，使整个社会活力大打折扣。新社会阶层的出现到目前为止尚不能说是合理社会分层结构的形成，但它至少打破了原来僵化的“二元三分”模式，为合理的社会分层和社会流动创造了基础性条件。

最后，新的社会阶层中的不少人热心参与如“希望工程”“光彩事业”等扶贫支农事业，还有不少人在大灾大难面前主动捐资赈灾，在支持党的社会

① 杨继绳著：《中国当代社会各阶层分析》，甘肃人民出版社，2006年，第238页。

公益事业中发挥了巨大作用。

总之,新社会阶层是劳动者而不是资本家,虽然他们许多属于脑力劳动者。他们凭知识与智慧发家致富的同时,也为社会创造着巨大的财富,与社会其他阶层一样,也是建设中国特色社会主义必须依靠的对象。他们对社会的影响,积极面大过消极面,这一点是必须充分肯定的。因此,党必须正视这些影响,根据发展变化的新情况,及时调整路线、方针、政策,以保持党同社会各阶级阶层群众之间的血肉联系。

第四章
利益多元化格局中党群关系面临的热点问题评析

经济基础决定上层建筑，经济关系决定政治关系，这是马克思主义的基本观点。政党政治作为上层建筑的核心层，不能不承受来自深刻的经济和社会变迁的巨大影响。利益多元化格局是中国社会转型的必然过程，意味着中国共产党执政环境和加强自身建设的经济和社会条件发生了重大变化。利益多元化格局对党的意识形态、组织体系、制度体系和政治功能提出了新的要求，对党的执政方略、执政方式、执政体制、执政基础、执政地位提出了严峻挑战。

第一节　利益观念变化对党群关系的影响

利益观念在传统计划经济条件下是与“一元化”联系在一起的，或者说其有效性和权威性是靠“一元化”来保证和实现的，这是与计划经济条件下单一利益关系相对应的必然结果。改革开放三十多年的飞速发展，使我国经济运作方式发生了彻底的变革，也必将引起人民利益观念的变动，使人们的价值观念、思维模式、道德情操、行为方式等都发生了改变，对思想观念原有的生存状态、组织形式以及供需格局形成了很大的冲击，使党群关系遇到了前所未有的挑战。

一、社会心理复杂化冲击了党的凝聚力

社会心理是一种不定型的社会意识，它是人们在长期的相互交往中逐渐形成的，具体表现为一个社会的风气，是一个社会个人的感情、习俗、信念、态度、愿望的综合反映。人们之间良好融洽的心理关系是社会心理积极

健康的标志,也是构成党的凝聚力的源泉。当前,随着改革开放的不断深化,在建立和完善社会主义市场经济的过程中,社会利益结构分化重组,人们之间的利益关系也相应重新调整,以致使错综复杂的利益矛盾和冲突相应出现。社会改革的实践,在对传统的价值体系进行根本改变的同时,也必然使习惯于过去的传统社会生活秩序的人们产生巨大的心理冲击,影响着思想观念的变革和心理素质的嬗变:在社会利益结构剧烈变动的同时,人们却由于惯性的作用往往不能及时顺应外界的变化对心理结构作出相应的调整,以致心态失衡,使人们在对人生的实践和自我完善的过程中,产生出失望、焦虑和无所适从的复杂社会心理。具体表现在以下三个方面:

(一)开拓创新意识萌发,而理性选择欠缺

改革本身就是一种开拓创新的精神和行为,利益多元化格局的发展趋势使人们的创造精神不断迸发出来,使传统的因循守旧、求稳怕变的心理受到了极大的冲击,而积极竞争、进取向上的现代心理却萌生了出来。正是在创新精神的指引下,我国各个方面的发展才能取得举世瞩目的成就,发生翻天覆地的变化。但是开拓创新意识的萌发却并没有摆脱历史的重负,在社会发展过程中的每一个阶段都有来自于人的自利本性和那些旧体制下的既得利益者们的强烈反对,从而使经济利益的发展与人们利益观念的发展不相适应。其所带来的必然结果,就是经济利益的快速发展与仍在发挥作用的传统利益观念之间相互矛盾和脱节,两者之间的矛盾不断升级,将最终导致人们的思想观念和心态上出现大量的失范和紊乱情况。这就决定了利益多元化格局在发挥主体性和创造性的同时,很容易出现从需求被极度压抑转移为欲望极度膨胀的境地,从而导致开拓创新精神不可避免地带有相当的盲目性。

(二)主体意识强化,但社会责任感淡薄

利益多元化格局的发展趋势使民众追求利益的意识发生了觉醒,承认并肯定了各利益主体追求各自利益的正当性,使个人利益从传统的一元化利益格局的束缚下彻底解放了出来。在这一转变的过程中,人们极力通过各种渠道和方式追求各自的理想和价值,强烈要求社会能够尊重并认可其个

性的体现和自我价值的实现。这是主体意识得到不断强化的显著标志。但是在实现个人自由发展的社会条件尚未达到，对传统的崇权依附心理没有彻底根除的条件下，就极易出现要么过于强调自我而忽视他人和社会的独立性，要么把追求权利和攀附更高的权力作为实现自我价值的捷径。这必然导致人们在实际生活中更多地从个人立场、个人利益的角度来进行行为的自我选择，而对改革之成败、国家之兴衰等自己所应承担的社会责任却漠不关心，淡然处之。

（三）效能意识逐渐生成，奉献精神却日益衰退

正确处理效率与公平的关系是社会主义利益格局调整中的重要问题。在利益多元化格局日益彰显的今天，我们对“精神万能”进行了扬弃，逐渐提升了“物”在社会生活中的地位，公平竞争、物竞天择、适者生存的观念得到了强化并占据了主要地位。社会主义制度的建立，必然要求个人效能与对社会奉献的一致性，个人的效能越大，其对社会的奉献也应该就越大。因为普遍得利并不是平均得利，只有实现物质报酬与个人效能的表现挂起钩来，才能促进社会生产的发展，使普遍得利获得坚实的物质基础。但是在社会主义初级阶段生产力还不是很发达的情况下，不可避免地存在着一些分配不公的现象，从而扩大了金钱价值的市场，导致人们的求同实用心理固化了这种金钱价值观的效应。这就使人们逐渐养成了重物质轻精神，重效率轻公正的利益观念，在摒弃传统的“统一意志”主导价值观的同时，很容易走向另一个极端。个人的努力动机不再是为国家、为社会，而更多的是把个人利益的得失当成了最高标准和唯一标准，甚至出现个人利益、本位利益同社会利益相背离的现象。在传统思想文化被否定后，又没能马上建立起与利益多元化格局相适应的思想文化条件，人们虽然得到了物质上的实惠，却不免在精神上感到失落，从中暴露出效能与奉献的矛盾。这就使得西方腐朽文化乘虚而入，人们在心中悄然建立起拜金主义、功利主义等价值观念，与此同时，却把奉献精神、理想信念等束之高阁。

在利益多元化格局的发展过程中所普遍存在的这些社会心理问题，使人们产生了激烈的思想阵痛，经受了心理痛楚的煎熬。更为严重的是，社会心理复杂化对党群关系的挑战往往不止于心理层面。行为科学表明，人的思想、态度是决定行为的重要因素。对于内心中充满了不公平感、受挫感、危机

感等焦虑心理的人来说,就会对党表现出抵制、怀疑甚至否定的态度。其直接的结果就是,他们难以按照党的要求来提升自身的道德品质,符合其具体的规范,极易使虚无主义和无政府主义思潮蔓延开来,从而严重削弱党的凝聚力,威胁社会的改革、稳定和发展。

二、价值取向多元化削弱了群众的政治辨别力

随着市场经济体制的逐步完善和成熟,有着不同利益诉求的利益主体纷纷涌现,经济利益多元化的社会利益格局呈现出明显的发展态势。每一个具体的利益主体的社会地位、教育程度、利益追求各不相同,从而使他们的思想观念、道德准则、内心情感等方面也必然存在着差异,导致了价值取向多元化格局的产生。在这一新形势下,如何处理好价值取向多元化与社会主义主导价值观一元化之间的关系,就成为摆在我们面前的一项重大课题。

价值取向的多元化并不一定意味着各种价值取向都可以处于相同的地位。在人类以往的所有时代发展过程中,都需要有一种能为绝大多数社会成员所普遍认可的价值观去作为人们行动的导向、行为的规范,以促进社会稳定而有序地发展。因此,在当前价值取向呈现出多元的发展态势时,就必须建立一种主导的价值体系来起到整合的作用。马克思曾明确指出:"占统治地位的思想不过是占统治地位的物质关系在观念上的表现,不过是以思想的形式表现出来的占统治地位的物质关系。"[①]这就充分说明了在任何国家、任何民族,都有体现其一定生产方式和社会经济结构本质要求的、表达国家意愿与统治阶级根本利益的主导价值观,这种主导价值观必然也只能是一元的。绝不能因为价值取向出现多元化的状况就否认主导价值观一元化对一个国家、一个民族发展的引导、凝聚作用。"它是一个国家、民族存在发展的独特所在。缺乏'一元'导向的民族和国家,也就丧失了得以凝聚这个国家和民族的内在力量,也就失去了得以挺立的内在支柱。"[②]

我国传统的社会主义主导价值体系是建立在高度集中的计划经济制度之上的,其社会基础是一个分化程度很低的单一社会结构,这使得主导价值体系具有了高度的号召力和整合力。一方面,中国共产党的意识形态在领导

---

① 《马克思恩格斯选集》(第一卷),人民出版社,1995年,第98页。

② 赵宏义:《学校德育回应社会多元化现实的思考》,朱小曼主编:《道德教育论丛》(第二卷),南京师范大学出版社,2002年,第164页。

革命成功后就具有了一种天然的合法性,并通过号召、动员对共产主义的信仰追求而得到了广大人民群众的认同;另一方面,在新中国成立后的头几十年中,在发展经济、稳定物价、消除贫困,特别是在实现社会公平方面,中国共产党的主导价值体系均获得了高度的社会认同,形成了集体主义的价值取向。在这种价值取向之下,国家和集体处于至高无上的地位,个人必须服从于国家和集体的领导,根本不存在个人主动性的发挥。在这种高度集权的统一领导体制下,必然会使一部分人的权力范围急剧扩大,同时封建专制的人治思想观念的束缚和权力约束机制的缺乏,就使得个人崇拜式的人治文化充斥了社会生活的绝大部分领域,占据了价值体系的主导地位。在社会主义市场经济条件下,随着经济成分、社会组织、利益关系的多样化发展,人们的价值观念、理想信念、道德品质等方面也表现出多样性和差异性,传统的价值取向一元化格局日趋呈现出多样性和复杂性的变化。虽然从社会发展的总体趋势来看,社会成员在价值取向上的多元化反映了历史的进步,有利于价值观的比较和借鉴吸收人类的先进思想、文化成果。但不可否认,在一定时期和范围内,鱼龙混杂、参差不齐的各种价值取向,容易造成人们思想状况的混乱、价值选择的迷茫,使人们往往难以形成统一的价值判断,并作出正确的价值选择,进而对人们的政治辨别力产生严重的负面影响。

首先,反主导价值体系的思想不断出现。从目前来看,我国广大人民群众虽然在根本上都统一在社会主义和爱国主义的旗帜下,但经济基础对思想文化起着决定性的作用,自然经济、计划经济和现代市场经济是各不相同的经济体制,由此也决定了在其基础之上的思想文化之间也必然存在着重大差异,处于矛盾和摩擦之中。自然经济条件下的传统文化中所包含着的特权思想、宗法意识、等级观念等思想文化都大量沉积在各利益群体对当代思想文化的认知中,不时地在当代国人的思想和行为模式中表现出来。与此同时,随着依法治国基本方略的进一步实施,政治体制改革积极稳妥地推进,社会主义政治文明的发展,政府职能的转换,国家有步骤地从社会领域中的退出,这些全新的变化都使得市民社会的生存空间不断扩大,社会个人由过去的只是义务的承担者转变为权利和义务的统一体,获得了相应的权力。这时,与主导价值体系相抗衡的自由主义、宗教神秘主义、民族分裂主义等社会意识形态就有了存在的可能,这与有中国特色的社会主义主导价值体系是完全不相融的,在各个层次上形成了对峙和交锋。这种价值观念的冲突必然使社会成员的思想观点发生分化和混淆,从而降低主导价值体系的整合作用，极大地影响了人民群众的政治辨别力。

其次，主导价值体系的导向功能受到削弱。思想文化建设的主导价值体系是具有明确导向性的社会实践活动，其目的就是要把占统治地位的价值观念、政治观点、道德规范转化为个体的思想品德。其导向功能的发挥就是最大限度地使社会成员秉承社会主导价值观，进而形成符合社会发展要求的品德结构。这是由思想文化建设的固有属性所决定的。随着我国社会利益结构的进一步转型，经济成分多样化的出现，社会个体开始从过去的“单位人”向现在的“社会人”转变，公众意识的独立性倾向和多样化趋向明显加强。虽然目前所出现的多样性的意识形态与主流意识形态发生直接冲突的可能性尚小，但公众意识呈现的多样化趋势显然与人们在过去迷信权威，在思想认识上保持自上而下的高度一致性不同，开始用批判的眼光对政治现实、意识形态进行审视，并形成各种不同的意见和看法。由此，实用主义、相对主义、功利主义、极端个人主义、享乐主义、拜金主义等与主导价值体系相去甚远的思想观念，也逐渐成为部分社会成员的新人生哲学，从而使这些人产生崇拜物质利益、追求金钱的价值转向。在世界社会主义运动还未复兴、国外敌对势力对我“和平演变”阴谋不死的大气候下，国内有些人提出了“马克思主义”是否还应该坚持、是否已经过时的疑问。一些贫困阶层在基尼系数不断上升的情况下开始怀疑“共同富裕”的权威性、现实性、可能性，甚至一些仇视社会主义的破坏分子公然散布取消中国共产党的领导、走资本主义道路的反动言论。这使得公众价值取向与主导价值体系的契合度大为降低，使我们党的主流意识形态的价值信仰发生动摇的可能性大大增加。

总之，在利益多元化格局的背景下，不仅社会成员的利益追求多元化了，而且社会成员的意识形态也发生了分化。在这个过程中，社会成员既形成了共同的价值取向，又存在着很大的观念差别，如果处理不好价值取向多元化与社会主义主导价值体系之间的矛盾问题，很可能导致“以自我为中心”的利己主义和极端个人主义的出现，使人们各行其是，淡化整体和全局观念。这种状况在客观上很容易造成对社会主义价值体系主导地位的冲击，动摇思想文化建设赖以存在的根基，给党群关系带来的挑战是极为严峻的。

三、道德规范弱化侵蚀了社会的道德根基

人类社会的道德实践证明，一个国家、一个民族的思想文化的优劣，社

会风气的好坏，是以人们能否具有良好的道德意识和道德规范为基础的。而各个国家的道德意识和道德规范又是以一定的社会利益为产生基础的。恩格斯曾明确指出，在阶级社会，道德始终是阶级的道德，它或者为统治阶级的统治和利益辩护，或者当被压迫阶级改变得足够强大时，代表被压迫者对这个统治的反抗和他们的未来利益。[①]所以道德与利益之间存在着密切的联系，利益决定着道德规范的产生和发展，道德不仅是经济体制的反映，而且还是经济体制建立、发展和完善不可或缺的精神条件和重要因素。

我国自古以来就非常推崇伦理精神和道德力量，作为我国传统文化主体的儒家文化最早系统地提出了德治的思想，“为政以德，譬如北辰，居其所而众星拱之”[②]。意思是说，如果统治者能够用德行来治理国家，那就像天上的北斗星一样，众星围绕环抱于它。儒家文化所倡导的德治思想包含了这样的逻辑，即通过道德教化和道德楷模来影响人、影响社会风气、维持社会秩序，最终实现天下太平的理想。这个理想的实现过程，已为中国两千多年的封建社会所实践，其存在和延续有其哲学的依据和思想基础，对国人产生了深厚的影响。新中国成立后，我们的思想文化受“以阶级斗争为纲”“政治挂帅”等“左”的错误的影响，片面地割裂了物质文化和精神文化之间的联系，过分强调精神万能，以致出现了文化观念的虚无和道德适用的泛化，造成了中国社会价值观和政治信仰的扭曲。新中国在消除帝国主义的文化侵略、批判封建思想、发展文化教育事业等方面取得了举世公认的成就，人们的精神面貌和社会的道德风尚都较之过去发生了翻天覆地的变化，以爱国主义、集体主义、社会主义为核心的思想文化观念和团结友爱、平等互助的伦理道德蔚然成风。对此，邓小平曾作过明确的论述：“革命的理想，共产主义的品德，要从小开始培养。我们党的教育事业历来有这样的优良传统。革命战争年代，儿童团员、共青团员创造了可歌可泣的英雄业绩。全国解放以后，我们的教育工作，我们的青年团、少先队的工作，发扬光大了过去的优良传统。在很长的一段时间里，广大青少年好好学习，天天向上，爱祖国，爱人民，爱劳动，爱科学，爱护公共财物，英勇机智地同敌人、坏分子作斗争，树立了一代新风。学校风气的革命化促进了社会风气的革命化。这种风气不仅是中国历史上从来没有过的，而且受到了世界人民的赞誉。”[③]

---

① 《马克思恩格斯选集》(第三卷)，人民出版社，1995 年，第 133~134 页。

② 李泽厚著：《论语今读》，三联书店，2004 年，第 47 页。

③ 《邓小平文选》(第二卷)，人民出版社，1994 年，第 105 页。

党的十一届三中全会以来，中国共产党从社会主义初级阶段的基本国情出发,使工作重心实现了由“阶级斗争为纲”向“以经济建设为中心”的转变，新时期我国社会主义建设的指导思想也正是伴随着这种转变而完成了对思想文化的进一步创新和发展。市场经济体制的建立和发展,逐渐改变了人们长期以来形成的僵化、保守的社会心态,逐渐克服了在计划经济体制下养成的因循守旧、故步自封、安于现状的惰性,促使人们的平等意识、主体意识、创新意识得到觉醒并进一步强化。但另一方面,我们也要看到,市场经济在注重个人主动性和创造力的同时,也诱发了拜金主义、享乐主义的倾向,冲击了人们的精神生活和思想文化观念,助长了重利轻义、贪图享乐的反道德、反主流文化现象的滋生。其原因在于市场经济是围绕价值规律运转的“实利经济”,各利益主体都在试图通过商品生产、交换、分配和消费来取得最佳的经济效益,实现利益的最大化。然而“商品形式在人们面前把人们本身劳动的社会性质反映成劳动产品本身的物的性质，反映成这些物的天然的社会属性，从而把生产者同总劳动的社会关系反映成存在于生产者之外的物与物之间的社会关系”。“劳动产品一旦作为商品来生产,就带上拜物教性质。”[①]货币本来是商品价值的表现形式,金银作为货币,不过是因为它们适合于充当商品交换的“一般等价物”。但在市场经济条件下,有些人却对商品、货币、金银这些人类创造物,产生一种过度的依赖和崇拜。正如马克思所批判的那样:“钱是从人异化出来的人的劳动和存在的本质；这个外在本质却统治了人,人却向它膜拜。”[②]现在社会上盛行的拜金主义价值观就是这种消极影响的反映,它把人生价值和商品价值混为一谈,用财富、金钱来评判人的价值,把人创造的金钱看作能够支配人的力量来顶礼膜拜,进而把纯粹的金钱关系作为了衡量人与人之间关系的标准,认为金钱才是至上的、万能的,幸福就是追求个人的快乐和享受,从而放弃了道德情操和理想价值的追求。可以说,金钱尺度一旦独断化,货币的职能就会被扭曲和放大为在一切社会关系领域中起万能的作用,就会使人成为物的奴隶,成为丧失灵性的纯粹自然人和经纪人,逐渐造成人的主体性的全面丧失。

在这种拜金主义、享乐主义思潮的冲击下,一些人的道德水准和思想文化素质必然急剧下降,使社会主义的主导价值体系和道德规范受到排挤。在

① 《马克思恩格斯全集》(第23卷),人民出版社,1972年,第88~89页。

② 《马克思恩格斯全集》(第1卷),人民出版社,1956年,第448页。

市场经济的发展过程中，宣传奢靡颓废、色情暴力的书刊音像制品屡禁不止，一些企业利欲熏心，非法雇佣童工，虐待女工，肆意增加劳动强度，许多个体经营者、私营企业主丧心病狂地使用对人体有害的物质加工食品和药品，某些政府官员在金钱面前也把全心全意为人民服务的宗旨抛到了脑后。所有这些丑恶的、不人道的思想文化与行为方式不仅严重阻碍着改革开放和社会主义现代化建设的进程，而且严重侵蚀了思想文化建设的道德根基，使人们显现出反道德、反文化的浮躁和病态。当前，利益多元化格局的趋势正在使物质对精神的统治不断产生出有支付能力的但却是非理性的需求。当力量战胜了理智，眼前利益战胜了长远利益，其恶果只能是道德沦丧、物欲横流、腐败成风。

第二节 利益分化过大对党群关系的影响

从当今世界发达国家的发展经验来看，现代化必然导致社会利益结构的分化，出现经济利益多元化的发展趋势。我国在 1840 年以后，虽然商品经济的导入使过去传统的自然经济随之解体，但在小农经济以及近代新式工业的综合作用下，形成了积重难返的城乡二元结构。1949 年新中国成立之后，我们打碎了阶级体系，缩小了不同利益主体之间的差别，确立了公有制经济的主体地位和计划经济体制，形成了以国家利益为重心的利益单一化和平均化的局面。1978 年改革开放以后，以市场经济为导向的改革开放使我国传统计划经济体制下的利益格局被打破，开始由同质性社会向异质性社会转型。当市场取代再分配成为资源配置的基本机制时，利益的分配也就不是取决于国家的意志，而是市场和社会中的利益博弈。在博弈的过程中，必将使原有的社会阶级、阶层、利益群体发生结构性变化，利益取向大体一致的人们结成了利益共同体展开博弈，利益分化开始逐渐加深，利益主体由相对的单一化逐渐转向多元化，从而使经济利益多元化的社会格局开始萌生并进一步发展。

一、我国利益分化的展开过程

历史唯物主义告诉我们，有一定生产力的发展状态，就会有与之相适应的生产、交换和消费方式。在一定的社会历史条件下，对社会利益结构作出一种合理的安排，理顺资源的"占有—生产—交换—消费"之间的关系，才能促进经济的发展和社会的进步。所以人们在追逐利益的过程中，既受到社会生产力发展水平的制约，又受到社会制度的限制，特别是具体的利益分配制度的约束。社会财富的总量和资源的分配制度决定着社会经济利益格局的产生和形成，影响着各利益主体之间的关系。因此，只有对我国近代以来社会利益结构的变迁进行深入的探究，才能正确把握当代中国的社会利益结构，这也是我们正确认识当前利益分化的根本前提。

（一）1840—1949 年我国社会利益结构的基本状况

从鸦片战争到新中国成立这一时期的社会利益结构是封建社会利益结构向资本主义利益结构过渡的阶段。在这一时期，打破了封建主义一统天下的局面，社会利益集团除了王侯将相等少数特权阶层以外，还有士农工商的划分与排列，产生了无产阶级和资产阶级，使两千年来中国社会的利益结构彻底改变。但从封建社会的等级结构中脱胎而来的中国社会却并没有因此很快发育出现代社会的基本因素，在本质上仍是社会学家费孝通先生所说的"乡土社会"。

首先，工业化进展步履艰难。中国的工业化起始于半殖民地、半封建的中国近代社会。最早诞生的一些民族资本家原本是外国资本家在中国经商的助手，被称为"买办阶级"。他们最早集聚了大量财富，用来建立现代企业。因此，我国工业化的发展既受到外国资本主义的巨大压力，又受到国内封建势力的严重摧残，带有深厚的买办性和封建性。一战期间，外国资本的退出为中国打开了全新的国内和国外市场，迎来了民族资产阶级的黄金时代。但在 1928 年蒋介石掌权后，缺乏一个现代民族国家的可靠支持以及资本和技术的缺乏，使中国民族工业只能集中于轻工业，而无法涉足如钢铁、机械等重工业。在承受种种经济、政治和军事的压力下，作为现代社会因素的新型工业部门的发展必然步履艰难，异常缓慢。到 1949 年，现代性工业只占国民生产总值的 10%左右。[①]

其次，城市化进程缓慢推进。随着中国工业化步履艰难的发展，中国的

---

① 《毛泽东选集》(第四卷)，人民出版社，1991 年，第 1430 页。

城市化也开始缓慢启动。在工业化进展的过程中,中国不仅出现了上海、天津、广州、无锡、青岛等商业城市,而且出现了武汉、太原、重庆等交通枢纽城市,同时还出现了大同、唐山等矿产资源城市。这些城市的出现,显示出近代中国城市化进程中的一个重要特征,即开始以经济功能为主,向现代型城市转变。另一方面,这一时期城市的数量和规模较之于以往也表现出微量的扩张。有学者认为,中国近代社会的城市化进程经历了两个阶段:第一阶段是1843年—1893年,城市人口的比重由5.1%上升到6%;第二阶段是1893年—1949年,城市人口比重从6%上升到10.6%。[①]虽然近代以来中国城市化有所发展,但由于经济、政治以及战争等多方面的原因,其进展非常缓慢。

最后,形成了积重难返的城乡二元结构。近代中国工人阶级的成长是伴随着资本主义发展起来的。统计数据表明,到"第一次世界大战前的1913年,全国中外企业中的工人,应当在50万至60万人之间,也就是说,20年中,工人人数增加了4到5倍"[②]。尽管现代工业的产生使我国工人阶级的队伍得到进一步发展,但从总体上看,工人阶级仍然只是少数,而且多为从事棉纺业的女工和童工,形成不了主导力量。另一方面,全国90%以上的人口仍在农村,农业还是人民的主要生计。但是一些技术的引进、模式的改变并没有使农业出现现代化的发展局面,农民的生活也依然没有突破过去自然经济的传统。他们仍然依靠自有的劳动力进行各自的耕作,而没有像工业化的大生产那样进行组织协作。此外,孱弱的工业力量也没有能力吸引大量的农民加入,而农村工副业与农业的互补,使农村成为一个相对自给自足的封闭社区并固定下来。

总之,综观这一时期我国社会利益结构变迁的大体进程,我们可以看出,近代中国新的社会利益结构的产生和发展,是在中国资本主义新的生产力和生产关系的相互作用下来完成的。在分化和重新调整的过程中,虽然彻底革除了传统的君主专制体系,使资本主义工商业得到了快速发展,产生了新生力量的中国无产阶级,也由此彻底改变了延续两千多年的中国传统社会结构及利益结构。但一方面,由于工人阶级既要受到资本主义的剥削,又受到封建势力的压迫,所以实力很小;另一方面,由于当时中国的资产阶级带有封建性和买办性两重属性,所以不具有独立性。这种客观情况就使得农

① 胡福明著:《中国现代化的历史进程》,安徽人民出版社,1994年,第285页。

② 《中国近代工业史资料》(第二辑下册),中华书局,1962年,第38~39页。

民阶级实际上充当了主力军，从而也决定了支配具有现代色彩的政治经济框架的仍是一个乡土社会。在工业人口只是少数，农村人口仍占据统治地位的时候，土地占有者和土地租赁者之间的矛盾必然始终存在，随着矛盾的不断加剧，必然产生大量愿意参与革命的社会群体。特别是在面对外来帝国主义的入侵时，工农群众参与革命的热情空前高涨，使中国确立了以工农群众为基础的社会结构，这必然将对未来中国社会的利益结构产生深远影响。

（二）1949—1978年我国社会利益结构的基本状况

20世纪中叶的1949年是中国社会发展的重要年份。正是从这一年开始，中国社会从一个半殖民地半封建社会逐步向社会主义社会转变，从根本上改变了原有的社会结构及利益结构。但社会利益结构的形成和演变由多种变量制约，因而具有其独特的发展规律和路径。新中国成立后到改革开放前的三十年实践证明，试图以行政命令等人为措施来强行改变社会利益结构本身的发展规律可能在一定时期，一定程度上促进经济、社会的发展，但从根本上来看，其最终的结果必然事与愿违，使社会的发展“异化”。

首先，在国家利益至上，形成了单一的利益结构。从新中国成立后到改革开放之前的这一时期，我国实行计划经济体制，确立了单一的所有制形式，从而决定了个人利益和地方利益必须以国家利益为核心，使社会利益结构呈现单一化趋向。因为这一时期的政府把实现赶超战略的重点放在了国家利益上，所以也就必须要构建一个与之相适应的经济基础。这个经济基础的构造具有两个明显的特征：一是排斥非国有经济成分，形成“清一色”的公有制经济类型的企业，以满足高度计划化的实施和计划经济正常秩序的要求。二是对企业的所有生产和经营活动实行全面的计划控制，在生产上实行指令性计划，在物资上实行统一分配，在流通上实行统购包销。[①]在这种利益结构下，国家利益是各种活动的出发点和归宿，因而整个社会是以自上而下的行政命令为运行方式的。各级地方政府没有独立的利益主体地位，其政绩主要表现在执行中央计划的完美程度上，缺乏反馈系统，更缺少横向的沟通和协调，使政府、社会组织和个人之间统一在一起。因此，在我国近三十年的计划经济时期中，其利益格局在总体上呈现出高度的整体性：国家极强、社

① 周振华著：《体制变革与经济增长——中国经验与范式分析》，上海人民出版社，1999年，第220页。

会极弱，国家几乎垄断了全部社会资源及其配置权，全面渗透和控制社会生活的一切方面，带有强烈的纵向权威性。

其次，社会阶层分化单一，缺乏社会流动性。1949 年中国革命的最主要特征就是打碎了阶级体系。新中国成立后所实行的土地革命运动就是以革命的手段消灭地主阶级，把土地平分给农民。此后，通过农业合作社的建立，又消灭了农村中的富农阶级，使农村中的最后一个剥削阶级被消灭了。农民阶级至此成为社会主义集体经济的重要组成部分。与此同时，城市也开展了利益主体整合的改造运动。通过利用、限制、改造的政策，把城市中的私营企业先变为“公私合营”的方式，后来逐步变为国家所有和集体所有两种形式剥夺了资产者的所有权，使民族资产阶级的阶级载体彻底消失了。通过生产合作化的方式，将小资产阶级逐渐变为工人阶级，并把知识分子也从各阶级中整合起来成为工人阶级的一部分。这样，以 1956 年社会主义改造的完成为标志，中国的社会利益结构便以单一化、趋同化和板块化为基本特征，总体上呈现出“两阶级一阶层”的基本利益结构框架。与这种经济体制相适应，国家采取了身份制、单位制和行政制等一系列组织化方式，作为规定利益的界限。每个社会成员对资源分配的多少，是以其身份、单位、行政级别等为条件来决定的。一旦一个社会成员在社会中的位置被确定下来，就会固定地拥有一个与之相适应的权利范围，以此来获得相应的利益。如果有人感到对自己的利益获得不满意的话，那唯一的办法就是千方百计地改变自己的身份和社会地位。但由于国家把所有社会成员都置于行政控制之下，使每一利益群体的边界非常清晰，形成类似金字塔式的结构，因而使不同利益群体之间一般很难流动，甚至是不可能的。这样，到 1978 年为止，根据政治身份、阶级成分和职业特点，整个社会就被分成工人、农民、干部和知识分子四大主要利益群体。

最后，利益差距平均化，利益竞争程度较低。在以国家指令性计划为资源配置的主要方式，社会阶层分化缺乏流动性的条件下，企业和劳动者没有任何自主权，更没有要求利益的自主性。这种整体性的社会利益结构从根本上决定了这一时期人们之间的利益竞争程度低，不存在大的利益差别，均等化程度较高，是一个典型的财富均等时期。据计算，“我国城镇居民收入分配的基尼系数 1957 年为 0.16，1964 年为 0.18，1978 年为 0.16；农村居民收入分配的基尼系数 1952 年为 0.23，1978 年为 0.22；全国居民收入分配的基尼系数 1961 年为 0.31，1978 年为 0.31"[①]。这充分说明了我国在近三十年的计划经济时期里，人们之间的收入差距非常小，非常稳定。在我国社会主义条件下，存在着全民所有制以及集体所有制两种公有制形式，由此存在着与之相应的分配方式，决定着人民群众的经济来源。全民所有制企业的工资制度在从 1956—1977 年的二十多年的时间里，总共只进行过三次小范围的工资调整，而且主要是给少数工资很低的职工提级，绝大多数职工在很长时期工资都没有调整。[②]在人民公社的体制下，农业集体经济单位主要是以不固定分值的工分制来计算的，这使农民主要靠工分来区分利益之间的差距。在这种利益结构中，人民内部相互之间的利益关系实质上就是社会化大生产过程中的合作关系，以劳动量作为分配利益、获取报酬的标准，片面强调人们之间的平等性。由此利益主体出现了高度的政治化和单一化，使不同个体和群体之间的利益在整体的协调和控制下趋于平均化。

总之，在这一段历史时期，我国的社会利益结构是以单一的公有制和计划经济体制为基础的。国家几乎掌握着全部社会资源，居于主导地位，成为整个社会中唯一合法的利益主体，使各群体、个人利益淹没在国家利益的强大光芒之中。这种单一的所有制结构和行政一体化的扩大必然使整个社会呈现出整体性特征，从而使各个利益主体失去了自我发展的空间，整个社会也丧失了协调发展的动力。因此，虽然在这一时期也存在收入上的差别，但在国家整体的控制和协调下，各利益主体无法实现独立的利益要求，使社会利益结构在总体上呈现出单一化、均等化的趋向。仅存在自在的利益群体，而不存在自为的利益群体，利益结构所固有的多元化、流动性等特点被强制地压下来，没有出现。

（三）1978 至今我国社会利益结构的基本状况

邓小平站在国际、国内形势出现新变化的历史条件下，对以牺牲社会发展动力来维持表面稳定的传统社会利益结构进行了深入思考，敏锐地觉察到"中国的社会从一九五八年到一九七八年 20 年时间，实际上处于停滞和徘徊的状态，国家经济和人民的生活没有得到多大的发展和提高"[③]。正是在

① 黄泰岩：《个人收入差距变动的中国假说及其验证》，《中国特色社会主义研究》，2000 年第 5 期。

② 薛暮桥著：《中国社会主义经济问题研究》，人民出版社，1983 年，第 95 页。

③ 《邓小平文选》（第三卷），人民出版社，1993 年，第 237 页。

对“贫穷的社会主义”进行了深入思考和重新认识后，于 1978 年 12 月召开的中国共产党十一届三中全会便成了一次划时代的会议，全会作出了实行改革开放的新决策。我国从此开始了经济、政治、文化等各个领域的大规模改革，“就其引发社会变革的广度和深度来说，是开始了一场新的革命……是又一次伟大革命”①。无论从横向上还是从纵向上看，改革总是围绕着利益关系的调整而进行的。我们也正是在深入思考“什么是社会主义”和“怎样建设社会主义”的基础上，对社会主义的本质有了清醒的认识，进而对社会利益结构进行了重构，使中国的经济发展和社会转型进入了快车道。

首先，经济成分多样化，利益主体多元化。在传统计划经济条件下，我国建立了高度集中和整合的一体化社会，整个社会同质同构，利益主体的多元化现象并不存在。随着改革开放政策的确立，我国逐步形成了以公有制为主体、多种所有制经济共同发展的所有制结构，以及以按劳分配为主体，多种分配方式并存的分配制度。随着公有制实现形式的多样化，特别是各种非公有制经济的迅速发展，使社会资源占有和经济力量日益分散化、多元化。这不仅使获利渠道发生了变化，还使利益主体发生了剧烈的变动。一是使得原来还不太明确的利益主体明朗化。随着改革的深入，原来的工人、农民、知识分子三大群体进一步分化，利益主体更加多元化。二是有着不同利益要求的新利益主体应运而生。随着多种经济形式的发展，各种独立生产经营者大量地涌现出来，如个体经营者、私营企业主，以及民营企业、“三资企业”中的管理人员、技术人员等。同时，市场进程的不断加速，对现行的基本经济制度和政治体制的的影响进一步深入，使很多事业单位开始纷纷转轨，也具有了利益主体的独立地位，并必将带动一大批隐性利益主体的出现。多元化的利益主体出现，充分表明国家已经承认了“利益”所发挥的作用，各类利益主体都受到尊重，个人追求各种利益的合法性得到广泛承认，并受到法律的保障。

其次，分配方式多样化，竞争性得到极大增强。改革开放以前，我国居民的收入分配是比较平等的，“无论是革命战争年代实行的‘军事共产主义’分配方式，还是建国以后长期实行的‘低工资高就业’政策及‘大锅饭’的平均分配制度；无论是对单位领导，还是对普通职工而言，平均主义的影响与习惯势力均可谓根深蒂固”②。在这种高强度的利益整合，特别强调平均分配的机制，必然使各利益主体之间的差异极小，把其潜在的对利益的特殊要求压

① 《中国共产党第十四次全国代表大会文件汇编》，人民出版社，1992 年，第 3 页。

② 李强著：《社会分层与贫富差别》，鹭江出版社，2000 年，第 212 页。

抑和抹杀掉了。实行改革开放后,在允许一部分人先富起来政策的制定和实施下,打破了我国原有利益分配格局基本上处于均等化的状态,而非均等化的利益分配格局逐步形成。以按劳分配为主体的多种分配形式并存的新分配政策的导向使过去单纯依靠政府、行政单位配置资源的方式转向由市场自由配置资源的方式,从而决定了不同利益主体之间的分配差别,使不同利益主体的分配格局呈现出多元化的发展趋势。分配方式的根本变化,使我国彻底摆脱了以前“依附型”的利益结构,人们开始以平等主体的资格谋取各自的利益,每个人利益获得的多少都取决于其对市场的贡献,人们之间的依附关系被竞争关系所取代,“普遍竞争”成为了社会生活中的核心。这无疑极大地调动了劳动者的积极性,在深层次上成为我国阶层变动的重要激发因素。

最后,社会利益结构分化,社会流动急剧增加。在改革开放以前,中国社会一直处于“大政府、小社会”的状态,上层的国家权力发达而富有控制力,下层的个人权力结构分散,力量弱小。这就决定了利益边界的划分是由外在力量决定的,每个利益主体是根据各自的社会身份来获得相应的利益资源的,一旦其社会身份在某一位置上固定下来,便不易流动。改革开放以来,我国的一元化利益格局被打破,开始向利益个体化、多元化方向发展,使原来固有的“两个阶级一个阶层”发生了分化。农民群体大致被分化为农业劳动者阶层、农民工阶层、个体劳动者与个体工商户阶层、私营企业主阶层等;工人群体大致分化为企业家阶层、管理者阶层、普通工人阶层和低收入职工阶层;知识分子阶层也大致可分为管理者阶层、干部阶层和青年学生阶层。社会阶层结构的分化和流动性的增强开始使每个社会阶层都在重新审视自己的位置,大多数人逐渐接受了“让一部分人先富起来”的观念,并开始通过自己的努力和市场竞争来争取自己处境的改变,社会流动出现了前所未有的急剧增加。不仅个人可以根据自己的专长和志趣自由地选择职业,而且还出现了成批社会成员“改行”“易地”和“跳槽”的现象。市场化改革之后所出现的“经商热”“出国热”“考研热”“考公务员热”及“孔雀东南飞”等都是社会阶层成员流动急剧增加的反映。同时,原有阶层社会成员的内部流动和相互流动也急剧增加。如农民阶层的职业变动(离土)和地域变动(离乡),工人阶层的体制变动(从体制内单位即公有制单位向体制外单位即非公有制单位的流动),干部阶层的分流(从身份到职业的转化)与分化。经过改革开放三十多年的发展,我国的社会利益结构实现了由利益平均向利益分化的转变,强化了竞争和激励机制,使社会阶层的流动性增强,资源配置更趋合理,促进了经济、社会的健康发展。

总之,1978年十一届三中全会以来,我国针对传统计划经济体制存在的种种弊端实行了改革开放的政策,对我国所有制结构、资源配置方式以及劳动产品的分配都进行了深刻的变革,出现了不同利益群体和利益需求,使社会利益关系出现了新的变化。在肯定利益追求合理性的同时,也必然导致经济利益多元化现象的出现。在自由竞争的环境中,每个社会利益主体都具有较强的独立性或自主性,并重新审视着自己所处的"位置"。在此基础上,每个利益主体的创造性和积极性都将被最大程度地激发出来,从而使自己的行为成为更为理性的选择。从这个意义来看,经济利益多元化不仅不与社会主义社会的性质相矛盾,而且为促进新时期人的全面发展提供了难得的历史契机。因此,在这一时期,通过调整经济体制结构,引入市场机制使我国经济利益多元化得以发生并得到了初步的发展,这也是促进我国经济社会快速发展的一种必然选择。

二、我国利益分化产生的原因分析

在任何社会中,都存在不同的利益主体,利益主体之间存在着一定的利益差别,体现出一定的社会利益格局。社会利益格局反映了社会成员之间以及社会成员与社会之间的利益关系。社会利益格局必然是随着社会的生产力水平、意识形态等条件的变化而变动。所以在某种程度上来说,利益体系和利益格局的变动,就是社会形态的变动,就是社会历史的发展。在阶级社会中,人们之间的利益关系表现为严重的阶级对抗。而在消灭了剥削阶级的社会主义制度下,必然会出现过去对抗性的阶级矛盾逐渐削弱,力量逐渐缩小,直到最后消失。但从上述我国经济利益多元化的展开过程中可以看出,改革开放在对利益关系的调整中引起了经济利益格局的分化和失衡,使我国原来传统的一元化利益格局逐渐为利益多元化的格局所取代,呈现复杂化的多元利益关系结构。那么究竟如何进一步分析社会主义初级阶段利益分化的现象呢?这就要求我们必须对我国当前利益分化存在的原因进行深入的分析,来予以说明。

第一,生产力发展的相对落后。利益总是同一定的需要相联系的,但如果社会生产能够保证人们的物质需要像自然界所提供的水和空气那样能使每一个人都得到满足的话,人与人之间的利益关系就不会产生任何差别,经济利益多元化也就不会出现。因此,只有某种需要对象非常稀缺,在并不是每一个人都能够拥有的条件下,才会使各利益主体产生拥有这种需要对象的欲望,从而通过竞争形成经济利益的多元化。众所周知,我国的社会主义可以说是在一片废墟的基础上建立起来的,生产力水平低下。同时,人的需要是不断发展、不断提高的,当初步的需要得到满足时,又必然会产生更高层次的需要。社会生产在面对新的、更高层次的需要时,就又显得相对落后了。再有,在社会主义初级阶段,生产力的发展水平还存在不均衡的一面,每一个生产单位在资金、人员、技术装备等方面都存在着差别。在等量劳动交换规律起主要作用的社会主义市场经济条件下,那些在资金、技术装备等方面处于优势的利益主体就容易获得较高的收益,获取级差收入,从而决定了各个利益主体之间存在着利益的差别和分化。因此,只要社会生产不能达到社会主义的高级阶段,不能使每个社会成员都享有共同的需要对象,即共产主义所实现的按需分配的物质基础,那么人们日益增长的物质需要就必然会与有限的需要对象之间产生矛盾,由此而引起的利益分化现象也就是客观存在的。

第二,社会分工所决定的劳动的社会形式。从根本上来说,社会主义初级阶段的分工是与公有制的社会主义制度联系在一起的,社会主义初级阶段分工的特征也正是从这个基本特点中产生出来的。这样,在社会主义初级阶段的公有制为主体的条件下,劳动者都是不同程度地共同占有生产资料,在一定范围内根据按劳分配的原则对劳动产品进行合理分配,使处于不同生产部门和不同职业的劳动者之间存在着一定的联合劳动的关系。这就使社会主义初级阶段的分工开始具有新式分工的自觉性、自愿性、计划性的特点。但由于这种分工正处于从旧式自发分工向新式自觉分工过渡的阶段,就使得旧式自发分工所带有的劳动的分离性、强迫性等弊端仍然存在,其产生的作用和影响还在相当大的范围内存在着,这也就决定了人们社会地位的差异和经济利益的差别仍将存在。社会的个人还不是全面发展的个人,劳动在本质上还仅仅是人们谋生的手段,这使劳动者个人还不能完全按照个人兴趣来选择职业,仍被相对地固定在不同的领域、不同的职业上,对个人来说,社会主义初级阶段分工的划分还具有一定的强迫性,进而决定了社会地位之间的差别以及在利益分享上的差别。因此,在社会主义初级阶段的条件下,除了由于各个独立的利益主体在资源分配上体现的差别外,旧式自发分工的残余所造成的社会差别也同样是利益分化存在的根本原因。

第三,所有制结构的变迁。社会利益结构是社会其他结构包括阶级阶层结构产生和形成的基础。改革开放以前,我国的所有制结构存在单一国有化的趋势,个体经济遭到批判,私营经济更是无从发展,从而决定了工人、农民、干部和知识分子是我国社会利益结构中的四大阶层。而每一个社会阶层的利益来源也都是由国家统一规定、统一供给,这使每个社会阶层的利益差别非常小。改革开放后,在我国社会利益结构发生重大变化的同时,社会阶层结构也随之发生了改变。通过对传统的单一所有制的反思,我们确立了以公有制为主体多种所有制形式共同发展的新思路,彻底改变了所有制的结构。家庭联产承包责任制的实行,把土地的经营权交还到农民的手中,使农民焕发出了生产劳动的积极性和主动性,为农民的阶层分化提供了条件。个体经济、私营经济以及“三资”企业等非公有制经济迅速发展,比例急剧增加,使单一的工人阶层结构逐渐瓦解,阶层分化的领域逐渐扩大开来,增强了工人阶层的流动性。由此可以看出,在社会利益结构的变动中,所有制结构起着关键的作用,这在引发人们的组织形式、就业方式以及生活方式多样化的同时,也使传统的单一利益格局呈现出明显的多元化趋势。

第四,市场经济的引入和发展。我国的经济体制发展经历了一个从相当依赖于行政权力的计划经济体制向中国特色社会主义市场经济体制逐步过渡的独特演变轨迹。用国家力量建立起来的计划经济不仅使社会生产力没有得到发展,反而受到了许多限制,中断了从自然经济直接进入到市场经济的进程。高度集中的计划经济使商品从原料到销售的循环都是建立在计划运作的基础之上,而不是建立在市场机制的基础之上。因此,这时人们的生产是以消耗为目的,而不是以交换为目的,社会劳动和个人劳动没有本质的差别。改革开放以来,我们在反思计划经济时代经济与社会发展状况的基础上,开始引入市场经济,并最终把市场经济作为了我们经济体制改革的最终目标,促使社会生产力得到了快速发展。在社会主义市场经济体制的运行过程中,公有制经济决定了劳动产品归全体人民所有或部分群众集体所有,从而扬弃了私有制条件下资本家阶级对工人阶级的剥削。然而正由于我们处在初级阶段的现实条件下,生产力水平还很不发达,从而决定了在公有制经济以外,还有多种所有制经济成分,其中有些私有经济成分在某种程度上还有利于生产力的发展,要在一定时期内承认私人利益及其差别,这也就必然使市场经济关系中存在着利益的分化。这就使得一方面需要国家来作为整个共同利益的承担者,以体现商品生产社会化的要求;另一方面还必须承认商品生产者的相对独立性。因此,在社会主义初级阶段的市场经济条件下,个别劳动同社会劳动之间的差别体现了社会利益与个别利益之间的差别,使不同利益主体之间呈现出明显的差异性,从而展现出利益分化的发展趋势。

总之,在社会主义初级阶段产生利益分化的发展趋势有很多原因,但归纳起来,以上几点可算作其产生的根本原因,充分说明了它的存在和发展是不以人的意志为转移的客观事实。通过对这些原因的分析,我们就能准确把握社会发展的趋势和走向,重塑利益主体在追逐利益过程中的行为,为我们进一步深刻理解社会主义初级阶段存在的非阶级性的、非敌对性的利益关系和人民内部之间利益的差别提供了有力的依托。

三、利益分化过大对党群关系的影响

改革开放后,邓小平就极为重视解决贫富差距过大和分配不公的问题。早在 1993 年他就明确指出:“什么时候突出地提出和解决这个问题,在什么基础上提出和解决这个问题,要研究。可以设想,在本世纪末达到小康水平的时候,就要突出地提出和解决这个问题。”[①]毋庸置疑,中国社会在从计划经济体制向市场经济体制转轨的过程中,原来由计划经济体制所决定的利益格局必将为一种新的即由市场经济体制所决定的利益格局所取代。随着市场经济的深入推进,人们合法追求物质利益的欲望也随之活跃起来,在社会生产力的快速发展和物质财富积累不断增长的情况下,个体的利益需求与财富积累将出现明显的分化,计划经济条件下人的利益一体化、财富均等化状况必将迅速瓦解。而在这一转变的过程中所出现的利益分化也对党群关系产生了重大影响。

(一)党群之间的信任危机加重

社会要和谐,人与人之间的信任是基础。社会公信度越高,社会和谐的基础就越牢固。所谓公信力,是指在社会公共生活中,公共权力面对时间差序、公众交往以及利益交换所表现出的一种公平、正义、效率、人道、民主、责任的信任力。核心是受众对主体的信任、信赖。我们党历来重视信用建设,把

---

① 《邓小平文选》(第三卷),人民出版社,1993 年,第 374 页。

它作为治国理政的基本准则。毛泽东同志把说老实话、办老实事、做老实人作为“实事求是”思想路线的重要内容。邓小平同志把多次强调：“领导要取信于民，使党内信得过，人民信得过。”习近平同志在十八届中央政治局常委同中外记者见面时强调，“我们一定要始终与人民心心相印、与人民同甘共苦、与人民团结奋斗，夙夜在公，勤勉工作，努力向历史、向人民交出一份合格的答卷”①。可见，如果当政府信用出了问题时，就不可避免地会对社会政治、经济、文化等各个方面产生重大影响，对社会的破坏力极大。

党和政府的公信力，一方面来源于政府管理国家和公共事务的绩效，一方面来源于对公众的尊重、诚信和廉洁行政。当前，党和政府失信于民的问题主要表现在：一是一些政府机关及工作人员官僚主义、形式主义工作作风侵蚀人们对党和政府制度的系统信任。比如，执法力度不严、知法犯法、有法不依；有些政府部门乱收费，乱罚款，在政务活动中弄虚作假、虚假浮夸，在经济活动中缺乏诚信，答应的付款久拖不付，制定的政策形同虚设，承诺的事情不去履行，签订的合同中途撕毁，为显示政绩搞形象工程，劳民伤财；一些官员“了解民情基本靠汇报，经济数字基本靠编造”，如此等等，直接导致党员干部没有公仆意识与服务意识，使公众对党和政府行为产生疑问，对党和政府的信任感大打折扣。二是腐败现象、权钱交易、以权谋私严重损害人们对党员干部的人格信任。如部分领导干部利用职务之便腐败、堕落的现象层出不穷；官商黑相勾结、分配不公、损公肥私、与民争利等现象直接影响了人们对领导干部的信任。三是一些部门利益化直接危害了人们对党和政府本身合法性的信任。在部门利益的驱动下，部分政府部门将公共权力部门化、部门权力利益化、部门利益政策化甚至法律化，这种政府部门利益的形成，正在成为瓦解部分地方政府的超越性和公正性的一个主要力量，亟须关注。这些问题损害了老百姓的利益，加重了党群矛盾，使得本来已经尖锐的社会矛盾有恶化的危险性，严重影响了公众对党和政府的信任，腐蚀了国家政权的基层基础。

中组部一项调查显示，在回答“您认为当前群众对党的各级领导干部的满意情况”问题时，回答“只对中央满意”“只对地方（基层）满意”“都不满意”和“都很满意”的分别占 61.38%、8.48%、12.17%和 17.96%；在回答“当前基层群众特别是农村群众对党的各级组织的信任情况”的问题时，回答“对党的

① 《习近平谈治国理政》，外文出版社，2014 年，第 5 页。

各级组织都信任”“对党的各级组织都不信任”“对党中央信任，对地方（基层）党组织不信任”“只对所在的地方(基层)党组织信任”的分别占32.47%、7.68%、53.67%和6.57%。以上两组数据可以看出,一些群众对党和政府已经出现信任危机,党和政府在群众中的向心力明显下降。[①]一些基层党员干部也反映,一些基层党组织经常出现“说话无人听、办事无人跟”的情况,在执行和落实党的各项方针政策,特别是在落实各项改革措施的过程中,来自群众方面的阻力增大。比如,在处理群体性突发性事件、贿选事件等过程中,有的人不仅不肯主动为当地党组织提供信息,而且把提供信息的群众视为“叛徒”,有的人以个别党员干部的过激言行为借口,煽动周围群众围攻基层干部。[②]部分地区一些对本地基层党组织的作为失去信任的农民工、失地农民、失房市民以及贫困人群等城市底层阶层与当地政府的紧张关系日益显性化,群体性的恶性事件不时出现。

(二)党群之间的关系日趋疏离

在现实生活中,人们最关心的莫过于自己的切身利益。社会主义市场经济体制的建立和发展,使原有的利益格局发生重大变化,社会阶层分化不断加剧,出现了不同的利益群体和社会阶层。党群之间收入差距的适度扩大是合理的,但如果拉得太大,仅仅党员干部等少数群体更多地享受到了社会发展的成果，特别是领导干部运用职权在民主机制严重缺乏的情况下为自己谋取利益,就超越了社会的承受力,变得不合理了,就会伤害党群关系。国家统计局资料显示,国家机关、党政机关和社会团体等干部阶层年平均工资变化情况为:1978年661元;1985年1133元,1992年2774元,1995年5528元,1998年7776元。[③]可以看出,仅在从1992年至1995年两年的时间里,干部阶层的平均工资收入几乎翻了一番。全国政协常委、国务院参事任玉岭指出,2007年我国公务员加薪后,平均增幅为15%,有些高级干部在50%以上。公务员工资已超过城镇居民收入水平的2倍,超过农民的5倍多,一些高级干部的收入已经达到农民收入的30倍。[④]同时,干部阶层具有其他阶层所不

①② 中组部党建所课题组:《新时期党群关系调研报告》,《当代世界与社会主义》,2005年第1期。

③ 《中国统计年鉴》,中国统计出版社,1999年,第164~165页。

④ 任玉岭:《废除高级干部待遇终身制势在必行》,《改革内参》,2007年第6期。

具有的如乘车、住房、通讯、吃喝、为亲属安排好工作等便利。不仅如此，掌握公共权利和公共资源的干部与群众相比，总是处于强势地位。借助这种强势地位，少数干部谋求自身利益，其实际收入大大超过了其正当收入。他们或用权力直接经商，坐收红利；或贪赃枉法，收受贿赂；或钻体制漏洞，获取巨额价差、利差和租金而暴富等。以这种非法致富、权力致富而导致的贫富分化，拉开了干部群众之间的距离。

中国人民大学社会学系2003年10月进行的"全国城市居民综合社会调查"在问及"改革开放二十年来哪个群体获利最多"的问题时，在5841个有效样本中，回答领导干部获利最多的占43.6%，居第一位。①中国社会科学院"当代人民内部矛盾研究课题组"在调查中发现，被调查者在判断谁是改革开放以来受益最多的群体时，为数更多的人指向了党政干部。统计结果显示，在划定的十个群体类别中，只有两个群体被半数以上的被调查者认为是改革开放以来受益最多的群体，一是党政干部，二是私营企业主。其中有59.2%的被调查者认为党政干部是改革开放以来受益最多的群体（被调查者越处于社会下层，对自身的生存状况越悲观，越容易将党政干部认同为改革开放以来收益最多的群体），排名第一。除此之外的其余群体，都未被一半以上的被调查者认可为改革开放以来受益最多的群体。54.7%的人认为腐败现象是位居第二的城市社会问题（第一位是失业下岗70.4%），党群冲突是位居第三位的矛盾冲突（表明许多社会公众对党群关系持不甚乐观的态度），说明社会公众当前普遍认为党政干部是改革开放的主要受益者。②中科院社会和谐稳定报告调查显示：在列举的富人/穷人、干部/群众、城里人/乡下人、雇主/雇员、管理者/被管理者、高学历者/低学历者、体力劳动者/脑力劳动者等大社会差别中，有17.5%的人认为领导干部与群众之间差异最大，仅次于贫富差别，占第二位，关于哪两个群体之间最容易出现矛盾和冲突的问题，28.3%的被调查者认为是党群关系，居第一位。③为什么人们普遍认为贫富之间差距大，但穷人和富人之间并不是最易发群体冲突的；党群之间的差异排在第二位，但发生冲突的可能性却上升为第一位？除了穷人和富人之间的关

① 郑杭生、李路路主编：《中国人民大学中国社会发展研究报告2005》，中国人民大学出版社，2005年，第53页。

② 梁栋：《中国党政干部及干群关系的调查分析》，《社会蓝皮书2004年：中国社会形势分析与预测》，社会科学出版社，2004年，第153页。

③ 李培林等著：《中国社会和谐稳定报告》，社会科学文献出版社，2008年，第78页。

系不属于直接支配关系，因而冲突可能性较小，人们对靠努力拼搏、致富能力强、教育程度高而致富的“先富群体”是被认可的，所不能被接受的是那些不为法理所容的致富方式（如贪污腐败或侵吞国有或集体资产，以不正当的手段赚钱等）导致分配不公和贫富差距的不断扩大。这种方式必然引起人们心态的不平衡，引发部分群众对党的现行政策产生怀疑和不满，甚至还可能引发社会动荡，严重地影响干群关系。

在新的历史条件下，随着人们的思想、文化、利益、需求以及人们所处的社会阶层的多样化，党群关系的主体呈现多元化趋势，党政干部和群众的构成不只局限于工人、农民、知识分子，同时还包括新出现的社会阶层，党政干部和群众的追求和价值取向多元化，党群之间日趋疏离，表现为：第一，党政干部在政治资源、社会交往和经济收入上与普通群众拉开了距离，普通老百姓尤其是处于弱势的群体与党政干部缺乏感情上的认同，党群之间的感情渐渐疏远。第二，随着社会流动性加快，许多人在不同所有制、不同行业、不同地位、不同地域之间频繁流动，劳动者身份和地域的流动性、不确定性增大，党群交流难度加大，群众的呼声不能及时反映到党的干部那里。第三，党群之间在思想认识上存在分歧和差距，群众意愿与党的意图、干部的工作指导思想之间还很难达到有机统一。出现了党政干部感叹“不知道群众在想些什么”，群众埋怨“不知道党政干部在干些什么”的现象。这些情况在经济、政治、文化等领域都有一定程度的存在。经济领域中，贫富分化和收入差距不断拉大的现实，使一些群众怀疑和否定“共同富裕”这一政策制定的初衷；在政治领域中，一系列已经或正在进行的政治改革措施，其最终目的是为了让人民群众得到最大的政治利益。如村民自治，意在让群众民主参与选拔乡村领导班子，但在施行过程中，由于受到宗族派别、黑恶势力等因素的干扰而变形，使一些群众误以为基层选举是在“作秀”，从而对我党推进民主政治建设进程的决心和诚意持怀疑态度；在文化领域中，一些群众在享受文化改革成果的同时，又对文化领域中的一些改革措施不理解、不认同。例如，由于因特网等高新传播媒体上一些不健康内容不时侵蚀我们的生活，使人们特别是青少年受到不同程度的毒害。一些群众由此对文化改革产生疑惑甚至逆反的心理。

（三）党群之间的对抗性明显增强

中国原有的社会利益结构可认为是整体性的利益结构，其基本的特点是：个人和局部的利益绝对服从整体利益，同时在整体的控制与协调下，使个人之间或局部之间的利益平均化，社会成员之间收入差距很小，相对而言，党群、干群关系主要表现为政治关系、思想关系、感情关系，尽管这种关系的背后可能也有利益关系，但毕竟是间接的、隐性的。但是随着改革开放和市场经济不断深入，社会群体分化日益突出，广大党政干部、群众由于经济地位、政治地位和社会地位以及价值观念等方面的不同，利益要求发生了巨大变化，群众更为真切地意识到自己的利益，敢于公开直接地表达，提出自己的利益要求。群众不仅关心自己的、个人的利益，而且关注间接的、整体的利益，特别是对党的利益部门化、地方化和部门、地方权力私有化、特权化、商业化等各种严重损害群众利益的行为表现出极大关注。同时，由于党政干部、群众所代表的不同利益之间存在着一定程度的冲突，社会物质资源有限性与社会成员利益要求的满足之间存在矛盾，以及社会分配不公现象的存在，一些群众的合理利益得不到维护，党群利益冲突在数量上有所增多。①

过去党群问题的表现形式主要是个人与个人、个人与组织的问题，很容易在本企业、本地方、本单位解决。但现在在经济多元化、政治民主化、文化多元化等诸多因素的影响作用下，党群之间对抗性增强，冲突性程度在提高，呈现群体化、激烈化和危险化的特点。中科院在对城市市民一项关于党群关系是否存在冲突问题上的调查显示：认为“没有冲突”的人数占比只有5.5%，认为“很少有冲突”的人数占比只有16.4%。两者相加只占被访问对象的21.9%。也就是说，有大约有78.1%的城市市民认为党群之间存在着冲突，有9.3%的人认为存在着“严重冲突”②。

一些党政干部不正当使用权力问题，特别是某些国家公务人员的粗暴执法和粗暴行政，直接或间接激化了党群冲突风险。表现为：一是一些党群问题由非对抗性向对抗性转化的危险性在增加。一些地区和行业长期积累的矛盾和问题没有及时解决，群众对社会的不满意和对政府的不信任情绪，往往会由于一个非常偶然的事件而引发，使之爆发出来，迅速演化成一场集体行动。二是由个体性事件向群体突发性事件的演变在增多。过去党群关系中的矛盾和问题主要是以个体的形式出现。现在，有些矛盾和问题一开始就表现为群体性，人数成百上千。有些群体突发事件，由于连锁反应，酿成局部

① 龚维斌：《我国当前干群关系的现状、特点与原因》，《北京行政学院学报》，2005年第4期。

② 李培林等著：《社会冲突与阶级意识》，社会科学文献出版社，2005年，第137页。

社会动乱，扰乱了社会秩序，影响了社会安定团结，影响了党群关系正常发展。中国社科院法学院研究所发布《2014 年中国法治发展报告》，对近 14 年间的群体性事件特点进行了梳理，发现因公民、社会组织与政府官员之间的矛盾引发的群体性事件占四成。调查还表明，公权力运行的不规范，群众利益受损是激化矛盾，诱发群体性事件的重要因素。

第三节　腐败问题对党群关系的影响

权力导致腐败，绝对权力导致绝对腐败。可以说，腐败是权力的魔咒，古今中外，概莫能外，只不过程度、特征有所差异。如果只拥有权力而不承担相应的责任，只行使权力而不接受群众的监督，每一个执法者都有可能成为潜在的法律破坏者，而每一个公民则都有可能成为这种破坏行为的受害者。当权力调控市场，当权力与资本相遇，不受制约的权力难免导致普遍性、塌方式腐败。资本不断扩张的冲动和权力不断膨胀的欲望结合，会使道德的底线丧失，使法律的界限模糊，甚至成为马克思主义所严厉批判的垄断资本主义，彻底走向党和人民的反面。在新形势下，腐败问题虽然在我国得到了一定程度的遏制，但它还是顽固地存在着，对党群关系产生了严重不良影响。

一、正确认识新形势下腐败现象呈现的新特点

自党的十八大以来，党和国家反腐败斗争与时俱进，利剑高悬，刮骨疗毒，频频出手，打出了一系列组合拳，一批批贪腐官员频频落马，党风和社会风气有所好转。但我们应居安思危、未雨绸缪、防患未然，必须清醒看到，当前我国反腐败斗争形势依然严峻，任务依然艰巨，腐败现象不仅沿袭了过去的一般特点，而且出现了一些新的动向，呈现出了以下四个新特点：

（一）从腐败主体来看，腐败行为更具广泛性

过去，公职人员的腐败行为绝大多数是个人行为，滥用的是单一职位的权力，具有分散性和偶发性的特点，造成的危害通常易于估量和计算，对其进行追查打击的手段也相对简单。但从当前涉及腐败的领导干部来看，其数

量和层次明显提高,腐败案件群体、组织化都非常严重。

一是“一把手”腐败问题突出。从近年来查处的腐败大案要案中来看,各级“一把手”所占的比重较高。特别是在缺乏权力制约或制约不力的地区或单位,“一把手”滥用权力或偏离公共职责为己谋取私利的现象,乃至于利用职务上的便利侵占国家、集体或他人财物的行为时有发生。自中央展开巡视以来,“一把手”违纪违法案件不仅数量多、危害大,而且呈现上升趋势。一些“书记”“市长”“董事长”“总经理”,或利用手中大权设租寻租谋取私利,或借职务之便侵占国有资产,或在干部选拔任用中受贿卖官,与一般的腐败案件相比,往往性质更恶劣、危害更大。从中不难发现,在这一权力异化的过程中,存在着一个“监督困局”。一把手的责任重、职位高,手中掌握的权力也比较大,而现实中民主决策机制不健全,权力运行机制不透明,对“一把手”的监督机制还存在缺陷的情况大大增加了监督的难度。正是在“一把手”的眼里和操作下,一些十分严密的制度、机制和规定,甚至是法律法规,都是不堪一击、形同虚设的,这才使得“一把手”频频出现腐败问题。

二是群体性腐败明显增多。谈及腐败,我们往往觉得这是既见不得光,也见不得人的事。从一定意义上来说,腐败应是个体的、孤立的行为。但在经济快速发展后,腐败主体已不再局限于单一的个人,不仅呈现出“家族化”的趋势,而且还跨地区、成系统。当前,一些官员热衷拉山头、搞宗派、划地域、攀老乡,由此组成利益共同体,导致扎堆腐败、团体腐败走高。实际情况犹如中央巡视组第二轮“巡视清单”指出的那样,有的领导干部信奉拉帮结派,搞“圈子文化”,整天琢磨拉关系、找门路,看能抱上谁的大腿。上级对下级颐指气使,下级对上级阿谀奉承,弄得党内生活很不正常,把上下级之间的关系搞成了旧社会那种君臣父子关系或帮派关系。这种“山头主义”“圈子文化”不仅涣散了组织,而且滋生了腐败,往往造成“窝案”“串案”“塌方式系统性腐败”。可以看到,一些腐败问题败露后,往往引发所辖地区官场的“大面积塌方”。腐败分子在政治上拉帮结派,在经济上相互牵连,结成了利益同盟,呈现出明显的群体性,即“窝案”“串案”。其主要特征:一是涉案人员众多;二是涉案人在政治上丧失党性原则,形成了具有紧密人身依附性质的关系网;三是在经济上互相利用,结成了利益共同体。

三是“小官巨腐”问题严重。在各类贪腐大案中,不管是“能人腐败”,是“一家两制”,还是“山头主义”,在这群肆无忌惮的“老虎”身边,还萦绕着一群嗡嗡作响的“苍蝇”。或是各部门的中层干部,不担当,只观望,给反腐败斗争和各项工作造成“中梗阻”；或是各地方的基层干部，油水足，伸手快，在涉及人民群众切身利益的工作中大肆敛财，成了“小官巨贪”。2013 年以来，全国各地公开“村官”违纪违法案件 171 起。其中，涉案金额超过千万的案件有 12 起，涉案总金额高达 22 亿。从中央巡视的情况来看，一些地方乡村干部腐败问题凸显，“小官巨腐”问题严重，“苍蝇式腐败”比较突出，并且相当普遍，涉及半数以上被巡视地区。根据相关案件的梳理，“小官巨贪” 的特点就是“官小、胆大、钱多”。官小，即职级不高，长期扎根基层，关系网错综复杂；胆大，即贪赃枉法、以权谋私涉案金额巨大，动辄上百万、上千万甚至上亿元；钱多，即掌握着特殊资源，处于最容易寻租的领域，比如供水、国土、教育等，在所辖区域和行业“具有绝对的权力”。这些特点归结为一点，就是一些“小官”虽小，但其掌握的权力不小、资源不少，存在不小的寻租空间。他们最接近基层，是项目投资直接的经手人和掌管人，而且人数众多，贪腐一旦扩展开来将危害极大。

（二）从腐败发生的领域来看，腐败行为呈逐步扩大的趋势

改革开放以来，中国的社会经济在快速发展的同时，也出现了大量的腐败现象。正如习近平总书记指出的：“在肯定成绩的同时，我们也要看到，滋生腐败的土壤依然存在，反腐败形势依然严峻复杂，一些不正之风和腐败问题影响恶劣，亟待解决。”[①]腐败问题波及面之广泛，是新中国成立以来最为严重的时期。从近年来人民群众反映强烈的问题来看，腐败现象开始广泛地弥漫于社会生活的各个领域，并呈逐步扩大的趋势。

一是经济领域的腐败现象持续高发。在市场化改革还没有全面到位的情况下，行政权力介入微观经济活动，运用行政权力干预经济活动谋取私利，是滋生腐败的温床，是导致腐败的重要源头。近几年，行政审批制度改革取得了一定成效，削减了一大批行政审批项目，把配置资源的权力更多地让位于市场，在一定程度上减少了“权力寻租”问题。但保留下来的行政审批项目，由于有的还没有科学规范管理，“权力寻租”问题仍然存在。同时，由于我国市场经济体制还处在健全完善的过程中，适应市场经济发展要求的各种

① 习近平：《强化反腐败体制机制创新和制度保障　深入推进党风廉政建设和反腐败斗争》，《人民日报》，2014 年 1 月 15 日。

法律制度还不健全,使腐败行为在经济领域找到了生存的缝隙。比如商业贿赂问题的滋生蔓延,成为经济生活中的“潜规则”,而我国在治理商业贿赂方面的立法不够完善,目前还没有一部较为完善的有效治理商业贿赂的法律。经济转轨时期的法律制度缺失与滞后,一些应该得到法律制裁的行为得不到应有的制裁,一些应该得到制度规范的行为得不到应有的规范,使得证券、期货、保险、房地产等经济领域案件频发。

二是实权部门的腐败屡禁不止。腐败大要案频发的地带,往往是权力大、资源多的关键领域和关键岗位。正是腐败易发地带的体制机制不健全和制度落实不到位,导致了对权力的监督失效,使权力制约成为虚置和空谈,腐败行为才有了机会和空间。在近期落马的厅局级以上官员中,国土、财政、城建、交通、教育卫生等实权部门的问题官员不断。审计署审计长刘家义2014年6月24日受国务院委托向十二届全国人大常委会第九次会议作相关审计报告时表示,案件主要集中在行政管理权或审批权集中,掌握重要国有资产资源的部门和单位。比如2013年公安部部本级支付承办单位的培训费超出实际支出334.68万元;部本级及所属物证中心使用不合规票据报销费用350.91万元;教育部部本级和所属国家汉语国际推广领导小组办公室等4家单位扩大范围列支与项目无关支出,涉及金额共计23817.02万元;科技部部本级2013年未经财政部批准自行将3个项目预算共计2.2亿元细化并下达给所属单位;国资委委本级2013年19个出国团组由中央企业等其他单位承担费用434.02万元,其中17个培训团组超标准列支出国费152.37万元;30个所属单位无预算或超预算列支出国费766.30万元。①

三是组织人事领域的腐败逐渐增多。在现实中我们看到,有的地方在干部选拔任用中没有认真执行《党政领导干部选拔任用条例》,不讲民主,不讲程序,搞一言堂;“跑官要官”“买官卖官”现象仍然存在;边腐败边提拔、带病提拔时有发生;少数领导干部用人上搞小圈子,搞裙带关系,“一人得道,鸡犬升天”,有的在干部考察中走形式,甚至做人情,用假身份、假学历、假年龄、假履历、假档案蒙混过关;考核评价干部的政绩过分关注GDP,重“政绩”,轻德行,于是一些干部片面追求搞“形象工程”“政绩工程”,玩数字游戏,在造假过程中,一件件腐败案随之发生。职能部门和工作人员在职称评审、考试录用、军转安置、工资福利发放、伤残鉴定等过程中暗箱操作;一些

① 《审计署报告38家中央部门预算扣分情况》,《北京青年报》,2014年6月26日。

经办机构在落实就业政策、报销医疗费用、发放失业补助、落实公益岗位时搞索拿卡要。这些现象不同程度上的存在，严重影响了党和政府的形象。可以说“用人上的腐败是最大的腐败”。

四是司法领域的腐败问题严重。司法的廉洁公正是全社会的希望所在，也是实施依法治国方略的关键所在。当前，司法腐败呈现出一些新的特征：一是权钱交易突出。办“关系案”“人情案”“金钱案”；违法查封，没有好处不作为、乱作为，违法办案、违法执行；参与地方保护，偏袒本地当事人。二是滥用司法审判的自由裁量权。三是涉案人数越来越多，涉案金额越来越大，级别也越来越高。四是为“黑恶”势力充当保护伞的犯罪日益增多。根据 1994—2011 年的《最高人民检察院工作报告》相关统计显示，司法人员职务犯罪总人数从 1993 年度的 1804 人，逐步攀升到 1997 年度的峰值 4771 人，在经过五年的高速攀升后，自 2006 年开始逐渐回落到 2700 人左右。①湖南郴州原市委副书记、市纪委书记曾锦春是司法系统比较典型的腐败官员。曾锦春单独收受他人贿赂共计人民币 2639.4 万元，美元 4.25 万元，最终被判死刑。②

（三）从腐败的方式看，腐败行为更具隐蔽性

传统的腐败是指国家公务人员凭借职务之便谋取私利。主要的表现形式是贪污、行贿、受贿、索贿、徇私舞弊、侵占国家资产、挪用公款、玩忽职守、敲诈勒索、严重失职、渎职等。随着法律制度的逐步健全和反腐败力度的不断加大，传统的腐败也逐渐演变为非传统腐败，其作案方式和手段也更加狡猾、诡秘。

一是腐败利益期权兑现。所谓“期权兑现”是指在受贿者被处罚后，行贿者对已不再是官员的该落马贪官给予巨额补偿费，为之补偿受贿遭到的惩罚。这种所谓的“精神补偿费”具有很强的效仿性，它的出现助长了贪官受贿的勇气。在新形势下，出现了诸如权力期权化腐败、不良债权贪污，用职务之便以低价托买或高价托卖、干股获利，通过赌博方式收受请托人财物、“买税”，通过政企联谊的“中奖”等方式行腐败之实等。这些腐败行为较传统的

---

① 盛宏文、魏娜：《司法腐败的基本特征及其预防对策——基于 1990—2010 年相关统计数据的实证分析》，《重庆工商大学学报(社会科学版)》，2013 年第 4 期。

② 赵文明：《郴州原书记市长纪委书记一审被判刑》，《法制日报》，2008 年 11 月 21 日。

腐败方式隐蔽性更强，也更加温和，往往披着合法化的外衣暗箱操作，在技术上难以对其进行界定。有些腐败分子在位时候可以不贪污受贿一分钱，等到“安全着陆”以后再由以前的办事对象给予其以前约定的好处。再者，这种期权兑现利益一般比较丰厚，即使短期入狱也让这些官员觉得值，从风险收益方面衡量考虑比较划算。

二是将权力“转租”腐败。“权贵二代”的出现是近年来权力腐败现象的派生品。从现代民主政治角度来看，“权贵二代”应是封建社会的产物，和社会主义民主政治极不相符。在封建社会，皇帝的儿子注定是皇子，皇帝的兄弟姐妹注定是皇亲国戚，这是家天下在国家政治上的反映。但是现实中我们的一些地方仍然存在封建思想的残余，即“官二代”现象。老百姓非常痛恨“官二代”现象，这并不是说父母当官儿女就不能当官，老百姓只是痛恨依靠父母的权力、关系取得职位的不公平行为。近些年来一些领导干部靠“一家两制”进行利益输送，以家庭为“权钱共同体”，“一人当官，全家发财”。“一家两制”是中央巡视组在巡视浙江时发现的问题。巡视组反馈称，浙江“一些领导干部插手土地出让、工程建设、房地产开发问题反映集中，领导干部‘一家两制’、利益输送出现新的表现形式，手段隐蔽”。2014 年中央第一轮巡视发现，14 个省市和单位中有 7 个存在干部亲属子女违规经商办企业现象，个别地方问题突出。第二轮巡视反馈同样指出了干部亲属利用职权经商牟利的问题。

三是官员外逃现象凸显。在新形势下，有的腐败分子利用资本跨地域、跨行业、跨国境流动的机会，与地区外、行业外、境外的不法分子相勾结，共同犯罪；有的利用各国法律间的差异，国内犯罪，国外洗钱；有的以境外商人为合作对象，在为对方牟利后，在境外“交易”，赃款赃物滞存境外。有的通过子女留学、亲属移民、购房置业、投资以及洗钱等方式，先把不义之财转移国外，一有风吹草动，就出逃国外。“裸体官员”问题浮出水面，暴露出其贪腐行为败露后立即逃往国外的腐败谋略，这种现象不仅给国家造成了巨大的经济损失，还败坏社会风气，同时增加了反腐败的难度。

（四）从腐败的性质看，腐败行为呈现综合性

我国现阶段的反腐败斗争是在严峻复杂的国际环境下，在国内经济体制深刻变革、社会结构深刻变动、利益格局深刻调整、思想观念深刻变化和各种社会矛盾凸显的历史条件下进行的。因此，从当前腐败的性质上来看，

腐败行为呈现出综合性的特点。

一是经济类腐败居高不下。近些年来,伴随着我国经济体制改革的不断深入,经济类腐败案件不仅没有降低,反而呈现出上升的态势。经济类腐败的概念极为广泛,涉及监管寻租与共谋、证券内幕交易、融资信息欺诈、信贷交易中索取额外收入等层面。而与以往的经济类腐败往往是简单的贪污、受贿、挪用、盗窃公款等手段相比,现在的腐败犯罪分子作案手段日趋隐蔽狡诈,运用高科技手段进行犯罪活动增多。他们伪造银行凭证骗取公款,或盗取他人委托保管的电脑密码指令,偷取储户存款,或利用微机联网调取异地储户存款透支,或修改微机记录,或在微机上空增存款伺机取出等。具有很强的隐蔽性。经济类腐败这颗毒瘤所带来的破坏性比一般腐败行为有过之而无不及,它不仅仅是损害了社会规则的公平性,助长奢侈之风等,而且降低了市场资源的配置效率,加剧了金融风险,造成资本外逃等,这都会直接阻碍资本形成,抑制经济增长,并且导致国家财富流失,威胁国家经济安全。

二是政治类腐败日趋严重。政治类腐败,通常是指贪官利用公权力或职务之便,牟取特定族群、团体,或个人的经济、政治、或宗教利益。所有形式的政府都可能在实践中出现政治类腐败。腐败的程度可以有天壤之别,从利用影响力做某事而牟利,到机构性行贿、作假。在当前,我们看到,有的领导干部官僚主义、形式主义、享乐主义和奢靡之风严重,大搞政绩工程、形象工程,无视群众的根本利益;有的失职渎职,不负责任,不是不作为就是乱作为;有的欺上瞒下,虚报浮夸,弄虚作假;有的与社会上的黑恶势力互相勾结,充当他们的保护伞;还有的明里暗里大搞封建迷信活动等。这种种问题,人民群众深恶痛绝,与党的性质和宗旨背道而驰,影响很坏,危害严重,如果任由其滋生蔓延,后果将不堪设想。

三是生活作风腐化堕落。作风问题是诱发腐败问题的根源,腐败是不正之风的极端表现形式。原重庆北碚区委书记雷政富一案尤为典型。2012 年 11 月 20 日,网络上流传出一段雷政富与其情妇的不雅视频,11 月 23 日,重庆市纪委核实,决定免去其北碚区区委书记职务并对其立案调查。据言,在被查处的贪官中,95%都有情妇,腐败的领导干部中 60%以上与“包二奶”有关。[①]中纪委研究室原副主任、中纪委北京培训中心原主任、原中央先进性教育活动办公室副主任刘春锦指出:“受处分的厅局级干部中,90%的落马贪官

① 中国人民大学危机管理研究中心主任唐钧主持的《官员形象危机 2012 报告》提及。

都有包养情人,甚至有多个贪官共用一个情人的现象。"腐败问题通过作风问题表现,并因作风问题的暴露而暴露。社会上出现的"以权谋权""公权力私用""特权霸权"都应当被归入作风腐败之中,并加以整治。不重视对不正之风的端正约束,必然使腐败现象回潮反弹,肆虐成风。

二、新形势下腐败现象滋生蔓延的主要因素

腐败现象是一种历史现象,从本质上来说是剥削制度、剥削阶级的产物。在新形势下,腐败现象的滋生蔓延是一个复杂问题。既有社会历史根源,又有现实原因;既有政治上、思想上的因素,又有经济上可资利用的条件。对当前腐败现象的成因要作出科学的分析,从而为我们明确和制定更加切合实际的反腐败斗争对策,进一步密切党群关系奠定基础。

(一)腐败的源头因素

从腐败现象的源头来分析,主要包括主观因素和客观因素两个方面。腐败现象的主观因素是腐败主体的内因,主要表现在以下四个方面:

一是理想信念动摇。共产主义理想信念是党的干部百折不挠的精神支柱、奋力前行的指路明灯。党政领导干部只有在思想上对党的事业充满信心,才能在行动上不迷失方向。理想信念是党政领导干部乐于奉献社会、扎实服务人民的思想根基。通过考察领导干部腐败轨迹,我们发现无一不与此密切相关。由于一些领导干部意志薄弱,经不起改革开放和市场经济的考验。把党和人民赋予的权力当作个人捞取好处的资本,经常盘算的是个人利益,滋长了金钱至上、唯利是图的错误思想,一切从我出发,处心积虑地为个人的地位、晋级和待遇投机钻营;为小家庭、小团体的利益而苦心积虑,充分表现在一些单位和一些领导干部中不给钱物不办事,收受好处滥办事的现象非常严重。大贪官胡长清就曾对移居国外的儿子说过:"总有一天中国会不行的","有两个国籍,将来就有余地了"。作为党的高级领导干部,其理想信念竟然丧失到如此地步,着实令人吃惊。近年来,一些党政领导干部忙于将子女、钱财转移到境外,并在国外购置房产,积极营造大肆腐败的"安全大后方",甚至有少数领导干部在其腐败行为败露前逃至国外。这一事实说明有胡长清这种"战略眼光"的党政干部恐怕绝非个例,少数党政领导干部这

样的政治素质,着实堪忧。

二是精神世界颓废。少数党政领导干部精神空虚,无所寄托,他们对工作缺乏热情,没有积极向上的追求,但对赌博和色情活动,对出入高消费娱乐场所和搞封建迷信活动却热情高涨。从近年来查处的典型案件来看,“色绩”辉煌的有湖北省天门市原市委书记张二江,信佛念经的有河北省原省委常委、常务副省长丛福奎,迷信风水的有请风水先生为县委、县政府大院补风水、埋镇物的山西省交口县原县委书记房吉华、原县长李来福,公款豪赌的有沈阳市原副市长马向东等。党政领导干部精神颓废,积极参与情色、赌博、迷信活动,这成了导致权钱交易、滋生腐败的温床。在有的地方,赌博成了下级向上级、“老板”向官员行贿的重要方式,迷信活动成了敛财和索贿受贿的手段。少数党政领导干部与意中美女的“浪漫情感”则更是一刻也离不开金钱等物质利益的“培养”,他们维系与情人关系的本钱绝大多数是通过搞腐败得来的。

三是个人私欲膨胀。党政领导干部不是清教徒,也会有各种各样的精神和物质的需要。人的需要是无止境的,在法律、法规、纪律、道德以及正常社会秩序范围内寻求需要的满足,这是无可厚非的。但如果在各种需要的满足上把握不住“度”,一味放纵自己的贪欲,最终必将葬身于无尽的欲壑。各类腐败案件的主角,无一不是忘记了党的性质和宗旨,经不住各种诱惑,堕入贪欲泥潭,直至走上违法犯罪的邪路。他们有的贪权,视公权为私物;有的贪财,大搞权钱交易,疯狂聚敛钱财;有的贪色,道德败坏,荒淫无度企图阅尽天下美色;有的贪名,为了所谓的政绩,脱离实际,大搞劳民伤财的“形象工程”“政绩工程”,千方百计捞取政治资本。少数腐败分子更是私欲膨胀,集贪权、贪财、贪色、贪名于一身,最终走上自绝于人民的不归路。

四是认知存在偏差。少数党政领导干部权力观、价值观、人生观错位,在认知上发生了严重偏差:他们有的装疯卖傻,故意模糊公私界线,企图使腐败行为“合理化”,如广东省汕尾市原副市长马红妹就始终认为“我是人民的公仆,吃、穿、用的都应该是公家的”;有的认不清自己的“公仆”身份,存有做官当老爷的封建观念,进而颠倒与人民之间的主仆关系,高高在上,狂妄自大,一手遮天,如在河南省卢氏县原县委书记杜保干的脑子中,“县委书记说的话就是新闻,县委书记办的事就是新闻”;有的不能正确对待权力,误将手中的权力当作谋取私利、满足贪欲的工具,而不是看作为人民服务的手段,如福建省政和县原县委书记丁仰宁就有“当官不发财,请我都不来;当官不收钱,退休没本钱!”的赤裸裸的表白;有的肆意挥霍公帑,奉行及时行乐思想,如原北京市交通局副局长毕玉玺经常进行高档奢侈消费,其中一次就送给某按摩小姐20万元,他还将办案人员搜出的1000多万元现金视为“喝茶钱”。领导干部认知发生偏差自然难以找准自己的位置,就不可能将为官一任造福一方作为自我价值的体现。扭曲的价值观、人生观使他们错误地认为有权不谋私过期就作废,玩转手中的权力就能办成别人办不到的事情,享受到别人享受不了的利益,这样的人生才风光,才有乐趣,也只有这样,才能赢得别人的尊重,因而他们会疯狂地追求物质享受和感官刺激,直至走向腐化堕落。

除了上述主观原因外,腐败案件的发生还有社会心态的嬗变、制度的不健全、机制的不完善等等诸多方面的客观原因。这主要表现在以下四个方面:

一是社会心态的嬗变。腐败现象的蔓延使部分社会群体的社会心态悄然发生着嬗变。一方面,他们深知腐败的危害,对腐败现象十分痛恨。但另一方面,他们又“笑廉不笑贪”,对许多腐败现象习以为常,见怪不怪,表现冷漠,对腐败带来的种种诱人利益也十分艳羡,认为那些当了官却不会利用权力捞好处、办私事的人活得窝囊,能捞会贪的官才是有本事的人。因此,他们不断制造并自动遵循着一些“潜规则”。比如,对那些违背党纪国法,违背社会规则,根本不能办的事情,他们首先考虑的就是“找熟人”“托关系”“谋路子”,认为只要“功夫”到了,就有办成的可能,由于种种漏洞,事实上也确实有人因此办成了根本不允许办的事情,从而更加强化了这种社会心态;同样,对于那些符合法规、政策,属于公职人员职责范围内应该做的事情,他们在事前也要想办法找相关人员“打点打点”,这样心里会踏实一些,事情办成后,也要对相关人员请吃送礼“意思意思”,这样才能心安,否则就觉得自己欠着他们人情;对于那些借领导本人或亲属生病住院、外出学习、领导家里婚丧嫁娶之机送厚礼或者逢年过节跑跑领导家“门子”这些不正常现象,也认为是属于情理之中的事情。这些不良社会心态助长了官场不正之风,给腐败分子权力寻租提供了机会,许多腐败官员的大量不义之财正是由此积聚起来的。

二是官场生态的破坏。近年来查处的腐败“窝案”“串案”表明,一些腐败分子为了更方便地利用公权共同谋私,他们相互勾结,形成了非常牢固的官场人际关系网,这种人际关系网实际上是兼有以权攫利和自我保护两大功能的一荣俱荣、一损俱损的利益共同体，这种共同体有着顽强生命力和反治理能力，不断恶化着官场政治生态。在不同位置上执掌不同权力的腐败分子利用各自手中权力相互“配合”，使他们从事腐败活动的能力和胆量得以放大，抗打击能力得以增强，反腐败工作的难度和成本也因此加大了。这种关系网的主要类型有三种：即以广东、江苏等省交通系统“窝案”等为代表的官官勾结型、以厦门远华走私案等为代表的官商勾结型和以辽宁刘涌特大黑恶案等为代表的官黑勾结型。这三种类型的官场关系网虽形式有别，实质却都一样：狼狈为奸，利用公权谋取不法私利。安徽省原副省长王怀忠等在被挖出前一直都是群众密集举报的对象，但他却在大会上扬言：“你们不是到处告我吗？告状又有什么用？你们告一次，我就升一级！”反映各县领导的信件在王怀忠的压制下，更是得不到正常的调查处理，官官勾结的威力由此可见一斑！同样，河北省国税局原局长李真的一段话也十分精辟地诠释了官商勾结的妙处：你在商界为了挣钱，我在官场为了当官；你在商界需要权力支持，我在官场需要经济支持；我支持你经商，你支持我从政；我的官越做越大，你的钱越挣越多。其实，他后面还应该补上一句：我官做的越大，我的钱也挣的更多！

三是公共权力运行机制不完善。首先，公共权力的授予环节有腐败空间。人民是公共权力的所有者，为了保证公共权力不被滥用，人民总是倾向于将权力授予对自己忠诚以及有履行相应职权能力的人。在现实政治生活中，由于“人民”是抽象的，少数被授权者往往忽略真正权力所有者——人民及其代理机关，只对看得见的有直接利害关系的某些上级领导个人忠诚，而少数上级也将这种职务行为视为一种恩赐，甚至利用这一职权寻租，将权力授予给了自己好处的人，而不考虑其对人民忠诚与否及履职能情况，买“官”卖“官”腐败案件就是这种典型。其次，公共权力的运用环节监督乏力，党政相关职能部门“同体监督”以及群众、媒体等“异体监督”不力。这主要表现在权力过分集中，主要领导独断专行、个人说了算，权力运行缺乏透明度，难以对其进行监督等方面。由于少数党政领导干部搞暗箱操作，不将权力运作的法律依据、执行程序、执行责任、执行标准等向社会公众公开，使对其的监督变得十分困难，形成一种上级没有监督、同级不愿监督、下级怕打击报复不敢监督、群众不知情无法监督、权力越大越难监督的局面，而不受监督的权力必然导致腐败。另一方面，财政预算管理制度缺乏刚性，审计、会计制度执行不力，财政资金通过各种手段变相落入腐败者腰包，成为其腐败收入的主要资金来源。少数腐败的党政领导干部在大型公共项目投资、政府采购等活动中,绞尽脑汁钻政策和法律的空子,官商勾结,搞权钱交易,使大量公共财政资金被其本人和不法投机商非法占有。有些地方不严格执行《预算法》的有关规定,一些重大投资项目绕过预算搞临时动议,成了地方党政领导人的拍脑袋工程,这也为腐败活动埋下了伏笔。

四是腐败成本不高,对腐败行为的打击力度不大。由于反腐败制度上存在的漏洞,使当前腐败行为风险不高收益却很大。这表现在被查处的概率、法律处置程度、经济惩罚程度不高,精神或名誉损失不大等方面,我国著名国情研究专家胡鞍钢指出,目前腐败的"高收益低风险",使许多党政领导干部"五十九岁"或高级党政领导干部"六十四岁"现象频发,铤而走险的腐败分子不断出现。此外,对腐败行为打击力度不够,这也是当前腐败案件屡禁不止的一个重要原因。一方面,反贪机构、纪检监察部门由于种种原因,重拳出击的主动性不够。尽管不少腐败分子落网带有一定的偶然性:有的是小偷偷出来的,有的是小姐供出来的,有的是因群众不断举报直至中央或省市领导直接过问以后才雷厉风行地揪出来的等。但许多腐败分子在案发前,还是有一定迹象的,他们张狂粗暴、奢侈糜烂的作风,连群众都早有察觉,弄得民怨沸腾、举报不断,可我们的反腐败机制对此却失去了应有的制衡作用。香港记者能在我们相关职能部门视而不见(或能看见却莫奈之何)的情况下,仅从慕绥新一身价值几万港币的行头上发现不对劲的地方;而王怀忠却能在群众举报信件不断的情况下边腐边升,尤其严重的是,现在很有可能还有慕绥新、王怀忠之流的腐败分子隐藏在党政干部队伍中,继续危害党和人民的利益,这应该引起我们足够的重视并对当前的反腐败机制进行深刻的反思。另一方面,当前对腐败案件惩处仍显乏力,突出表现在立法存在漏洞及执法措施刚性不足,公正执法方面还存在制约因素,比如,在立法中,现行刑法中"巨额财产来源不明罪"的最高法定刑只有五年,成了某些严重贪污贿赂犯罪的"避难所";在执法方面,也有同罪不同刑的现象发生,这大大降低了法律惩处对腐败分子的威慑力。

(二)腐败的体制因素

腐败的成因是多种多样的,既是现代经济发展中的产物,更是中国社会转型过程中中国特有的体制性缺陷造成的。一个不健全的体制可以使人变坏,而一个健全的体制可以使坏人不能做坏事,从这个意义上来说,体制性腐败是一切腐败的根源。

一是政治体制成因。权力过分集中是我国政治体制的重大弊端。邓小平同志曾对此进行了精辟的分析,他说:"权力过分集中的现象,就是在加强党的一元化领导的口号下,不适当地、不加分析地把一切权力集中于党委,党的政治权力往往集中于几个书记,特别是集中于第一书记,什么事都要第一书记挂帅、拍板。党的一元化领导,往往因此而变成了个人领导。全国各级都不同程度地存在这个问题。权力过分集中于个人或少数人手里,多数办事的人无权决定,少数有权的人负担过重,必然造成官僚主义,必然要犯各种错误,必然要损害各级党和政府的民主生活、集体领导、民主集中制、个人分工负责制等等。"[①]由于权力的过分集中在市场经济条件下极易导致权力的滥用。首先,民主集中制很难起到约束领导干部特别是主要领导干部的作用。在相当多的地方和部门,民主集中制只是一种徒有虚名的形式,党政一把手往往控制着一个地方、一个单位、一个部门的人、财、物大权,副职和下级难以用正常的民主集中制原则监督其实施,极易导致特权特别是党政一把手的腐败。其次,在党政领导体制中,民主制约因素相当脆弱,特别是党政公务活动透明度差,公开程度低,领导机关决策和权力运转过程、处理政务的程序和结果往往是处在一种封闭或不公开的情况下,民主监督很不健全,极易导致少数握有实权的人走向腐败。最后,干部任免的封闭化和神秘化成为产生腐败的重要因素。我国当前党政干部基本是沿袭了任命制,这种制度缺乏民主程序和公开监督,难以保证其最终结果的正确性和合理性。在封闭的状态下,这种程序和要求往往成为少数知情者的秘密,甚至会被个别别有用心的人随意取舍。其结果不仅导致了卖官买官、边腐边升等腐败问题的发生,而且往往容易造成上下级之间的人身依附关系,在干部中形成层层关系网,成为腐败的保护伞,最终成为开展腐败斗争的最大障碍。

二是市场体制原因。当前我国正处在社会转型时期,即由计划经济体制向市场经济体制转变,市场经济具有自主性、开放性、平等性和竞争性等特征,这和计划经济的命令性、计划性、统一性、单一性的特征是相互矛盾的,这种体制上的摩擦给腐败的滋长提供了一个体制真空和体制错位,而不完善的市场经济体制使腐败得以滋长和蔓延。首先,竞争机制的不健全。公平

---

① 《邓小平文选》(第二卷),人民出版社,1994年,第329页。

的竞争是市场有序化的前提,没有公平竞争,市场就会混乱。当前的情况是竞争规则存在事件程度的不公平,市场中存在着垄断性公司,它们利用垄断地位,欺行霸市,形成既得利益集团,破坏了公平竞争,谋取非法利益。结果形成了政策性垄断集团和地方主义保护势力盛行,从而诱导腐败的产生。其次,企业经营机制的不健全。在我国目前情况下,在企业改革过程中对经营者行为的约束和控制方面机制不健全,结果造成经营者明里暗里侵吞企业所有者的财产,经营者以各种方式的受贿、挥霍、出卖所有者利益来获得自己的利益,他们甚至不惜造成企业亏损,来实现个人利益的最大化。最后,收入分配的不公,分配机制不健全。经济发展的不平衡,致使收入分配的差距在拉大。个体户和私营企业业主的收入迅速增加。而我国公职人员历来实行低薪制,相比之下,党政干部收入明显偏低。面对社会上纷纷出现的"大款"和奢侈的生活方式,使某些国家干部觉得优越感丧失了,公职人员产生贪利之心,导致腐败屡禁不止,对勤政廉政势必造成不良影响。

三是司法体制成因。现行的中国社会存在的腐败现象原因,从法制角度看,主要表现在三个方面。首先,法制建设不完善。改革开放三十多年来,法制建设虽有了很大的发展,但就反腐倡廉来讲,法制建设还处于一种滞后的状态,反腐倡廉的法律体系还不够完善,在实践中可操作性差,实施效果不甚理想。如查处贪污受贿和巨额财产来源不明,就缺少财产申报法的帮助。另外一个问题就是制定的法律法条规定的过于宽松。如刑法规定的贿赂范围仅限于财物,其他利益和需求不列入贿赂范围。而国外贿赂范围不仅规定了财物,还包括一切利益,无论是既得利益还是约定取得的利益,无论是利用现在的职务还是将来的职务都可以构成犯罪。其次,执法和司法不严。司法腐败是最严重的腐败,它使人民群众失去了最后一道安全屏障,丧失了对法律的信任和尊敬。有的案件被举报后查处时间长,打击不及时,甚至不了了之,被冷处理掉了;有的惩处的法律刚性不足,弹性过大,不足以起到惩戒作用;有的在惩处中抵制不正当干扰能力弱,宽严不一,是非不明;有的查处程序多家插手,职责中有交叉也有空白,使腐败分子逍遥法外;有的执法人员经不起利益的诱惑,更有甚者是主动出击,以权谋私,贪赃枉法,近年来一批反腐官员在反腐工作中自己成了腐败分子。最后,腐败的法律成本低。腐败行为受到处罚的危险性,也就是腐败的成本在我国是非常低的,腐败行为受到惩罚的危险性越低,腐败行为的发生率就越高,反之发生率就越低。长期以来我国犯罪率高,定罪率低也是一个突出的问题,腐败犯罪由于犯罪主体和犯罪形成特殊,实际定罪率更低。这就意味着因腐败犯罪所获得利益的腐败分子承受的风险反差巨大。在膨胀的贪欲和侥幸心理支配下,一些腐败分子更加猖獗。

(三)腐败的社会因素

腐败作为一种社会现象,与人类社会紧密相关。在特定的历史时期,腐败现象与特定的社会背景存在联系,是符合客观实际的。我们应该看到,人们的交互作用可以促进良好行为和风气的形成和发展, 也可以促进不良行为和风气的形成和发展。从发生学的角度看,许多腐败现象的出现,既有腐败分子的主观原因,也有人们交互作用的社会原因,特定的社会环境往往像催化剂,容易辅助腐败的发生。

一是重人情轻法规。中国社会是典型的人情社会。在当今社会,无论办什么事情,人们首先想到的不是依法依规办事,而是想到通过关系借助人情把事情摆平。在"知识青年上山下乡"的大潮中,一些有关系的家庭把子女通过"后门"送去参军或返回城市。后来,那些没有关系的家庭也开始找关系让下乡的子女"返城"或安排较好的工作。后来,这种做法不断蔓延,以至于人们几乎在办任何事情的时候都要依靠关系或者去寻找关系。上学要找关系,看病也要找关系;去商店购物要有关系,去饭馆吃饭也要有关系;找工作要靠关系,做生意也要靠关系;开车违章了要去交管部门疏通关系,遇到纠纷了要到法院去建立关系。在官场上,关系更是至关重要的,成事靠人脉,晋升靠关系,于是选边站队、拉帮结派,就成为官场上个别怪现状。在重视关系的社会中,规则往往是被人轻视的,因为在关系面前,规则的作用可有可无——需要时即有,不需要时即无。特别是在规则不明确或不公开的情况下,有关系和没关系的待遇就会大相径庭。即使是完全正当的需求,没关系的人也会饱受刁难。即使是不太正当的请求,有关系的人也会一路畅通。于是,人们就千方百计去寻找关系,建立关系。而且这关系的用途也不断升级,从抢购鸡鸭鱼肉等紧俏商品到争拿黄金地块等开发项目,从中获益的金额也从几十元攀升至数亿元。与之相比,先天不足的法律规则在中国社会中的作用更为弱化。那些敢于无视规则的人被视为有魄力,那些善于规避规则的人被视为有能力。当规则在关系面前大举溃败之时,腐败就必然在社会中暗流涌动。

二是请客送礼成风。请客送礼与“找关系”和“走后门”往往是紧密相连的。中国人本来就有逢年过节给亲友送礼和请亲友聚餐的习俗,后来这请客送礼的对象就演化为有权有势或有用之人。20世纪七八十年代,由于经济公有制和生产力低下,许多社会资源都处于短缺状态,于是那些能够掌握或支配这些资源的人就成为有用之人。且不说政府官员和单位领导,一些职业也成为许多人希望结交的对象。当时的社会中就流传着关于好职业的说法:第一是听诊器(医生),第二是方向盘(司机),第三是商店的售货员。人们在日常生活中,往往需要这三种人的关照,于是在逢年过节时就要送礼上门。那时候,中国人整体的生活水平都不高,所以主要礼品就是烟酒糖果糕点。后来,随着经济的发展和人民生活水平的提高,送礼的内容越来越丰富、价格越来越昂贵,请客的方式也越来越排场、越来越多彩。于是,一些手握大权的官员就成为请客送礼的首选,以至于在一些重要节日前出现送礼排队和宴请连场的状况。其实,请客送礼往往是行贿受贿的开端。

三是公私不分。新中国成立之后,国家决策者在社会的物质和精神都没有充分准备的情况下就急促地推行公有制,从工商企业的“公私合营”到农业生产的“人民公社”,试图在短期内全面颠覆私有财产制。与此同时,在共产主义理想的指引下,“大公无私”等道德号召流行一时。然而这样的理想和号召是超越现实的,也是超越人性的,因此就会在人们心底生成公私不分的思维习惯。公家的东西就是大家的,每人都有一份。因此,偷拿别人的东西是盗窃,偷拿公家的东西就不算盗窃。这种心态在中国人中相当普遍。事实上,许多公有制的企事业单位都允许员工享用共有财物,大到汽车房屋,小到纸笔信封。在这种公私不分的思维习惯下,人们在违反规定占用或消费公共资产的时候就会心安理得,甚至在盗用公共财物的时候也没有犯罪感。改革开放之后,随着经济的高速发展,国家越来越富裕,公家的财物越来越多,于是公私不分的行为也越来越上档次。公款吃喝和公款旅游已司空见惯,公车私用和公产私占也屡见不鲜。一时间,有人在请亲友吃饭之后就把能够“报销”作为炫耀的资本,有人在为小集体利益而侵吞国家资产之时还欢呼“共同致富”。由于多年来在公私之间没有明晰的界限,所以一些掌握实权的官员就在不知不觉或半知半觉中滑入腐败的深渊。

四是崇尚“官本位”。长期的封建等级社会已经把特权观念深深地镌刻在中国人的心上。“人民论坛”2012年进行的一项问卷调查的结果显示,50%的调查对象明知特权不合理,但是并不拒绝使用特权。也许中国人都不愿意别人享有特权,但是却希望自己享有特权。举一个简单的例子。北京人经常在大街上看到因国家领导人出行而交通管制的情况，也会看到一些特权车违章行驶的情况。此时,许多市民都会表示厌恶甚至愤慨,但是内心却希望自己也能享受类似的待遇。于是,有些人就想方设法地追寻这种特权,譬如冒用军警车牌,非法安装警灯警报器和警用喇叭,违规办理各种通行证等。一些无法获得这些特殊用品的人还会自我享受特权车的待遇，譬如占用紧急行车道、闯红灯等。从世界各国的情况来看,官员特权的多少与腐败问题的严重程度之间存在一定联系。官员特权多的地方往往腐败问题比较严重，而官员平民化的国度则腐败问题较为轻微。其实，腐败既是特权追求的产物,也是追求特权的产物。且不说那些贪官污吏都要享受特权,就是一般人送礼行贿的目的也是要享受特权,或者说“特殊的优待”。由此可见,崇尚“官本位”的社会环境也是生成腐败的一个重要原因。

三、腐败现象对新时期党群关系的影响

同人民群众保持血肉联系,是中国共产党的优良传统和政治优势。我们党自诞生之日起,就开宗明义地向世人表明,它是代表着绝大多数人的根本利益的,是为整个人类的彻底解放而奋斗的。从民主革命时期到社会主义建设时期,我们党正因为坚决地贯彻了这一克敌制胜的法宝,才取得了一个又一个的胜利。然而随着改革开放的深入,有的领导干部禁不住物质利益的诱惑,利用人民所赋予的权力贪污受贿,大敛其财,成了资产阶级“糖衣炮弹”的俘虏,造成公共权力的运行超越了法律的轨道,使公共利益受到了损害。这些矛盾和冲突也不同程度地影响着党群之间的血肉联系。

(一)腐败现象对新时期党群关系产生影响的途径

一是侵害了群众的民主权利。在新中国成立以来,党和国家领导人就一直注重“用民主制约权力”这一理念加强政权建设。20世纪40年代,毛泽东在回答黄炎培如何跳出“其兴也勃焉,其亡也忽焉”这个周期律支配的问题时,指出:“我们已经找到了新路,我们能跳出这个周期律,这条新路就是民主。只有让人民起来监督政府,政府才不敢松懈。只有人人起来负责,才不会

人亡政息。”[①]改革开放后，邓小平就调动群众积极性，建设社会主义民主有过具体论述：“在群众方面，要扩大各方面的民主。人民代表大会、政协会要开好……厂矿企业的管理方面，要扩大民主……要搞职工代表大会，加强它的作用……既有自上而下的党委领导下的厂长负责制，又有自下而上的党委领导下的群众监督制……群众有气就要出，我们的办法就是使群众有出气的地方，有说话的地方，有申诉的地方。”[②]然而用民主制约权力的实践却并不轻松，单向度的以权力制约权力的思维仍不时影响着政治体制运行。在处理中央和地方关系时，下级的权力来自上级授权，下级的服从基于上级的绝对权威，这导致在权力配置上出现政府间职责同构、授权不清的现象。在处理利益关系时，容易出现“一放就乱，一乱就收，一收就死”的现象，缺乏不同层级间博弈的环节和空间。从党政权力运行来看，实践中出现的一把手权力过分集中、监督虚化的情况，其原因也在于没有实现“用民主制约权力”的制度化建设，导致“上级监督太远，同级监督太软，下级监督太弱，群众监督太难”。在新形势下，改革已经进入深水区，利益关系错综复杂，贫富差距扩大的现实和贪污腐化久禁不绝，迫切要求我们在“以民主制约权力”的理念下，进一步规范政治权力运行。因为权力一经掌握，就会在主体利益的刺激下，向各个方面扩张延伸，融入既有权力结构，参与新的利益分配。历史和经验均已证明，权力主体具有寻租的天然冲动。邓小平曾经讲过：“从党和国家的领导制度、干部制度方面来说，主要的弊端就是官僚主义现象，权力过分集中的现象，家长制现象，干部领导职务终身制现象和形形色色的特权现象。”[③]这些现象的出现都使群众产生了强烈的反感情绪，使党群关系变得日趋紧张。

二是侵害了群众的经济发展权。随着改革的不断深化、经济的快速发展，一些地方的领导干部开始大搞政绩工程、形象工程，盲目进行决策，其结果出现了大量“半拉子”工程、豆腐渣工程，拿老百姓的血汗钱交了“学费”。有些村干部在上台后，就借改革改制之名，直接将村办企业承包、变卖给亲朋好友，甚至自己占据，造成集体财产大量流失，集体经济迅速削弱。有些地方的领导干部不愿意从理性上心服口服地承认环境保护的积极作用，而是对环保行动推倒了多少正在生产的烟囱、关了多少个排污超标的工厂、压了多少个报批的不合格项目，从而影响了多少国内生产总值、减少了多少财政

① 黄炎培著：《延安归来》，重庆国迅书店，1945年，第186页。
② 《邓小平文选》（第一卷），人民出版社，1994年，第271~273页。
③ 《邓小平文选》（第二卷），人民出版社，1994年，第327页。

收入的数字等耿耿于怀。还有的地方干部对招商引资过度热情，竟然把“环境可以污染”当成了“投资环境”。他们所说的“发展”，不过是只顾眼前不虑长远和十分狭隘的“数字增长”。从全国的情况来看，由环境污染导致群众利益受害的事件正在增多，在一些地方已经成为主要的不和谐因素。这些现象引起了群众的强烈不满，甚至导致矛盾持续激化，使党群关系受到了严重损害。

三是侵害了群众的切身利益。回顾党的历史，一切从群众出发，高度重视群众利益，始终是我们的根本宗旨。我们党在革命、建设、改革各个历史时期，之所以取得辉煌成就，就是因为我们党能够始终从群众利益出发，始终保持同人民群众的血肉联系，因此能最大程度地调动人民群众的积极性、主动性、创造性。但在当前的新形势下，由于某些地方和部门的领导处事不公、徇私舞弊、贪赃枉法，直接侵害了人民群众的土地使用、住房、就业等切身利益，引起群众不满上访的事件却屡见不鲜。从群众反映的突出问题来看，主要集中在“五类案件”：侵占各种惠农补贴、土地补偿、扶贫救灾、移民安置等专项资金以及擅自处置集体资产资源、侵吞集体收益的案件；违规征地拆迁、严重侵害群众人身权利的案件；官黑勾结、横行霸道、欺压群众的案件；干扰、破坏甚至操纵基层选举的案件；食品药品质量、安全生产、环境保护等方面严重侵害群众切身利益和生命安全的案件。这些问题都事关群众的切身利益，都对党群关系产生了实质性的影响和损害。

（二）腐败现象对新时期党群关系产生影响的方式

一方面，从腐败现象对党群关系影响的力度上来看，主要有两种方式。一种是直接影响，即主要由某些领导干部的腐败直接引发的问题。比如农村宅基地的问题、土地承包的问题、徇私枉法的问题、征地拆迁的问题等。因为这些问题都是与人民群众的日常生产生活息息相关的事项，所以这些问题也使人民群众切身感受到了腐败给他们所带来的巨大危害，其对党群关系的影响也是直接的、实在的。另一种是间接影响，即腐败行为并不直接影响到人民群众的生产生活。虽然有些腐败行为人民群众是不能够直接感受到它所带来的危害的，但是它却也能够完全转嫁到人民群众的身上，最终由人民群众来承担，并被人民群众所感知。比如建筑工程领域的暗箱操作、医药销售中的灰色收入、不合格产品通过非法手段取得合格资质等，这些现象都间接侵害了人民群众的利益,严重影响了正常的党群关系。

另一方面,从腐败现象对党群关系的影响速度上来看,也主要有两种方式。一种是渐进式的影响,即经过一段时间以后,腐败现象对人民群众的危害群众才能切身地感受出来。有的腐败现象是要经过一段时间才能显现出其对党群关系的影响。比如某些国有企业的负责人铺张浪费、生活腐化堕落,损公肥私、选拔任用一些不作为、乱作为的领导干部等。另一种是激烈式的影响,即腐败现象立刻使人民群众感受到了它的危害。比如有些领导干部因为玩忽职守、敷衍搪塞、推诿扯皮等,引发了侵害人民群众切实利益的突发事件和简单粗暴执法,甚至暴力伤害人民群众等事件。这些问题也是人民群众反映最为强烈,对党群关系影响也最恶劣的问题。

(三)腐败现象对新时期党群关系产生的严重负面影响

从总体上来说,腐败对党、对群众及其之前的关系影响是联动的,这是因为党和人民群众的关系是互为主客体的关系。腐败对党和人民群众的影响是一损俱损、不分彼此。从根本上来看,腐败是通过侵蚀党的肌体,削弱党的执政能力,破坏党的形象,侵害群众利益,降低群众对党的信任,来对党群关系发挥影响作用的。

一方面,它直接危及我国现代化迫切需要的政治秩序、政治民主和政治效率。我国是世界上最大的发展中国家,就政治发展而言,政治稳定是压倒一切的头等任务,没有政治稳定,就没有政治发展。而腐败现象的出现首先损害的就是党和政府的形象,降低了党和政府的威信,引发群众的不满情绪和与党和政府相对立的政治态度,使党和政府失去人民的支持,成为爆发群众民主运动的诱因,直接危及政治稳定。不仅如此,腐败现象的严重泛滥,使人民内部的矛盾变得更加尖锐,造成被反动组织打着惩治腐败的旗帜而利用的机会,极易引起罢工、请愿、示威,乃至政治动乱和暴力行为。而且随着社会主义民主政治进程的发展,如果不能有效地遏制腐败现象的滋生蔓延,不能正确处理好权力腐败与民主政治的关系,就极有可能出现为维护政治稳定而牺牲民主政治的现象发生,使民主政治处于中断或延缓的状态。

另一方面,腐败现象直接危及我国社会主义经济建设有序、健康的运行。腐败现象对经济发展产生的消极影响是显而易见的。主要表现在腐败分子在国民生产、流通领域,利用国家对经济的干预,通过各种手段以权谋私、损公肥私,使公共财富大量流失在私人手里,其结果是破坏国家进行的资本积累和扩大再生产,使企业生产效率低下,市场资源配置因受到人为阻碍而显得非常软弱。同时,腐败现象也破坏了市场经济的公平竞争原则,形成官商的垄断,加大了交易的生产成本,最终助长了通货膨胀的恶性发展,降低了人民群众的购买能力和消费水平,侵害了人民群众的根本利益。此外,腐败现象还破坏了社会的公正,扩大了社会的不公平。社会公平是关于社会利益分配、占有情况与形式的价值观念。社会是否公平,不仅表现在社会给予其成员以平等的竞争机会和劳动成果的合理分配，还表现在对社会财富的占有在整体上要有一个适当的分布。然而腐败现象却极大地破坏了社会资源的均等分配。手中握有权力的一些官员在运用权力的过程中,不是积极服务于公共职能,而是通过权力寻租来谋求个人的私利,这不仅不利于合理的利益分配关系的形成,而且破坏了社会公正,加剧了社会分配的不公,使党群之间存在着利益矛盾和冲突。

总之,腐败现象已经构成了实现中华民族伟大复兴"中国梦"的最大障碍之一。腐败现象与党的性质和宗旨根本对立，与党的执政本质根本不相容。严峻的现实告诉我们:不坚决遏制腐败现象,党就会失去人民群众的信任和支持,就会丧失掉存在和发展的根基。正如习近平总书记在中共十八届中央纪委二次会议上的讲话指出:"工作作风上的问题绝对不是小事，如果不坚决纠正不良风气,任其发展下去,就会像一座无形的墙把党和人民群众隔开,党就会失去根基、失去血脉、失去力量。"[①]

第四节　利益协调机制失衡对党群关系的影响

面对利益主体多元化、利益诉求多样化、利益要求均衡化的现实,要有效处理各种利益矛盾,形成和谐的党群关系,就要从制度上规范各种利益行为和利益关系,统筹兼顾不同群体、阶层的利益要求。从根本上讲,加强利益协调性的制度建设是保证利益机制有效运行的前提和保证。从当前的实际情况来看,城乡差距、地区差距、行业差距不断扩大,分配不公的矛盾凸显,关系群众利益的民生问题依然较突出，改革与发展的成果尚未充分惠及广

① 《习近平谈治国理政》,外文出版社,2014年,第387页。

大人民群众尤其是一些社会弱势群体，人民内部的利益矛盾由于利益主体的分化而显得错综复杂。改革的力度加深，协调各方面利益关系的难度加大,使社会生活变得复杂化,致使利益格局的变动性和社会机制的残缺性并行。对此类问题如不加以有效解决,一旦形成矛盾叠加,就容易使社会失序、局势不稳,阻碍和谐党群关系的实现。

一、利益表达机制不畅通阻碍了党群之间的交流互动

所谓利益表达，是指各个社会阶层的人，通过一定的渠道和方式向政府、执政党和社会各级组织机构表达自身利益要求,以求影响政治系统公共政策输出的过程。而利益表达机制就是在承认个体正当利益的基础上,允许社会成员通过正常合法的渠道和方式表达自己的利益诉求的机制。从各地的经验来看,一些矛盾的发生并非不可避免,但由于缺乏一个有效的民意表达机制或者表达机制不畅通,一些群众的利益诉求得不到合理回应,甚至是无法表达、无处表达、无效表达,才致使出现了很多矛盾,突出地表现在以下四个方面：

（一）利益表达渠道单一

利益的充分表达，是建立和不断完善党群关系协调发展的社会机制的前提条件和首要环节。社会不同群体的利益表达可以由不同的机构,采取不同的方式来进行。在新中国成立后,经过短短几年的时间我们就迅速建立了人民代表大会制度,实现了前所未有的普选制,使人民群众不但有了当家做主的机会，而且有了自由地表达自己以及社会各个不同群体利益要求的权利。在党的十一届三中全会后,我们又在全国范围内恢复了人民代表大会制度,并且把社会主义的选举制通过国家宪法明确规定下来,进一步明确了人民群众当家做主,参与政治过程,表达自身利益的权利。人民群众的利益诉求既可以由各级人民代表大会、各级党的组织、各级政府等权力和党政机关表达,也可以由工、青、妇这些专门促进社会利益表达而设立的群团组织来实现。当前,人大、政协、司法、信访、听证、选举、人民调解、政府调解、新闻传媒、行业组织、社会团体、救助体系、投诉热线等都是人民群众利益表达的主要渠道。虽然我国已经初步建立了人民利益表达制度体系,人民的利益表达

渠道已经比较完备，但多数利益表达是以单一渠道、单一个人的方式进行的，缺乏组织化、制度化的利益表达机制。

随着改革开放和市场经济的发展，我国社会的经济结构、利益结构发生了重大变化，人们的利益关系在经济利益不断分化的基础上，呈现出多层次、多角度、多领域、多指向的分化，触发了人们多种多样的利益诉求，人们的愿望、动机和行为发生了前所未有的分歧和变化。这种将整个社会都卷入进来的利益分化过程，又伴随着当代社会共同利益的聚合过程，各类众多的社会不同利益群体不断产生和发展。现阶段不仅有因生产资料所有制不同而形成的阶级、阶层，而且有因职业、民族、宗教、收入、性别、年龄、经营方式等方面特质的差异而形成的社会不同类型的利益群体，其群体结构呈现出前所未有的复杂化状态。同时，由于现代社会角色多重化，社会中的每一个人都不仅仅隶属于某一特定的群体，而是具有多种不同的复合身份，可以从不同角度来划分，分别从属于不同的利益群体，例如职业性群体、宗教性群体、性别群体和年龄群体等。现代社会正在以不同的方式把每个人都组合到各种不同的利益群体之中，而且这种组合又随着具体利益要求的不同经常发生变化，这种变化已经超越了原来那种固定不变的阶级、阶层的界限。现代社会利益群体的复杂性和每一个体又分属于不同利益群体的多重性，呼唤着以职业性群体为主的社会不同群体利益表达机制的进一步完善。在改革开放之前，我国实行单一的公有制和高度集中的计划经济体制，社会利益结构简单，社会结构的分化程度不全，尤其是政治体制的高度集中，使得单一的行政组织形式代替了丰富多彩的社会组织形式，特别是经济组织、行政组织、群团组织、政党组织其各自的组织功能模糊不清，乃至相互混同，社会组织几乎全部都被行政组织、行政体制“统”起来的情况下，各个不同的社会群体要表达自己的利益要求，必然寻求符合自己利益诉求的行政组织。而工、青、妇等一些专门从事社会不同群体利益表达的机构，在原有的体制下，也必然走上行政化的道路，不能很好地表达自身群体的利益要求。另一方面，由于国家控制着生产、消费、分配、流通等一切宏观领域，使得社会各个群体之间利益差异不明显，不能在广泛的范围内形成和实现自身特殊利益要求，因而也就谈不上特殊利益的表达。即使有一些以职业、性别、年龄为特征的利益群体，其相互之间的利益差别也不是很大。

改革开放以来，面对这种纵横交错的复杂的社会结构和多重的利益关系，由于国家在利益不断分化的情况下，往往不是作为某个特殊利益群体的直接代表者，代表某个社会群体的具体利益，而是代表人民群众的整体利益和长远利益；由于执政的中国共产党代表着社会不同群体的根本利益，是普遍意义上的利益代表，承担着利益协调者的艰巨任务，所以对特殊利益的表达显得无能为力；由于人民政府是国家权力的执行机关，其主要职责是执行国家权力机关制定的法律和法令，承担大量的行政事务，不可能花费大量的时间去听取和代表社会不同群体的利益表达。同时，也由于人民政府不直接进行社会群体利益综合的重要法律、法令和重大政策的制定，不是国家权力机关本身，这种与社会群体利益综合没有直接联系的利益表达，在某些时候很难形成对重大决策的影响，使某些社会群体的利益表达发挥不了应有的功效，收不到理想的效果。在这种情况下，要使社会不同群体的利益要求得到充分的、合理的、民主的、确有成效的表达，由此能够进入政治决策，在利益综合中得到正常的反映，维护自身群体利益，并使其确定和实现，就必须在政治体制改革中，在原有利益表达机制的基础上，继续完善、不断拓宽其表达渠道和方式，以适应社会不同群体其日益增长的利益表达和政治参与的愿望。

（二）利益表达客体缺乏约束力

所谓利益表达客体，是指利益表达主体进行利益表达活动所指向的对象。没有利益表达客体，利益表达主体的利益表达也就失去了目标。同时，利益表达主体进行利益表达是利益表达客体存在的前提和基础。也就是说，利益表达客体因利益表达主体的存在而存在，利益表达主体也规定着利益表达客体的真实性、合法性。另外，利益表达客体是相对的，没有绝对的始终属于利益表达客体范畴的利益表达客体。对某个利益表达客体来说，它是利益表达客体，但是利益表达客体也有自己的利益要求，也要向一定的对象进行利益表达，相对的它又成了利益表达主体。也就是说，我们不能固化地把党政部门的领导和工作人员视为利益客体，他们本身也有自己的利益需要和诉求。利益表达客体必须具有相对独立性，能够独立行使利益表达客体的职责和作用，否则就会出现意想不到的结果，也会影响利益表达主体的表达积极性，甚至会阻碍利益表达信息的进一步传播，对执政党政策和政府决策产生负面影响。

从理论上说，利益主体和客体的存在并不表明利益表达就能够顺利完成,两者的存在只是利益表达的必要条件,而不是充要条件,两者进行互动使利益表达的实现成为可能。在利益主体和利益客体形成的互动结构中,利益表达客体的态度和行为关系到利益表达的效应,如果利益表达主体的利益表达经常受到淡化、忽视和阻止,利益表达主体就会丧失利益表达的积极性。当前,我国的利益表达客体主要是指各级党政领导干部。在现有的政治架构下,基层官员的权力和地位合法性主要来源于国家和上级领导部门。这种制度设置使官员缺乏自下而上的监督制约机制,容易造成领导干部只对上级负责,而不对地方百姓的利益负责。尤其是在利益分化的时代,利益表达客体的执行者也有自身的利益要求,当群众利益要求与其不一致,或者存在矛盾和冲突,利益客体就不可能把利益要求有效地传达。甚至利用公共权力对利益表达者施加压力,进行打击报复,严重侵犯利益表达者的正当权益,妨碍利益表达的顺利进行,同时也破坏党和政府的形象。一方面,少数党政干部民主意识缺失,严重脱离群众,他们往往歪曲理解国家的稳定政策,把民众反映的意见、提出的批评和其他利益要求片面地认为有损当地的稳定和发展,甚至采取种种打压措施对民众的各种利益诉求进行遏制。另一方面,一些党政领导干部官僚主义作风盛行,对民众的利益表达采取"冷处理",权力部门之间也互相推诿,民众的利益表达由于受到漠视和拖延而失去效应。三是要有连接利益表达主体和客体的中介。利益表达的程度和模式受多种因素的影响和制约,利益表达主体和客体要实现互动并不是一件简单的事,这需要应用学者和官员的智慧为利益表达主体提供制度保障和搭建平台,当前民众进行利益表达的渠道主要有人民代表大会、政协、信访、新闻媒体等。各种利益表达渠道在一定程度上实现了民众的利益表达诉求,但客观的事实是民众的利益表达渠道并不畅通,仅有的利益表达中介传达民意的功能没有很好地得到发挥。

(三)利益表达缺乏操作性

尽管我国已经初步建立了人民利益表达制度体系,但现行的利益表达制度化程度不高,弹性较大,民众利益表达与实现缺乏完善的制度保障。现有不少制度规范是一种原则性规定和指导性意见,某些文字表达模糊性大、不严谨,制度内容空洞、抽象,对利益表达主体缺乏明确的、具体的指导和规范,对利益表达程序缺乏详细的规定和限制,无法真正保障利益主体申述自身利益需要。有些规定甚至从部门利益出发,导致规定本身相互矛盾,遇事相互推诿,人民群众往往无法适从。同时,从利益表达结果来看,缺乏行之有效的、到位的指导和监督,对其结果的执行亦不能落到实处,这样一来,人民群众便经常不知道该如何进行合法的、合理的利益表达。更有甚者,利益主体只有通过非正规的渠道才能表达自己的利益需求,有时不得不冒着犯罪的风险来表达合理的利益需求,如行贿、群体性事件等高发就是最好的例证。

在民众利益表达制度化建设明显滞后的情况下,某些渠道就显得形同虚设了。如依靠同学、校友、朋友、老乡等私人关系来传递自己的声音,甚至不得不依赖非制度化的渠道来表达合理的利益。近年来,越级上访、群体性事件等非制度化表达屡有发生,也有“上访专业户”存在,而更多的被称作“个案”或“小事”的利益诉求则因为“投诉无果”“拖累不起”或“不值得打官司”而被积累下来,使“小胳膊拧不过大腿”成为一种民怨,使人们对于制度化的表达缺失信心。可见,利益表达缺乏操作性,不能实现个体或群体利益的充分表达时,人民群众往往只能有三个选择:一是表现为因绝望而放弃自己的利益诉求,二是表现为走后门、拉关系等腐败贿赂行为,三是表现为越级上访、群体事件、恶意报复等极端的不利于社会稳定的行为。这种沉默或体制外的利益表达方式,不但影响了我国的法治化进程,与依法执政相悖,而且强化了人情关系文化,两者形成了恶性循环,导致腐败不断出现,大大影响了党和政府的形象。

(四)利益表达的非均衡性

马克思主义认为,利益是社会发展的基础、前提和动力因素。任何社会的变革归根到底都是重新调整人们的利益关系。在当代的社会生活和实践中,利益无不被视为各种需求之首。利益表达是实现利益的第一个环节,唯有利益表达受到重视后,利益表达才可得到满足。“利益表达要想最大可能的影响国家政策,必须要有一定的影响力,这却与为此而进行的政治参与的程度和持久力相关。”[①]如果这种政治参与低水平、低质量、低效率的话,那么他们的利益表达便难以达到预期的目的。若利益表达能更好地得以表达,那我们就必须提高这种政治参与的水平,加强各种有力措施的执行力度,着实

① 施雪华主编:《政治科学原理》,中山大学出版社,2001年,第792页。

让他们受益。这种差异性突出表现在不同的利益表达主体争取自己的利益的能力是不同的，而争取利益表达能力的差异源于不同的利益表达主体的发育程度和所拥有的政治资源多少的程度。“政治资源多种多样，最明显的是财富、人数、文化水平、威望、职位、社会关系网络以及谈判技巧等。”①同时，政治经济发展与文化发展的不平衡，使我国利益表达主体的利益表达能力呈现不平衡状态。在我国，利益表达比例城市高于农村，教育文化层次高的高于教育文化层次低的，较多参与社会交际活动的人高于较少参与社会交际活动的人，对现实政策决策敏感的人高于对现实政策漠不关心的人，占有社会资源较多的人高于占有社会资源较少的人，集团利益表达高于个人利益表达，共产党、民主党派、人民政协、工会、共青团等制度性的利益表达团体多强于消费者协会、中国律师协会等结构性的利益表达团体。

随着市场经济体制的建立和发展，中国的公众已分别被纳入不同的利益群体。不同的利益群体发展不平衡。与之相对应，当前中国利益表达组织发展的一个基本特征也是不平衡，主要表现为弱势阶层和利益群体的利益表达组织发展滞后，强势阶级和利益群体的利益表达组织发展迅速。如经济实力日益壮大的私营企业主阶层，不仅有政治参与的动机，也有参与的能力。为保护其阶层利益，能够积极地利用各种形式和渠道对决策过程施加影响；还有包括国家公务员、企业经营管理人员及事业单位管理人员等在内的白领阶层，其从事职业所覆盖的社会领域及其具有的经济实力，也决定了他们能够对决策施加一定的影响。市场经济中的一些群体的利益不但得到制度性的保障，甚至在政治决策和公共政策的激励下将被放大。但与之相反的是，在中国阶层结构中处于较低位置且又人数众多的、以体力劳动为主的蓝领工人及农民阶层，还有转型中出现的弱势群体，由于经济地位、教育水平的限制，他们主动影响政治决策的可能性微乎其微，其利益诉求在政治决策和公共决策中不能得到有效反映。利益群体诉求的不平衡，必然导致国家对各个阶层的利益配置失衡。

二、利益决策机制不完善制约了群众民主权利的发挥

群众利益是我们一切工作的出发点和落脚点，正确的决策是做好各项

① 赵子良：《农民利益表达权的缺失与保障》，《现代农业科技》，2005 年第 1 期。

工作的重要前提。只有从机制建设入手，才能在作决策、定政策时，以制度保证群众利益被充分考虑，群众意愿被充分尊重，最大限度防止因决策不当带来损害群众利益的问题。当前，中国社会的转型、社会结构与利益结构的分化，使新老问题交织，发展局面复杂，决策的广度和深度不断加大，难度和要求不断提高，对党的传统决策机制提出了挑战。

（一）人民群众在决策机制中的决定性功能体现不明显

利益结构的多元化使各利益主体获得相对独立的人格和政治、经济利益，社会成员开始从对国家的依附中解脱出来，成为具有明确利益意识和独立利益追求的"经济人"或社会公民。这就催发了公民的政治参与的热情和欲望，因为从工具性的角度看，决策参与是促进或捍卫参与者的利益的根本途径。[①]获得参与机会并积极参与决策过程就能表达自己的愿望和要求，获得自身利益。群众的政治参与要求长期得不到满足，就可能造成政治压力累积的结果，这种压力如不能有效引导会直接影响到执政党的地位。所以各利益主体参与热情的高涨，必然要求政党在利益代表过程中提供参与的组织条件和制度保障。

但是我们党的决策机制明显滞后于群众的参与热情。直至今日尚未建立深入了解民情、充分反映民意、广泛集中民智的决策机制，决策的民主化、科学化水平还不高。有些地方党委政府做决策时，偶尔征求群众的意见或只征求少数人的意见，甚至从来就没有征求过群众的意见。即使征求了意见，在现行的决策机制中，无论是党员相对于党组织，还是人民群众相对于行政领导班子，如果决策的选择权、决定权始终掌握在领导者手中，实际上形成群众民主、领导做主的局面。有的单位和部门执行民主集中制不力，搞"一言堂""一把手"说了算，导致决策失误发生，不能有效汇聚民智，反映人民的声音，严重损害了群众利益。在立法方面，还没有形成有效的公民参与机制，群众参与立法的渠道缺乏、群众的声音弱小。有的法律、行政法规以及地方性法规代表部门利益较多，未能充分体现大多数群众的意见和要求。

① 叶富春著:《利益结构、行政发展及其相互关系》，社会科学文献出版社，2004年，第88页。

(二)决策过程的无序性问题突出

决策的无序性一方面是因为大量决策没有或很难按照程序进行操作；另一方面，程序本身也是相对的，大多数决策既有程序化的一面，也有非程序化的一面。非程序化在一定的条件下可能更富有创造性，但是在一般情况下程序化决策更为慎重，也有利于集思广益，使政策更为合理科学。科学的决策程序揭示了决策实施的必然逻辑，是决策固有的客观规律的正确反映。越是大型的、高层次的、复杂的和高要求的决策，就越是讲究决策的程序，越是把自己的正确性寓于合乎客观规律的发展环节中。而较为小型的、低层次的、简单的决策，程序的重要性就不那么突出了。从这里我们也可以看出，利益分化和多元格局引起的信息量的剧增、方案制定和评估的困难以及要求的苛刻等，使我们不得不大大增强探究和遵从科学化程序的力度，以减少产生失误的可能性。

在经历社会转型后，中国是 13 亿人口的超级大系统，从横断面看，有那么多不同的区域、部门，从纵断面看，又有那么多的层次；每一个区域、部门或层次又都有自己的子系统，不同的子系统又有不同的层次。在这样一个超巨型的复杂系统内，如果决策一旦违背了科学的程序，错误决策所引起的惩罚就会临头了。随着市场经济体制的建立和完善，我们党和政府的科学决策意识强化，根据利益多元化格局，也采取了必要的科学决策理论与技术手段，但从根本上说，与市场经济相适应的科学决策的要求还有一定的距离。表现在如下两方面：

(1)决策程序不规范。受计划经济时期精英决策惯性思维的影响，在市场经济和利益多元化时期，决策者不经过深入的调查研究，不经过系统的咨询论证，不充分征求各方面的意见就进行决策，此类现象还不时发生。

(2)现代化的决策方法、手段应用不充分。尽管利益多元化、各类信息层出不穷，但决策中信息资源为实现决策科学化发挥的作用还不十分明显。决策者特别是一把手的长官意志在决策中还经常出现，领导者不按科学原理与规程的“拍脑袋工程”还时有发生。

(三)参与的不平衡性引发代表性危机

作为代表人民利益的政党,中国共产党在制定政策时,必须充分考虑到社会的利益构成,使其政策既能保证各个阶层的利益,同时又能保证社会整体的利益。如果某一利益群体的政治参与要求长期得不到满足,就可能造成政治压力累积的结果,这种压力如不能有效引导会直接影响到执政党的执政基础。中国当代的阶层分化与利益分化,促使了社会个体主体意识、公民意识的复苏,公民自愿参与政治决策以保护自身利益的趋势不断增强。但就当前的民众参与决策的可能与条件而言,不同阶层的政治参与水平参差不齐,表现出明显的阶层政治参与的不均衡性。

不同阶层利益的差距及其矛盾,增加了政党决策的难度。如何保证决策既能实现各个阶层的利益,同时又能将各阶层利益有效整合在一起,促进社会的发展,对执政党的决策机制形成了严峻的挑战。知识分子阶层由于具有较高的文化水平、较高的社会地位和较强的社会责任感,使其在政治参与中具有其他阶层所不具备的优势。私营企业主阶层也随着其自身经济实力的壮大,也表达出日益强烈的参与意识,以保护其阶层利益尤其是经济利益;同时由于私营企业主阶层成员素质的发展,私营企业主的社会地位也随着市场化的深入而不断提高,对这一阶层来说,不仅有政治参与的动机,也有政治参与的可能。然而在市场化改革中,除了有利益受益的阶层外,还存在着利益受损的阶层,其政治参与的可能与途径,随着其经济上的相对弱势,而变得更加困难。民众参与政治决策的不平衡性,引发了党的利益代表机制的危机。我们党如何在反映强势利益集团的利益与愿望之余,通过有效的机制与措施,确保能代表广大人民群众特别是弱势群众的利益与要求,是市场化背景下,党的利益代表机制建设的重要的时代课题。

三、利益分配机制失衡危及党群共同利益的基础

改革开放以来,伴随着市场经济的深入发展,我们将市场机制引入社会分配领域,使社会不同群体利益呈现出多元化、复杂化的发展趋势。单一的由党和政府统一调节社会所有不同群体利益分配的状态已被突破,为社会注入了竞争的生机和活力。但是三十多年来,由于种种复杂的原因,利益分

配机制在实施的过程中也导致了一个比较严重的负面结构，就是分配失衡造成社会成员收入和贫富差距逐渐拉大，严重危及了党群之间共同利益的基础。

（一）利益分配机制失衡使民众产生相对剥夺感

所谓民众的相对剥夺感，是指民众将自己与周围其他参照系群体进行比较后，感到自己应该得到的利益受到“剥夺”而产生的一种不平衡的心理感受。利益分配机制失衡造成社会财产占有的贫富悬殊，使广大民众产生的相对剥夺感不断增强。虽然自改革开放以来，中国经济获得了快速的发展，人民群众的整体收入水平和生活水平也得到了普遍提高。但是人民群众对自己的生活满意度却并没有得到相应提高，反而很多人却感到自己相对贫穷了，觉得自己的利益受到了“剥夺”。现在，人们一提到富裕的人，往往想到的就是垄断企业、私营企业、科研院所、党政机关等。大多数人认为，富裕的人是通过利益分配机制失衡而致富的，特别是当这些富裕的人中，有个别还是声言自己是廉洁奉公、全心全意为人民服务的公仆，而实际却是靠以权谋私、贪污受贿迅速暴富的。这就会使人民群众的被剥夺感更加强烈，进而还会对党和政府感到不满。

利益分配机制失衡，造成贫富差距扩大，财富分布的不平等，历来是社会不稳定的主要潜在根源。尤其是中国传统政治文化积淀在人们心理中的“不患寡而患不均”的潜在意识，决定了人们对贫富差距承受程度的有限性。而其重要的核心问题是，社会成员之间收入与占有财富差距的拉大，是不是合理分配、公平竞争的结果。如果这些收入差距主要是由于个人能力、努力程度以及对社会贡献大小的不同而形成的，那么人们是比较容易接受的。相反，如果是因为利益分配机制失衡，特别是靠“特权”搞腐败，靠违法乱纪来实现的话，就必然会使人们产生出强烈的不公平感、被剥夺感。如果是处于非常贫困的状态，那么这部分社会成员就会对那些富裕的人感到仇视，对社会产生不满情绪，怨声载道。这样的社会心理状态就极易导致反社会行为的发生，对党群关系构成很大的现实威胁。

(二)利益分配机制失衡加剧了社会行为失范

在由计划经济向市场经济转变、由传统社会向现代社会的转型过程中,社会的规则、道德、法律在改变,人们的思想意识、价值观念、行为规范也在发生变化。当熟悉的旧有规范开始过时,不太熟悉的新规范尚未明确建立时,社会成员普遍会感到无所适从,更有些人无视规则、冲击规则、曲解规则。失范是处于社会转型时期的一种突出社会现象:当官者以权谋私、掌权者贪污受贿、管理者吃拿卡要、经商者坑蒙拐骗、经营者偷税漏税,职业道德沦丧、行业之风败坏,行为失范现象就会愈演愈烈。

毋庸置疑,社会失范并非是处于社会转型时期的中国社会所特有的一种现象,任何国家在现代化的急剧社会变革过程中都会不同程度地遇到这样的问题。对于导致社会失范的原因虽然在理论上有多种解释,如文化冲突与价值振荡,社会分化和社会流动,规则改变与竞争无序等。但我国出现各种社会失范现象的一个非常重要的社会原因,就是利益分配机制失衡而导致的贫富差距过大。一方面,那些非法暴富者能够堂而皇之、逍遥自在地招摇过市,反而被人们视为"有能耐",这无疑在社会上产生强烈的示范效应。人们普遍存在一种"攀比心理",相比之下,会有更多的人认为自己由于太老实而无形中吃了大亏,因而在心理失衡、发泄不满后,自觉不自觉地起而效法,也以"失范"的手段谋取财富和各种利益,从而使社会失范现象丛生。另一方面,利益分配机制失衡,造就了社会经济地位下降而产生相对剥夺感的弱势群体,他们对暴富者仇视,对政府对此不作为感到不满,最后形成无视法律、无视道德,不择手段谋取钱财,弥补"个人损失"的危险群体。一个社会的发展进步,良好的社会秩序和有效的社会管理是必要条件。如果社会失范现象充斥而得不到有效解决,其危害的不仅是经济环境和经济社会秩序,而且对党群关系的发展带来巨大的危害。

(三)利益分配机制失衡危害公众对党和政府的信任与支持

一些暴富者本身就是掌握党政大权的腐败分子,或往往与腐败分子有牵连,或不公平合理的高收入与政策执行不当有关。尽管这些问题是发生在少数领导干部的身上,但公众通常会把个别部门、个别人的问题归结为党和政府的问题。从而破坏了党和政府在人民群众心目中的形象,严重恶化了党群关系,破坏了党和政府的威信。

中国是一个有着56个民族的多民族国家，少数民族大多居住在东北部、北部、西部、西南部幅员辽阔的地域和边疆地区,如果利益分配机制失衡,导致地区贫富差距过大,汉族聚集的中东部地区发达富裕,而其他地区长期落后贫穷，这就会在民族利益关系上产生严重矛盾从而影响到民族的团结,削弱党和国家的凝聚力、向心力。当前,在中国存在巨大就业压力和贫困人口压力的情况下,利益分配机制失衡,本身就可能引发各种社会矛盾,不可避免地会发生部分民众要求完善利益分配机制，表达自身利益诉求的行为,从而影响到社会政治的稳定。社会动荡不安,又会使经济发展的环境条件恶化,使经济稳定遭到影响,这样恶性循环相互加强,再加上已经存在的社会制度认同危机与相对剥夺感,如果这些因素综合作用,在一定时机下就会集中爆发出来,导致党群关系出现危机。

四、利益制约机制不健全损害了党群关系的和谐稳定

所谓利益制约,就是运用法律、行政、制度、教育等手段,对掌握某些权力的社会利益群体进行有效的控制和监督。实践证明,社会不同群体利益关系如果处于相互之间制约状态，由此构造的社会利益群体的发展便是协调的、有序的,如果其发展处于相互之间反制约状态,则一定是紊乱的、无序的。相对来说,在市场经济条件下如何加强对党政干部的监督和制约,仍然是党和国家政治生活中极为薄弱的一环。无论在理论上还是在实践中,都还存在着一些问题。

(一)监督机关的权限和领导体制与现实客观需要不适应

监督机关的权限和领导体制与现实客观需要不适应，不能真正有效地履行监督职能,发挥出应有的监督作用。行政机关内部的一般监督具有局限性,特别是自下而上的监督,甚至有一些素质较低的领导干部还会对监督者进行打击报复。业务监督与被监督者之间的关系极为复杂，有些属领导关系,有些属业务指导关系,有的仅有专项业务指导统筹关系,有的还有人财物等方面的权限分割和双重领导关系，这些关系使得监督内容和方式各有

不同,在一定程度上影响着监督作用的发挥。

由于现行的监督工作实行的是双重领导体制，专职监督机构缺乏应有的地位和必要的独立性。在当前的内部行政监督机构中,行政监督权的专门机构如监察部门,大都设置在政府机关内部,在领导体制上,这些部门受双重领导,既受同级行政机关的领导,又受上级业务部门的领导。在双重领导体制下,专职监督机构受到的控制比较多,尤其是受制于执行权。在组织上,监督机构的负责人,不是由同级行政机关的领导成员兼任,就是由行政机关任命。在经济上,监督机构一般都是从同级行政部门那里领取活动经费、事业经费、工资和奖金,从而在经济上受制于人。这种监督体制严重影响了监督主体的独立性,使监督人员在心理上有顾虑,他们害怕滥用权力的人用多种办法对其工作设置障碍，干扰甚至打击报复。监督人员背着这个思想包袱,难以毫无畏惧地展开工作,难以独立行使监督权,使“失监”和“虚监”的现象仍然存在。

(二)监督机制缺乏应有的法律依据

监督制度不健全,法律化、制度化的程度不高,使监督工作失去了应有的权威性和约束力。一方面,缺乏明确的监督标准。监督主体执行监督职能,必须以客观事实为依据,以有关法律为准绳。如果缺乏明确的监督标准,就会造成监督机关无法可依，这不仅难以准确判断和及时纠正被监督者的越轨行为,而且极易导致监督者在监督过程中产生盲目性和主观随意性,严重影响监督工作的严肃性。各监察机构在职能配备方面相互交叉重复、责任不清,在运作过程中彼此缺乏沟通和联系。

另一方面，缺乏具体的实施细则。由于我国目前有关监督的法律比较少,有些领域甚至还是空白,对监督的方式和程序没有具体的规定,使监督有时不能落到实处,既挫伤了监督主体的积极性,也影响了监督工作的严肃性,整个监督体系缺乏应有的决策力、规范力和协调力,从而导致很多不合理的现象出现。如是与非、罪与非罪、合法与不合法的界限,有的没有法律规定,有的规定不清,这在监督上易引起混乱。又如,对一些跨部门、跨行业、跨地区、多层次、多构成的公职不法案件,要么几个监督主体同时兴师问罪,要么相互推诿,要么撒手不管,结果既损害了法制监督的权威和效率,又减弱了监督的整体功能。同时,这又使得监督机构对腐败现象的监督或惩处缺乏法律依据和法制手段，这大大影响监督工作的严肃性、公正性。

（三）监督方式和手段陈旧

在我国的实践中，长期以来监督一直偏重于事后的追惩性监督，忽视了事前预防性监督及事中的过程性监督。监督活动是一项经常性、连续性的活动，凡是有行政管理活动，就应伴随着对行政管理活动的监督。根据监督主体对监督客体进行监督的不同发展阶段，监督可分为事前监督、事中监督、事后监督三个前后相继的阶段，监督应在事前、事中、事后全方位地进行，做到三者有机结合。如果将监督工作的重点放在“查错纠偏”上，偏重于追究、惩罚性的事后监督，应该说，这是一种“马后炮”式的监督。由于事前预防和事中控制不完善，以致造成行政偏差出现过多，监督机构整天忙于应付“查错纠偏”，陷入被动消极的不利局面。

从目前来看，对党政干部的监督制约还设有形成一个完整的、整体协调的、独立运作的机制；监督对象、监督内容、监督方式、监督程序、监督制度和监督处置方法还处于“粗放式经营”状态；对党政高级干部的监督制约机制不健全、不完善。当一个担任领导职务的人在位时，他所提出的政策、理论和主张，即使有严重的错误，也很难得到及时的纠正。等到能够纠正时，人民群众的利益也已经受了不应有的损失。因此，监督制约机制应以“防患于未然”为主，同时加强过程中的控制，建立起全方位的监控机制。

第五章
利益多元化格局中促进党群关系协调发展的路径分析

改革开放以来，伴随着我国社会主义市场经济的改革与建设进程，我国社会阶级结构与利益关系结构发生了前所未有的深刻变革，社会利益发展呈现出利益主体多元化、利益差距扩大化、利益结构复杂化、利益冲突明显化的利益多元化格局。利益分化的张力是社会进步的动力，但利益分化也应该是整合中的分化，不可能只有分化而没有整合，二者从来都不会单独发挥作用。在政治实践中，所谓利益整合主要是指国家依据一定的价值取向，按照公正合理的原则，依法矫正社会利益资源获取、分配中的扭曲现象，对社会利益资源进行公正合理的分配，确保社会中最大多数群体能分享到社会发展成果。立党为公是马克思主义政党的根本原则，执政为民是共产党执政的本质。中国共产党要代表好、实现好最广大人民的根本利益，就必须通过科学地分析利益分化的正负面影响，建立起利益整合的有效机制，规范各种利益关系、协调各种利益矛盾和冲突，才能保证在利益多元化格局中促进党群关系的和谐发展。

第一节　坚定信念：牢固树立执政为民的价值理念

执政价值理念是执政党执政活动价值取向的理性选择，是执政党的执政宗旨、执政目的、执政任务，以及为实现宗旨、目的、任务而制定和实施的执政方针、政策、手段等方面的总体认识和把握。一个执政党能否把广大党员干部紧密团结在自己周围，使自己的执政地位和执政活动始终为广大人民群众所认同，首先取决于这个执政党是否具有反映客观实际的、正确的执政价值理念。这就要求我们党的一切执政活动，都要以人民的意愿和利益出发,把为人民谋利益当作最根本的目的。邓小平同志对此早在理论上也作过深层次的回答。他指出:“工人阶级的政党不是把人民群众当作自己的工具,而是自觉地认定自己是人民群众在特定的历史时期内为完成特定的历史任务的一种工具。”①邓小平讲的是关于党的根本观念。简单地说,党是人民的工具,而决不能说人民是党的工具,这就是执政为民的价值理念。共产党的领导作用,从根本说,就是它能够认清历史发展大趋势,反映人民群众的利益和意志,制定出正确的路线方针政策,引导、组织和帮助人民群众为自己的解放,为自己的利益而奋斗。

一、牢固树立马克思主义群众观

马克思主义群众观，是马克思主义政党对待人民群众的根本立场和正确处理与人民群众关系的基本观点。深入开展党的群众路线教育实践活动就是要通过教育和实践两手抓，提高广大党员和干部践行马克思主义群众观的思想自觉和行动自觉,使马克思主义群众观深深植根于思想中,真正落实到行动上。

(一)马克思主义群众观是中国共产党的核心价值理念

马克思主义群众观是唯物史观的理论基石。马克思认为人民群众是社会物质财富和精神财富的创造者,是社会变革的决定力量。“人民至上”是马克思主义政党在价值观上区别于剥削阶级政党的标志。

马克思主义群众观彰显了中国共产党的鲜明立场。中国共产党从建党之初就把实现广大人民群众的根本利益作为最鲜明的政治立场,誓言“为天下劳苦大众谋幸福”。毛泽东指出:“共产党员无论何时何地都不应以个人利益放在第一位,而应以个人利益服从于民族的和人民群众的利益。”②在新的历史起点上,习近平总书记强调,这样一个大国,这样多的人民,这么复杂的国情,领导者要深入了解国情,了解人民所思所盼,要有“如履薄冰,如临深渊”的自觉,要牢记人民的利益高于一切,牢记责任重于泰山,丝毫不敢懈怠,丝毫不敢马虎,必须夙夜在公、勤勉工作。只有始终站在人民群众的立场

① 《邓小平文选》(第一卷),人民出版社,1994年,第218页。

② 《毛泽东选集》(第二卷),人民出版社,1991年,第522页。

上,牢记党的根基在人民、血脉在人民、力量在人民,才能冲破前进道路上的藩篱,不断走向新的胜利。

马克思主义群众观汇聚起实现中国梦的磅礴力量。当前,我国已进入改革发展的攻坚阶段,外部局势复杂多变,各种思想观念交融、交锋,人民群众期待过上幸福生活,盼望实现民族振兴和国家富强。习近平总书记指出:“生活在我们伟大祖国和伟大时代的中国人民,共同享有人生出彩的机会,共同享有梦想成真的机会,共同享有同祖国和时代一起成长与进步的机会。有梦想,有机会,有奋斗,一切美好的东西都能够创造出来。”[①]这就要求我们充分认识坚持马克思主义群众观的极端重要性,充分反映人民群众的诉求和愿望,最大限度地激发人民群众的创造活力,汇聚起实现中国梦的正能量。

(二)中国共产党开辟马克思主义群众观的新境界

早在160多年前,马克思恩格斯在创立共产主义者同盟时就关注党群关系并提出了一些重要观点。列宁曾把人民群众比作大海,认为共产党人和党的干部只是沧海一粟,指出“无产阶级政党的义不容辞的责任就是和群众在一起”[②]。中国共产党始终把马克思主义群众观作为领导革命、建设和改革开放的理论指导,并且融入党的全部奋斗实践中,开创了马克思主义群众观的新境界。

九十多年来中国共产党人在不同历史时期提出了一系列具有中国特色、中国气象、中国风格的群众观点,丰富发展了马克思主义群众观。概括起来主要有:人民群众是历史的创造者,人民是真正英雄的观点;相信人民群众自己解放自己的观点;虚心向人民群众学习的观点;全心全意为人民服务的观点;对党负责与对人民群众负责相一致的观点;党要依靠群众又要教育和引导群众前进的观点;立党为公、执政为民的观点;实现好、维护好、发展好最广大人民群众根本利益的观点;以人为本、人民至上的观点;群众利益无小事的观点等。

中国共产党人在领导革命、建设和改革开放的实践中提出并贯彻党的群众路线,是富有特色的伟大创造,是对马克思主义群众观的重大贡献。建党初期,党就开始在革命实践中探索群众路线,经过不同历史时期从理论到

① 《习近平谈治国理政》,外文出版社,2014年,第40页。

② 《列宁全集》(第30卷),人民出版社,1985年,第147页。

实践、从实践到理论不断总结升华，十一届六中全会《关于建国以来党的若干历史问题的决议》，把党的群众路线概括为“一切为了群众，一切依靠群众，从群众中来，到群众中去”，十三大党章又加上了“把党的正确主张变成群众的自觉行动”。党的群众路线凝聚着深厚的中国智慧，展现着鲜明的中国特色，成为党的生命线和根本工作路线。

（三）自觉践行马克思主义群众观

增进与人民群众的感情，提升服务群众的能力。感人心者，莫先乎情。党员干部对人民群众的态度和情感直接影响着群众工作的成效。改革开放之初，邓小平就反复强调：“群众是我们力量的源泉，群众路线和群众观点是我们的传家宝。党的组织、党员和党的干部，必须同群众打成一片，绝对不能同群众相对立。”[①]党的执政地位是人民群众赋予的，党员干部必须带着对群众的深厚感情做好群众工作，才能得到人民群众的真心拥护和支持。

解决好民生问题，切实维护群众的根本利益。目前，我国正处于改革发展的攻坚阶段，住房难、就业难、看病难、养老难等民生问题比较突出。习近平总书记强调：“我们要坚持党的群众路线，坚持人民主体地位，时刻把群众安危冷暖放在心上，及时准确了解群众所思、所盼、所忧、所急，把群众工作做实、做深、做细、做透。”[②]顺应人民群众过上幸福生活的新期待，必须着力解决好与人民群众根本利益休戚相关的民生问题。

健全联系服务群众的制度机制，做好新形势下的群众工作。以群众满意作为健全制度机制的首要标准，让人民群众享有畅通的利益表达渠道，通过与群众的沟通协商，充分了解群众的需要，便于党员干部更有效地做好群众工作。认真贯彻落实中央关于改进作风的规定，落实领导要解决好联系服务群众的“最后一公里”，提高做好新形势下群众工作的能力和水平。

二、始终以广大人民群众的根本利益为最高价值追求

人民群众是历史的创造者，是推动社会进步的根本力量。发展为了人

① 邓小平：《贯彻调整方针，保证安定团结》，《邓小平文选》（第二卷），人民出版社，1994年，第368页。

② 习近平：《全面贯彻落实党的十八大精神要突出抓好六个方面工作》，《求是》，2013年第1期，第6页。

民、发展依靠人民、发展成果由人民共享,是马克思主义政党的试金石,是党的生命根基和价值追求。正如习近平总书记强调一再指出的,“始终坚持全心全意为人民服务的根本宗旨,是我们党始终得到人民拥护和爱戴的根本原因,对于充分发挥党密切联系群众的优势至关重要。我们任何时候都必须把人民利益放在第一位,把实现好、维护好、发展好最广大人民根本利益作为一切工作的出发点和落脚点”[①]。这就要求全党同志牢记并恪守全心全意为人民服务的根本宗旨,牢固树立群众意识,牢固树立为民服务思想,不断提高一心为民的自觉性,始终与人民群众同呼吸共命运。

(一)人民利益观是中国共产党一以贯之的价值观

一个政党的价值观不能靠自我标榜,而要看其政治实践。相信谁、依靠谁、为了谁,是否始终站在最广大人民的立场上,是判断马克思主义政党的试金石,也是检验其价值观的根本标准。我们党从成立之日起,就把全心全意为人民服务,作为价值追求写在自己的旗帜上,并在实践中为之不懈奋斗。党的九十多年历史,就是一部为人民群众的利益而奋斗的历史。我们党开展艰苦卓绝的革命斗争,是为了民族独立、人民解放;我们党领导社会主义建设、进行改革开放,是为了民族振兴、人民富裕;我们党推动科学发展、促进社会和谐,是为了人民群众的生活美好幸福,为了中华民族的伟大复兴。为最广大人民群众谋利益,明确了我们党的先进性所在,反映了我们党立党为公、执政为民的本质,展现了我们党的崇高理想和现实追求。这一价值观,要求始终坚持人民利益高于一切,把造福人民作为党和国家一切工作的出发点和落脚点;始终坚持人民群众的历史主体地位,把尊重人民群众首创精神同加强和改善党的领导结合起来;始终坚持权为民所用、情为民所系、利为民所谋,把人民群众的拥护和支持作为自己永远立于不败之地的法宝。正是坚持了这样的价值观,我们党才始终成为中国工人阶级的先锋队,同时成为中国人民和中华民族的先锋队。

政党的先进价值观,对人民群众有着巨大的凝聚力、号召力。革命战争时期,我们党在人民群众的支持下,取得了革命胜利,建立了新中国。在社会主义建设时期,我们党紧紧依靠人民群众,建立社会主义制度,开展社会主义建设。在改革开放历史新时期,我们党坚持把人民拥护不拥护、赞成不赞

① 习近平:《始终坚持和充分发挥党的独特优势》,《求是》,2012年第15期。

成、高兴不高兴、答应不答应作为制定各项方针政策的出发点,充分调动广大人民群众的积极性、主动性、创造性,取得了经济社会快速发展的辉煌成就。党的十八大以来,我们党坚持以人为本,坚持发展为了人民、发展依靠人民、发展成果由人民共享,不断开创科学发展的新局面。实践证明,人民群众的拥护和支持是我们党不断取得一个又一个胜利的根本原因。

(二)忠实地代表人民群众的利益是党的根本立场

加强党的作风建设,根本的是坚持全心全意为人民服务的宗旨,充分发挥党密切联系群众的优势。中国共产党成立以来,由于历史条件的变化,党的每一个具体历史阶段的工作任务有所不同, 为人民服务的内容和方式也有所不同。但是,党的根本宗旨始终没有变,而且贯穿于党的一切活动之中。在新民主主义革命时期,我们党适应全国各族人民的要求,提出了正确的斗争纲领,取得了革命的胜利。新中国成立后,我们党又根据人民的利益,努力建设繁荣富强的社会主义现代化国家, 制定了建设有中国特色社会主义的基本路线。党的十八大明确了党和国家在全面建成小康社会决定性阶段,举什么旗、走什么路、以什么样的精神状态、朝着什么目标前进等重大问题。所有这些,正是工人阶级和最广大人民群众利益的科学体现。习近平在当选总书记后的首次公开讲话中明确指出:"人民对美好生活的向往, 就是我们的奋斗目标。"①鲜明地宣示了他带领中国共产党执政为民的坚定决心。

忠实地代表人民的利益, 全心全意为人民服务, 在共产党执政的条件下,具有特别重要的意义。在战争年代,残酷的斗争环境,迫使我们党员和干部自觉去联系群众,为人民谋利益,争取群众的拥护和支持。夺取全国政权后,党处于执政地位,成为社会主义事业的核心。为谁掌权问题就关系到党的性质和根本。作为执政党的中国共产党,必须执行人民的意志,代表人民的利益,领导和支持人民当家做主。这就要求党在自己的工作中,注意体察群众情绪,倾听群众呼声,把握各种矛盾,掌握社会主义各项事业发展规律,制定出合乎实际,顺乎民意的正确路线、方针、政策,并使之成为广大人民群众的自觉行动。正如邓小平同志提出的,我们的各项工作都要以人民拥护不拥护,人民赞成不赞成,人民高兴不高兴,人民答应不答应为标准,只有这

① 习近平:《在庆祝"五一"国际劳动节暨表彰全国劳动模范和先进工作者大会上的讲话》,人民出版社,2015 年,第 7 页。

样，才能把群众紧密地团结在党的周围，按照党所指导的方向和道路前进。

（三）党的一切奋斗和工作都是为了造福人民

加强党性修养，增强宗旨意识。立党为公、执政为民，从根本上说，就是始终坚持全心全意为人民服务的根本宗旨，把实现好、维护好、发展好最广大人民的根本利益作为党的理论和路线方针政策以及全部工作的根本依据，为中国人民的美好幸福生活而不懈奋斗。这就要求广大党员不断加强党性修养，增强宗旨意识。党性是政党本质属性的集中体现。中国共产党是中国工人阶级的先锋队，同时是中国人民和中华民族的先锋队，党的先进性质对党员的党性修养提出了很高的要求。广大党员只有不断加强党性修养，才能牢记党的性质，严守党的纪律和规定，切实做到立党为公。同时，中国共产党又是执政党。坚持执政为民，必然要求各级领导干部切实增强宗旨意识，牢记自己手中的权力是人民赋予的，只能全心全意用来为人民服务。各级领导干部必须把党和人民的利益摆在第一位，坚持讲党性、重品行、作表率，经受住长期执政的考验、改革开放的考验、发展社会主义市场经济的考验，不为私心所扰，不为名利所累，不为物欲所惑，常修为政之德，常思贪欲之害，常怀律己之心，始终为人民掌好权、用好权。

提高执政能力，推动经济社会又好又快发展。立党为公、执政为民，不仅是一种良好的愿望，更是一种艰辛的实践，需要有实实在在的执政业绩。这对领导干部的执政能力提出了很高的要求。只有不断提高执政能力，推动经济社会又好又快发展，才能不断提高人民的物质文化生活水平，促进人的全面发展，从而使广大人民群众更加拥护党的领导，使我们党的执政地位更加牢固。为此，各级领导干部必须深入贯彻落实科学发展观，切实提高领导科学发展的能力，把方针政策制定好，把干部队伍建设好，把工作作风改进好，把体制机制完善好，把内外部环境营造好，把人民群众组织好，坚持科学执政、民主执政、依法执政。尤其要始终坚持人民创造历史这一马克思主义基本原理，在充分发挥人民群众的主体作用中实现党的领导，坚持问政于民、问需于民、问计于民，深入体察人民群众的意愿，切实把实现好、维护好、发展好最广大人民的根本利益体现在领导发展的大政方针和各项部署中，落实到经济社会发展的各个方面；始终坚持人民群众是力量源泉和胜利之本这一马克思主义基本观点，既通过提出和贯彻正确的理论和路线方针政策带领人民群众前进，又从人民群众的实践创造和发展要求中获得前进动力。

着力改善民生，为人民群众排忧解难。坚持立党为公、执政为民，决不能停留在口号上，而要化为实际行动，给人民群众带来实实在在的利益。我们党在革命战争年代带领人民经过浴血奋战推翻三座大山，在新中国成立后开展大规模社会主义建设，十一届三中全会以来进行波澜壮阔的改革开放和社会主义现代化建设，这些都给广大人民群众带来了实实在在的利益，践行了立党为公、执政为民的理念。在新的发展阶段，坚持立党为公、执政为民，也必须顺应人民群众的新期待，着力改善民生，为人民群众排忧解难，给人民群众带来看得见、摸得着、感受得到的实惠。为此，应在经济发展的基础上，更加注重社会建设，着力保障和改善民生，以人民最关心、最直接、最现实的利益问题为切入点，为群众诚心诚意办实事、尽心竭力解难事、坚持不懈做好事。当前，重点是解决好关系人民群众切身利益的教育、就业、收入分配、社会保障体系、医疗卫生等问题，特别是要千方百计帮助下岗失业人员、农村贫困人口和城市贫困居民等困难群体解决实际问题。同时，积极推进社会体制改革，扩大公共服务，完善社会管理，促进社会公平正义，努力使全体人民学有所教、劳有所得、病有所医、老有所养、住有所居。

三、坚持把以人为本的执政理念作为出发点和落脚点

作为一个马克思主义政党，我们党的一切奋斗都是为了造福于民。坚持以人为本、执政为民这个检验党一切执政活动的最高标准，本质上要求我们把为人民服务作为各项工作的出发点和落脚点。从出发点上说，就是想问题、作决策、定计划都应认真考虑人民群众的利益、愿望和要求，着眼于满足人民群众不断增长的物质文化需求；从落脚点上说，就是要看我们的工作是不是实现了人民群众的利益、满足了人民群众的需求，以及实现和满足的程度与效果。

（一）始终坚定正确的政治方向和最广大人民的根本立场

指导我们事业的思想基础是马克思主义。在当代中国，毛泽东思想和中国特色社会主义理论体系是中国化了的马克思主义，昭示出我国经济社会发展的正确方向，体现了科学真理性与价值合理性的统一。九十多年来我们

党领导人民在革命、建设和改革事业中建立的丰功伟绩，充分显示出科学理论的巨大威力。各级领导干部要始终坚定正确的政治方向，坚定马克思主义信仰，重视理论的指导作用，重视科学理论武装，用马克思主义中国化的理论成果指导实践。人民群众是中国特色社会主义事业的主体，人民群众的积极性创造性的发挥始终是至关重要的，蕴藏在人民群众中的智慧和力量是无穷无尽的。人民群众是中国特色社会主义事业的主体，人民群众的积极性创造性的发挥始终是至关重要的，蕴藏在人民群众中的智慧和力量是无穷无尽的。正是人民群众的伟大创造，成为我们党推进理论创新的不竭源泉。

思想是行动的先导，共识凝聚力量。推进马克思主义大众化，使科学理论被人民群众所掌握，就能产生改天换地的巨大力量。各级领导干部既要重视理论的指导作用，又要尊重人民群众的主体作用，注意理论联系实际，始终把思想理论建设放在工作首位，坚持不懈地用马克思主义最新理论成果武装广大干部群众，奠定人民群众共同前进的思想基础，把科学的理论变成人民群众手中锐利的思想武器。同时，各级领导干部必须懂得，人民群众是自己当之无愧的衣食父母，自己手中的权力是人民赋予的，要明确为谁执政问题，充分尊重人民群众在历史发展中的主体地位，始终坚持人民群众创造历史的唯物史观，在任何时候任何情况下，与人民群众同呼吸共命运的立场不能变，全心全意为人民服务的宗旨不能忘，人民群众是真正的英雄的历史唯物主义观点不能丢，始终把群众的根本利益作为一切工作的出发点和落脚点，始终把人民放在心中最高位置。只有把广大人民群众聚集到中国特色社会主义这面旗帜下，使我们党成为人民群众在各种风险考验面前的主心骨，不断增强人民群众对党的认同感、归属感，不断增强基层党组织的凝聚力、向心力、战斗力。

（二）在科学执政、民主执政、依法执政中努力提高为人民服务的本领

作为改革开放伟大实践的理论升华，中国特色社会主义理论体系以丰富的思想内涵和严密的内在逻辑构成了一个系统的科学体系，是马克思主义在当代中国的丰富和发展，经过实践的检验，深化了人类社会发展规律、社会主义建设规律、共产党执政规律的认识，体现了我们党对客观规律的自觉遵循，符合时代要求、人民意愿、客观实际，是指导我们各项事业的根本方

针，推进科学发展是历史发展的必由之路。实践表明，党的基本路线是党和国家的生命线、人民群众的幸福线，得到人民群众的广泛认同，具有深厚广泛的社会基础。马克思主义认为，“科学越是毫无顾忌和大公无私，它就越符合工人的利益和愿望”①。

中国特色社会主义是共产主义最高理想在我国社会主义初级阶段的现实表现，体现了客观规律的发展要求与人民群众的根本利益和共同愿望，符合人民群众的长远利益，推进科学发展的过程，就是坚持立党为公、执政为民，为人民谋利益、服好务的过程。当前，人民群众最关心、最直接、最现实的利益问题，如就业、就学、就医、住房和社会保障等问题，要竭尽全力去解决，充满感情去解决，拿出好办法去解决，让人民群众高兴、满意。群众利益无小事，群众的事再小，也要竭尽全力去做，要心系群众，服务人民，牢固树立马克思主义群众观点，坚持党的群众路线，时刻摆正自己和人民群众的位置，在思想感情上接近人民群众，下大力气做好关心困难群众生产生活的工作，多办顺民意、解民忧、帮民富的实事。特别是遇到各种自然灾害，在人民群众的生命财产遭受损失的时候，我们的领导干部要与人民群众同喜同忧，同乐同愁，及时深入第一线，看望慰问受灾群众，和人民群众一道研究抗灾计策，让人民群众感受到父母官的关怀和温暖。因此，党政领导干部要把以人为本作为一种为官品德、一种工作方法，注意尊重民愿，坚持科学决策、民主决策、依法决策，重大事项实行专家论证、群众参与，充分考虑专家和人民群众意见，提高决策的科学化水平。坚持因势利导，以典型引路，加强利于科学发展的政策导向作用，让人民群众在科学发展中尝到甜头、得到实惠，从中感知理论的巨大力量，从而激发人民群众走科学发展道路的内在动力，使科学发展成为广大人民群众的自觉行动。

（三）正确对待和行使手中权力，自觉接受人民群众的监督

在新形势下，实践好全心全意为人民服务的宗旨，必须正确对待和使用手中的权力。封建地主阶级认为权力属于个人，“君权不可失落，君权不可转让，君权不可分割”。资本主义社会，权力成为资产阶级一个阶级的权力，人民只是一个陪衬。工人阶级及其政党建立的社会主义国家是人民的国家，权

① 《马克思恩格斯选集》（第四卷），人民出版社，1995年，第258页。

力是人民的权力。人民是权力的主体,是权力的委托者。宪法规定:“中国共产党的一切权力属于人民。”作为执政党的中国共产党,是代表人民掌握领导权。作为执政党的党员和干部,分布在共和国的各条战线、各行各业,大都掌握大大小小的权力。这些权力无论是上级任命还是选举产生,都是人民赋予的。个人的升降去留,应坦然地接受党和人民的选择。诚心诚意为人民谋利益是共产党人行使权力的目的。担任一定的职务,得到一定权力,不是为了别的什么,而是为了履行一种庄严、神圣的责任,是为人民做事,做事不是为了个人当官。因此,必须坚持人民的利益高于一切,共产党员的党性高于一切,把对上级负责和对人民负责统一起来,通过卓有成效的工作,使人民富裕和幸福,让人民满意。要把正确行使权力的过程等同于为人民服务的过程,谁也不能将本来属于人民的权力看成是一种私有财产,更不能为谋取个人名利和地位而不择手段。否则,就是对人民的背叛,就会被人民所抛弃。

权力本身具有两重性,既可以为人民谋利益,带领群众创造美好新生活,运用不好也可能被权力所腐蚀,使手中的权力异化变质,成为独享的资源、独有的秘密“武器”、谋取私利的工具,以无偿之本实现高额之利,就会毁掉一批干部,削弱党在人民群众中的威信,动摇党的执政地位,甚至会重蹈孔子、魏征讲的水能载舟亦能覆舟的旧辙。人民群众是历史活动的主体,也是历史活动的评判者。评判工作如果不看人民群众的感受,只看上级或领导的好恶,那就不仅难以得出客观正确的结论,而且必将遭到人民群众的反对。因此,能否用好手中权力,关系到能否坚持全心全意为人民服务的宗旨,关系到我们党和国家能否变质的大问题。每个党员干部都应以高度的政治责任感和使命感正确对待这个问题。为此,党员干部应当经常想、想清楚、想明白:“入党为什么?当官做什么?给子女留什么?”始终保持清醒的头脑,树立正确的权力观,把自己当作人民的公仆、人民的“孺子牛”,把自己看作为人民所使唤的工具,只能把人民赋予的权力用来为人民服务,有权不辱崇高使命,位高不失公仆之心,鞠躬尽瘁,死而后已。

第二节　功能定位:着力推进基层服务型党组织建设

党的基层组织作为党的工作最坚实的力量支撑,长期以来,在推动发展、服务群众、凝聚人心、促进和谐中发挥了重要作用。建设基层服务型党组织，就是要牢固树立服务能力就是执政能力，服务水平就是执政水平的理念，以服务群众、做群众工作为主要任务和基层职责，把基层领导和管理寓于服务之中，更好地服务发展、服务民生、服务群众，使基层党组织的领导方式、工作方式、活动方式更加符合服务群众的现实需要。面对服务群众、做好群众工作更为繁重的新形势，党的十八大报告明确指出：要"以服务群众、做群众工作为主要任务，加强基层服务型党组织建设"。这既对党的建设目标在基层的落实提出了明确要求，又重塑了基层党组织的价值功能定位，对党的自身建设的转变进行了具体部署。为此，我们必须深刻认识推进基层服务型党组织建设的重大意义，积极践行基层服务型党组织建设的各项要求，以基层服务型党组织建设为总抓手引领党群关系的和谐发展。

一、深化基层服务型党组织建设的意识理念

我们虽然能够以不同的角度对为什么要建设基层服务型党组织进行认知，但对于我们党来说，建设基层服务型党组织的根本目的还是顺应时代发展的潮流，满足人民群众日益增长的需求。思想是行动的先导，按照党的十八大所提出的推进基层服务型党组织建设的目标任务，我们必须首先在思想上达成共识，牢固树立起服务人民的理念，才能以高度的政治自觉提供令群众更加满意的服务，不断增强基层党组织的公信力，进一步巩固党的执政地位。

（一）在密切联系群众中增强服务意识

基层服务型党组织建设，就是为了能够更好地践行我们党"全心全意为人民服务"的根本宗旨。毛泽东早在民主革命时期就曾在《为人民服务》一文中指出："共产党和共产党所领导的八路军、新四军，是革命的队伍。我们这个队伍完全是为着解放人民的，是彻底地为人民利益工作的。"此后，在党的七大上，他又进一步强调："全心全意地为人民服务，一刻也不脱离群众；一切从人民的利益出发，而不是从个人或小集团的利益出发；向人民负责和向党的领导机关负责的一致性；这些就是我们的出发点。"我们的每一位党员干部只有牢固树立服务人民的意识，切实解决人民群众反映强烈的突出问题，才能为基层服务型党组织建设奠定良好的思想基础。这就要求我们必须大力加强思想教育和理论学习，深刻领会人民群众是党的执政之基、力量之

源,不断增强服务群众的意识。同时,我们要大力弘扬党的优良作风,在实践中密切联系群众,紧紧依靠群众,真正做到发展为了人民、发展依靠人民、发展成果由人民共享。

(二)在解决民生问题的过程中提升服务意识

基层服务型党组织建设,必须围绕中心、服务大局,立足于保障和改善民生,让广大人民群众过上幸福美好的生活。早在改革开放初期,邓小平就结合当时中国的实际提出,“不坚持社会主义,不改革开放,不发展经济,不改善人民生活,只能是死路一条”[①]。党的十八大后,习近平总书记多次提出了“中国梦”的战略构想,强调“人民对美好生活的向往,就是我们的奋斗目标”。凸显了在新形势下我们党对保障和改善民生,解决人民群众现实利益问题的高度重视。在当前全面深化改革的关键时期,所触及深层次矛盾和问题大多与人民群众的切身利益直接相关。因此,顺应人民群众的新期待,在全体人民共享改革发展成果上取得新进展, 以保障和改善民生为重点加强社会建设,使人民学有所教、劳有所得、病有所医、老有所养、住有所居,就构成了基层服务型党组织建设的思想基础和前提。

(三)在实现好、维护好、发展好群众利益中提高服务意识

马克思恩格斯在《共产党宣言》中曾庄严宣告:“过去的一切运动都是少数人的或者为少数人谋利益的运动。无产阶级的运动是绝大多数人的、为绝大多数人谋利益的独立的运动。”[②]这就告诉我们,检验一个政党是不是马克思主义政党,就看它是否以最广大人民群众的根本利益为出发点。我们党也正是因为代表了最广大人民群众的根本利益, 才能将广大人民群众凝聚在党的周围,建立了新中国;也正是在努力实现人民群众日益增长的物质和文化生活需求的过程中,才赢得了最广大人民群众的支持和拥护,取得了举世瞩目的成就。基层服务型党组织建设,要求广大基层党员和干部必须清醒地认识到,服务人民的本质就在于实现好、维护好、发展好最广大人民群众的

---

① 《邓小平文选》(第三卷),人民出版社,1993 年,第 370 页。

② 《马克思恩格斯选集》(第一卷),人民出版社,1995 年,第 283 页。

根本利益。这就要坚持让广大人民群众对基层党员和干部的思想、工作、生活进行评议，以此来增强基层党员和干部服务群众的意识，提高做好群众工作的能力。

二、提升基层服务型党组织建设的能力水平

牢固树立服务群众的意识和理念对于服务型党组织建设当然非常重要，但明确基层党组织应该干些什么，有哪些具体要求则更具有决定性。在新形势下，广大基层党组织和党员干部都要有一种本领恐慌，只有锤炼出过硬的服务本领，为基层服务型党组织建设提供能力保障，才能不断满足群众追求更好生活的愿望，保持基层党组织的强大战斗力和生命力。

（一）努力提高基层党员队伍的综合素质

党员是基层服务型党组织建设的源头活水。早在1938年，毛泽东就明确指出："中国共产党是在一个几万万人的大民族中领导伟大革命斗争的党，没有多数才德兼备的领导干部，是不能完成其历史任务的。""政治路线确定之后，干部就是决定的因素。"[①]党的十八大报告也同样强调："坚持和发展中国特色社会主义，关键在于建设一支政治坚定、能力过硬、作风优良、奋发有为的执政骨干队伍。"[②]正所谓"打铁还需自身硬"，基层服务型党组织建设必须切实提高基层党员队伍的综合素质。一是提升基层党员队伍的理论素养。通过加强思想政治教育，坚守共产党人的精神追求，明晰服务群众是基层党组织的根本任务、责任担当。二是增强基层党员队伍的服务技能。加强对社会管理、公共服务、维护稳定等方面的重点培训和集中轮训，力求做到需要什么补充什么，提升做好群众工作、服务群众的能力。三是提高基层党员队伍的实践能力。积极引导广大基层党员干部深入实际、深入群众进行调查研究，在实践中了解群众的疾苦、诉求，增进对群众的感情，从而坚定站稳群众立场，竭尽所能为群众做好服务。

---

① 《毛泽东选集》（第二卷），人民出版社，1991年，第526页。

② 《十八大以来重要文献选编》（上），中央文献出版社，2014年，第41页。

(二)积极拓展基层党组织的服务方式

基层党组织处于改革发展稳定的前沿阵地,与群众联系最为紧密,其主要职责就是将党的路线、方针和政策转化为群众的具体行动。在这种转化的过程中,基层党组织必须摆脱过分依赖行政权力的传统领导方式,而要以非权力的影响力在引导中带领群众、在示范中组织群众、在服务中凝聚群众,这才是汇聚强大民心民力的来源,也是我们党始终立于不败之地的根本之策。一是要提供有针对性的服务。根据群众对服务诉求的变动,要适时对服务群众的目标和任务进行更新,确保基层党组织所提供的服务能够迎合所有群众的需求。二是要实行网格化管理。在服务群众中实行网格化管理,可以使群众工作承包到具体的责任人,凸显出做群众工作、服务群众的"面对面"的特点,以便能够有效地整合各个方面的资源和优势,更好地服务群众。三是要提高危机处理的水平。要建立健全基层党组织在应对突发事件的体制机制,使其能够对突然而来的紧急事件做出准确的判断,并能够果断采取措施进行处理。同时,要针对突发事件所可能带来的不良后果进行预判,并制定出相应的举措,维护好社会的稳定,保护好广大人民群众的生命财产安全。

(三)着力提升基层党组织的服务能力

共产党之所以存在,就是为了使人民群众成为真正的主人,实现人的自由全面发展。这一目标的实现,离不开党的领导,但领导群众不是根本目的,而是为了创造出条件,促使群众积极主动地参与国家和社会事务的管理,实行自我教育、自我管理、自我服务、自我监督。这一本质特征表明,党的领导只是围绕着一个目标,即发动群众、组织群众、依靠群众、服务群众。因此,基层服务型党组织建设,必须根据不断发展变化的新形势,着力提升服务群众的能力。一是要提升引领经济社会发展的能力。要引导广大党员干部深入领会科学发展观的实质和要求,创新发展理念,带领着人民群众破解改革发展的难题,推动经济社会持续健康发展,让全体人民共享改革发展成果。二是要提升促进社会稳定、和谐的能力。在利益格局深刻调整的新形势下,广大党员干部必须具备妥善协调各方面的利益关系、维护社会稳定和应对危机的能力,有的放矢地促进社会和谐与公平正义。三是要提升凝聚人心民智的能力。基层党组织服务群众的效果必须由接受服务的群众来做出评判，所以，基层党组织只有具备准确把握群众服务诉求的能力，才能始终赢得广大人民群众的拥护和支持。

三、优化基层服务型党组织建设的策略

加强基层服务型党组织建设，是我们党依据群众工作的新形势，着眼于党群关系的改善和发展作出的重大战略部署。从目前的实际情况来看，虽然各个地方都在加紧推行基层服务型党组织建设，并取得了许多成绩，但依然存在很多薄弱环节，积累了不少问题，这些问题的解决迫切需要我们在理论上进一步加以充实、完善和提高。

（一）协调各方、引领群众

基层服务型党组织的实现方式，可以用“协调各方、引领群众”来进行概括。协调各方，主要是指基层党组织在社会各个基层组织中发挥领导核心作用，通过整合党政机关、市场机构、群团组织等各类资金、项目、人员，向党政服务的最后一公里聚合。这就需要基层党组织打破传统的封闭式、各自为政的行政化牢笼的束缚，实行城乡一体化、体制内外一体化的公共服务。与此相适应，基层党组织必须转变过去行政命令式的工作方法，逐渐学会与大党委制相适应的对话、协商、说服以实现互利、共赢的工作方法。

引领群众，主要是指基层党组织能够组织、动员群众共同参与社会事务的管理。这主要包括两个方面，一方面，基层党组织要积极培育和引导基层群众自治组织。基层党组织要积极融入到村代会、居代会之中，把党的领导作用转变为引导群众集体讨论、决定重大问题，实行自我管理、自我服务的民主过程，转变为集中民智、凝聚民力、实现民意的过程，从而把党的政策主张变成群众的自觉行动。另一方面，基层党组织要积极培育和引导社会民间组织、非政府组织以及各类公益性组织。基层党组织要切实转变过去“重行政管理、轻依法管理”的惯性思维与做法，发挥出社会民间组织、非政府组织以及各类公益性组织在提供服务、反映诉求、规范行为等方面的作用，从而建立起党组织、政府与社会组织三者共同服务于社会的新局面。

(二)优化服务群众,做好群众工作的内容

只有不断优化基层服务型党组织的服务内容,才能为群众提供更优质、更满意的服务,使“以人为本”的执政理念得以实现。一方面,要深入了解群众诉求,优化服务内容。党员干部之所以服务群众,绝不是因为他们比群众高明多少,而正在于他们能够紧密联系群众,想群众所想,急群众所急,明群众所需。只有在深入了解群众诉求的基础上优化服务群众的内容,才能把握住群众的脉搏、了解群众的意愿,并根据群众的切身需求提高做好服务群众的工作和水平。

另一方面,要立足于群众的实际,优化服务内容。一是为基层群众提供法律和政策咨询服务,让群众能够及时了解党和国家的方针、政策、法律、法规,对群众的合法权利和合理诉求予以保护。二是为基层群众提供积极、健康、向上的精神文化服务,坚决抵制和排除各种腐朽思想和错误思潮的干扰,为群众日益增长的精神文化需求提供风清气正的良好环境。三是为基层群众提供心理咨询和疏导服务,要充分发挥基层党组织的思想引导、人文关怀等方面的作用,重视对基层党员和群众加强心理疏导,保持乐观、积极向上的健康心理,维护好基层社会的稳定。

(三)搭建为民服务的平台与载体

基层党组织只有建立一定的服务群众的平台,不断创新做好群众工作的载体,整合服务群众的资源,才能为基层服务型党组织建设创造出良好的环境和条件,进一步增强为民服务的实效,将服务最终落到实处。

一是要建立便捷高效的党员服务站点。在新形势下,社会经济结构日益多元化,社会成员的流动性明显增强,基层党组织必须着重考虑如何方便党员参加组织活动、党组织如何能够发挥作用等现实问题。这就要求基层党组织按照区域设立便捷高效的党员服务站点,积极推进“一站式”便民服务。二是要拓展、完善活动阵地。要积极开展形式多样、内容丰富的服务活动,可以组建党员志愿小分队,定期走访群众,为群众答疑解惑,开展群众喜闻乐见的活动,并对群众满意的优秀党员进行表彰、宣传,鼓励广大党员积极加入到志愿服务的行列中来。三是要打造综合性信息化服务平台。通过建立网络

党支部、红色微博、党建QQ群等方式，积极拓展基层党组织网上服务的有效形式。利用全面系统的网络服务平台，使广大党员和群众可以足不出户就能反映自己的各种诉求、意见和建议，并能及时获得基层党组织的帮助，从而更好地密切党员与群众的联系，增进与群众的情感。

（四）建立健全服务群众的长效机制

基层服务型党组织建设绝不是权宜之计，绝不是一项有始无终的简单活动，必须要从制度安排、机制建构上下足功夫。基于此，我们要以改革创新为动力，将体制机制建设内化于服务型党组织建设的各个方面，用制度管权、管事、管人，以实现服务群众常态化、长效化。

一是要建立健全服务群众的领导机制。要建立健全基层党组织服务群众责任制，专项述廉、述职制，把联系群众、服务群众、做好群众工作纳入基层党建的目标管理体系，量化到每一位基层领导干部的实际工作中，形成层层抓落实的工作格局，确保服务群众的工作取得实效。二是要建立健全联系群众机制。要建立和完善挂职蹲点、结对帮扶、定期下访、基层锻炼等制度，使领导干部下沉到基层一线倾听群众的呼声、及时了解群众的愿望和需求，在解决群众的实际困难中增进同群众的感情。三是要建立健全服务效果的评价机制。要使广大群众对基层服务型党组织的建设情况和党员干部服务群众的情况作出评价、提出意见，对群众的评议结果应认真研究、切实改进，并把服务成效、群众满意与否作为党员干部考核、选拔、评优评先的重要依据，从而推动基层服务型党组织建设的各项工作真正落到实处。

第三节　创新工作：以社会公正为准绳整合利益关系

无论是在哪个时代、民族或国度，公正都被认为是一种应得到普遍尊崇的准则。其实，公正就是在调节人与人之间的权利与义务、利益与负担，而达成的一种“恰当”关系。马克思主义认为，随着时代的变迁、社会的发展，公正的内涵也不断发生着变化。在奴隶社会，“希腊人和罗马人的公平观认为奴隶制度是公平的”[1]。诚然，在封建社会，人们也认为封建制度是公平的。但这并不能为资产阶级所接受，资产阶级也正是打着“公正”的旗号登上历史舞台的。然而资产阶级千方百计所标榜的公正，对于广大劳动者来说，却毫无公正可言，这种公正只不过是一个虚幻的影像而已。只有到了彻底消灭私有制、消灭剥削、消灭阶级的社会主义社会，人民群众才能真正成为主人，也才有真正的公正可言。当前，我国正处于全面深化改革的攻坚期，改革的过程也是一个利益格局大调整的过程，如何坚持社会主义制度的公正原则，实现党群关系的和谐，从根本上来说，还是要建立一套公正、合理的利益协调制度。一方面应让全体人民共享改革发展的红利，即我们始终倡导的共同富裕；另一方面应防止一些党员干部利用手中的特权谋取特殊利益，杜绝规则和程序的不公正性。正如葛德文曾指出的：“人们是能够愉快地对付相当大的困难的，只要这种困难也为社会其余的人公平分担。”[2]这对于我们实现多元利益格局中党群关系的和谐不无启发。

一、要大力发展社会生产力，提高利益对象供给水平

利益矛盾和利益冲突之所以伴随人类社会的发展始终，其根本原因就在于人自身的需要无法得到满足。因此，解决人在利益实现过程中出现的种种矛盾和冲突，最根本的办法就是尽可能地满足人对利益对象的占有和消耗，提高利益对象的有效供给水平。中国共产党也正是因为始终关怀并切实解决群众的生产、生活问题，才使广大人民群众始终紧密地团结在党的周围，不离不弃。可见，实现党群关系和谐的关键还是要靠发展，通过发展来推动生产力的进步，通过发展来实现好、维护好、发展好最广大人民群众的根本利益，不断提高广大人民群众的物质生活水平。

（一）通过大力发展生产力，使全体社会成员普遍受益

从人类历史的向度来看，通过发展经济来实现社会长治久安的思想，很早就被人们认识了。在我国，从先秦早期的管仲到西汉司马迁，再到王充以

① 《马克思恩格斯全集》（第18卷），人民出版社，1964年，第310页。

② ［英］威廉·葛德文著：《政治正义论》，商务印书馆，1982年，第14页。

及后来的事功派，都不同程度地道出了发展经济，提高利益对象的有效供给在社会发展中的重要作用。但从总体上看来，这种观点并没有成为中国传统社会和谐途径的主流。在欧洲也是一样，中世纪禁欲主义盛行，禁锢了人们追求自身合法利益的积极性。当然，这种情况的出现，固然与他们的价值取向有关，但更主要是与当时的生产手段、生产工具落后密切相关。当人类还不能达到创造出更丰富的利益对象来满足人类的利益需要，缓解社会冲突的严重程度时，作为经济途径在社会发展中的重要性尽管已经为人类所察觉，但为了社会的稳定，为了人类不至于在社会矛盾和冲突中毁灭自己，人类还不可能把经济途径作为社会和谐的主要途径加以认可和宣传。相反，推崇通过观念途径，对社会主体需求加以约束和批判，努力压缩人的需要，使之与不发达的社会生产水平和利益对象供应水平相适应，这就成了当时这种历史条件下唯一合理选择。伴随着科学技术的迅速发展和广泛运用，蕴含于科技之中的巨大力量被唤醒，从此，人类掌握了能够创造出巨大物质财富和利益对象的工具，经济途径在实现社会和谐中的作用也被人们所认可。

邓小平同志在南方谈话中明确指出："如果没有改革开放的成果，'六·四'这个关我们闯不过……为什么'六·四'以后我们的国家能够很稳定？就是因为我们搞了改革开放，促进了经济发展，人民生活得到了改善。"[①]"从根本上说，手头东西多了，我们在处理各种矛盾和问题时就立于主动地位。"[②]这些话精辟地阐明了发展生产力与经济利益协调之间的紧密联系。当代中国社会之所以仍然存在很多的经济利益矛盾、经济利益冲突，固然有许多方面的原因，但最根本的一条，就是因为生产力水平不高，远远不能满足广大人民的物质文化需要，因此才产生了各种各样的经济利益矛盾、经济利益冲突。要从根本上解决这些矛盾和冲突，就必须以其产生的经济根源为基本点，大力发展生产力，不断增加社会财富，把"蛋糕"做大，只有这样，才能使最广大的人民在普遍受益的基础上协调好种种经济利益矛盾与冲突，才能使全体社会成员的需要普遍得到更大程度的满足，才能使我们有足够的实力对在改革中的利益受损者进行一定补偿，才能使我们在解决各种实际问题如吃饭问题、住房问题、教育问题、就业问题、看病问题等等问题时立于主动地位。经济是基础，我们必须要用发展的方法来解决社会的各种经济利益

---

① 《邓小平文选》(第三卷)，人民出版社，1993年，第371页。

② 同上，第377页。

矛盾和冲突。

（二）通过大力发展生产力，改善利益客体的短缺状况

改革开放以来，我国的经济发展迅速，利益客体的短缺状况有所改观，利益客体的逐渐丰富为实现利益和谐提供了可能性。但利益客体并没有达到极大富裕的程度，其相对短缺的现状并没有得到真正改变。利益客体是利益结构中最为重要的内容之一，是利益的物质载体，不发展生产力，提高利益客体的有效供给，就不可能实现利益和谐。当然，相对于利益主体的多样化需求以及需求的不断增长，在现阶段要实现利益客体与利益主体的完美配置也是不现实的，但现实中利益客体的状况如何，也并不是毫无客观的判断标准的。如果利益客体现状能够基本满足利益主体现有的利益要求，并能提升新的利益要求，就可以认为利益客体的状况是基本合理的。基本满足面和提升面越广，基本满足层次和提升层次越高，利益客体的合理度也就越大。

以这样的标准来衡量，我国目前利益客体的发展趋势是合理的。现阶段我国已经进入全面建成小康社会的关键时期，绝大多数人的生活水平都有了很大的提高，很多人已经不再仅仅是满足于从前的丰衣足食的物质生活，对精神文化产品的需求也越来越高。显然，基本满足面更广，提升层次更高。但是由于利益客体的平均水平太低，人们的普遍生活水准不高，基本满足层次也就难以得到大幅度的提升。而且由于利益客体分布不均衡的事实上的存在，需要层次的提升只发生在少数人身上。由此可见，目前我国利益客体状况的改善还具有相当大的空间。而要改善利益客体的状况就必须依赖于生产力的发展。按照马克思主义的看法，生产力始终是创造满足社会需要的使用价值、物质财富的“有用的具体的劳动的生产力”，生产力的提高或降低与产品和使用价值的多少成正比，同样时间内的具体的劳动所提供的使用价值在生产力提高时就多些，反之则少些。[①]一个国家人民的生活水平、生活质量、生活方式，直接受制于其社会生产力的发展水平富裕程度。生产力水平低下，将使利益客体长期不足，人们的基本生活需要就得不到满足甚至有可能萎缩，也就根本谈不上基本满足面的扩充和满足层次的提升，利益客体不合理的状况将加剧。只有发展生产力，才能改善利益客体的供给量和供给

① 《马克思恩格斯全集》(第23卷)，人民出版社，1956年，第59~60页。

水平，发展生产力是改善利益客体状况的唯一途径。

（三）通过大力发展生产力，塑造合格的利益主体

历史唯物主义认为，生产力是在人们的实践活动中形成的，在这个意义上，发展生产力就是发展人的本质力量。因此，生产力的发展不仅表现为物质的不断丰富上，而且表现在人的不断发展上。随着我国市场经济的发展，很多学者注意到经济的运行是由利益主体及其关系决定的，因而他们准确地指出生产力取得新的发展的关键在于理顺利益主体关系，塑造出合格的利益主体。我们认为，利益主体的塑造在生产力停滞的情况下是极难进行的，所以生产力的发展反过来说亦是利益主体塑造和利益主体关系协调的一个必要条件。物质财富的增加与人的自由个性的增加是一致的。正是在生产力发展过程中，人能够逐步摆脱对自然的依赖、摆脱分工的制约、摆脱社会规律强加于人的盲目力量。其中，最重要而以前又常被忽视的表现之一就是，人能够逐步明确认识到自己的利益所在，并以社会的方式来划定各自的利益界限，人愈来愈取得独立的、分工合作的利益主体的地位。在迄今以来的历史中，生产力愈发展，人的这种独立利益主体的地位愈重要。

改革开放以来中国社会中利益主体多元化局面的形成，也正是以生产力的发展为内在原因的，如原有利益主体内部的分化，新利益主体的出现，旧利益主体的新生，利益主体的交叉融合等，如果没有生产力的相应突破，几乎是难以想象的。而这些多元利益主体之间之所以现在还在利益要求、谋利手段上有各种矛盾和冲突，造成利益主体间关系的紊乱，最根本的原因也是由于生产力发展得还不够。因而只有生产力发展到了相当的程度，利益主体之间的关系才有可能真正的理顺。通过发展生产力和加快经济发展，不断丰富和提高利益客体的数量和质量，并在这个过程中，成功地塑造出合格的利益主体，使利益主体间的关系更加和谐，这是我们实现利益和谐的基础。因此，大力发展社会生产力，切实提高利益对象的总量，仍然是当前乃至今后相当长一段时期内协调党群关系和谐发展的重要途径。

二、要依靠服务来巩固利益，拓展密切联系群众的新天地

党群关系，从根本上说就是对人民群众的态度和同人民群众的关系问

题。党同人民群众的血肉联系是我们党最本质的特征和最大的政治优势。建设基层服务型党组织,就是为了强化基层党员干部立党为公、执政为民的宗旨意识,始终把人民群众的安危冷暖放在心上,不断增进与人民群众的感情;就是为了更好地贯彻执行党的群众路线,坚持从群众中来,到群众中去,切实解决群众最关心、最直接、最现实的利益问题,使发展成果惠及全体人民,使我们党始终得到最广大人民群众的拥护和支持。

(一)坚持党的宗旨,保持党与人民群众的血肉联系

马克思主义认为,国家的主权属于人民,执政者是受人民的委托来掌管权力的,必须按照人民的意志来行使权力。中国共产党的性质和宗旨表明,党是人民群众利益的忠实代表,党必须全心全意为人民服务。因此,党同人民群众的关系如何,是关系到党的事业兴衰和党的生死存亡的一个根本政治问题。保持党同人民群众的血肉联系,是新形势下加强基层党建、巩固执政地位的根基所在。群众最质朴、最简单,谁向他付出真心,他就真心实意地对待谁。

在当前经济利益多元化的背景下,人民群众的利益诉求日益多元化,传统单一粗放的领导管理方式,与新形势、新任务、新要求越来越不相适应,必须转变思路,寓领导、管理于服务之中,用实实在在的服务赢得群众,取信于群众。通过深入开展基层服务型党组织建设,把群众反映作为工作的“第一信号”,把群众意愿作为决策的“第一要求”,把群众利益作为保障的“第一任务”,把群众满意度作为检验的“第一标准”,真正做到党员干部与人民群众“同呼吸、共命运、心连心”,才能实现党心与民心的高度统一,不断加强党与人民群众之间的血肉联系,进一步提高党组织的创造力、凝聚力和战斗力。

(二)坚持党的群众路线,做好新形势下的群众工作

我们党在长期奋斗中形成了“一切为了群众,一切依靠群众,从群众中来,到群众中去,集中起来,坚持下去”的群众路线。正是坚持了这条路线,我们党的各项事业才取得了成功。在改革开放和发展社会主义市场经济的新形势下,随着中国社会转型、社会关系和社会结构的变化,党群关系也发生了相应的变化。党的十八大以来,习近平总书记多次强调指出:“要适应新形势下群众工作新特点新要求……始终植根人民、造福人民,始终保持党同人

民群众的血肉联系。”[①]历史和现实都向我们昭示,密切联系群众是党的性质和宗旨的体现,群众路线是党的“生命线”,能否做好群众工作决定着党的事业的兴衰成败。因此,要充分尊重人民群众的主体地位,构建保障群众知情权、参与权、选择权和监督权的机制,在扩大群众参与中做到依靠群众力量、汲取群众智慧、接受群众监督、服务群众需要。

当前,我们要以开展党的群众路线教育实践活动为契机,继续加强基层服务型党组织建设,把联系群众、宣传群众、组织群众和服务群众的工作做深、做细、做实,从根本上密切党群关系,夯实党的执政基础。这就要求领导干部和普通党员必须坚持深入实际、深入基层、深入群众,变“上访”为“下访”,面对面解决问题,心贴心服务群众。要主动引导群众监督,强化监督考评,巩固和继续推进基层党组织党务公开,提高工作实效,进一步增强党组织工作的开放度和透明度。要主动将党务政务服务延伸到乡镇、村屯一级,为广大农民群众提供中心受理、联合审批、马上办理的一站式服务,及时解决人民群众在生产生活中遇到的各种难题,以真诚的态度为民服务做好新形势下的群众工作。

(三)发挥好党的利益整合功能,密切党群关系

在现代政治体系中,政党是反映民意的重要工具。政党的功能之一就是通过民众的利益表达来代表各方民众的利益,赢得民众的支持和认同。从理论上看,中国共产党一直以来非常重视人民群众的利益表达,并以代表中国最广大人民的根本利益为己任。在计划经济条件下,利益主体相对比较简单,我们党容易做到代表最大多数人的利益。但在改革开放后,随着多种经济成分的出现,社会利益结构发生了重大变化,使利益主体的多样化日益明显,利益关系日趋复杂。群众的困难和问题能否得到妥善解决,切身利益能否得到充分保障,关系到各项工作的顺利推进和经济社会的快速发展。

在新形势下,怎样整合人民内部的不同利益,并做好最广大人民群众根本利益的代表,这是我们党必须解决的重要课题。正确把握和处理基层群众的根本利益,整体利益和个人利益,以及不同群体、个体之间的利益关系,切

---

① 习近平:《紧紧围绕坚持和发展中国特色社会主义　学习宣传贯彻党的十八大精神——在十八届中共中央政治局第一次集体学习时的讲话》,人民出版社,2012 年,第 12 页。

实做好保障和改善民生工作,进一步密切党群关系,是当前做好群众工作的核心和关键。因此,在建设基层服务型党组织的实践中,必须坚持民心所向就是行动方向,时刻想着群众需求,用心为民谋利。必须坚持把服务群众、改善民生、和谐发展作为基层服务型党组织建设的出发点和落脚点,紧贴百姓切身利益,从群众反映最强烈、与群众切身利益密切相关的事情抓起,为群众解难题、办实事,真正实现经济发展与改善民生良性互动,从根本上保障党群关系的和谐发展。

三、要注重利益分配的均衡,统筹兼顾各方利益诉求

当前,我国正处于社会全面转型的关键时期,转型期的经济社会发展发生了深刻变化,在呈现生机与活力的同时,也伴随着错综复杂的社会矛盾和问题。从本质上讲,绝大多数是属于人民内部矛盾,即人民群众在根本利益上没有冲突,只是个体利益在某种程度上没有得到满足而发生的矛盾。这些矛盾,是在社会主义社会发展过程中产生的,也将在社会主义社会进一步发展完善中逐步得以解决。经济利益矛盾集中反映了人民内部各社会阶层、各群体分享发展成果的问题,这是产生其他人民内部矛盾的根源。解决了人民群众的各类经济利益诉求,也就为解决其他矛盾找到了总开关。因此,注重从源头上减少矛盾,注重利益分配的均衡,统筹兼顾各方利益诉求是解决党群关系矛盾的根本办法。

(一)加大对欠发达地区的扶持力度,缩小地区居民收入差距

地区间的居民收入差距情况,主要取决于地区经济发展水平的差距。地区经济发展程度有许多历史的、地缘的因素,这些因素对于欠发达地区来说,在五年、十年乃至更长的时间内也是很难改变的。特别是在沿海发达地区已经崛起以后,对于欠发达地区来说,要在市场经济中保持一定的竞争优势,就难上加难。从国外的经验来看,欧盟就通过建立地区发展基金来解决这一难题。对于那些居民收入较高的地区,让他们缴纳一定比例的地区发展基金,由中央政府统一协调使用,以促进欠发达地区的发展。发达地区所提供的这笔资金,一方面是要提倡先富帮助后富,走上共同富裕的道路;另一方面也使发达地区大为获益。如建立地区发展基金后,可以有效缓解民工潮

的冲击及其所带来的负面效应；再如对欠发达地区的环境污染进行有效治理，也使发达地区间接获益。

从当前来看，我国财政虽然还比较困难，但完全可以建立财产转移支付制度。参照国际惯例，在财产转移支付中可与人均GDP挂钩，以纵向转移为主，由无条件援助向有条件援助过渡，由“输血”机能向“造血”机能转变，以便从真正意义上缩小地区之间的收入差距。要逐步增加国家对欠发达地区的扶持力度，优先在欠发达地区安排资源开发和基础设施建设项目，引导资源加工型和劳动密集型的产业向欠发达地区转移。深入挖掘欠发达地区各具特色的潜力，包括资源战略、边境贸易、旅游经济等，要引导外资更多地投向欠发达地区，以更长远的目光制定缩小地区收入差距的策略。

（二）健全利益保障体系，缩小城乡居民的收入差距

对于农民来说，必须采取有效措施来减轻他们的负担。要强化农业和农民管理机构，由主管农业的专员、市长、县长亲自挂帅，积极吸纳有关部门参与进来，坚决废除不合法的农民负担项目，做到凡是涉及农民负担的文件，必须经过省级财政、物价、农业三个部门共同审查签署，否则不得出台。对于农民而言，既有自然风险，又有市场风险，难以与其他行业公平竞争，因而政府必须对其进行保护。要注重引导农民走向市场，引导分散经营的农户和市场需求结合起来。调整投资结构，提高计划内基础建设投资、财政内预算资金和信贷资金中用于农业和农村经济的比重。同时，随着我国市场经济体制的逐步确立，必然要求农民拥有真正代表自己利益的属于农民和政府之间的中介经济组织和中间人，代表农民和政府沟通联系，把农民分散的、零星的、单个的经济行为纳入到有组织、大规模的市场经济活动中来。

从农民利益受到侵害的现象来看，这与中国的农村地区历来法律基础特别薄弱有直接关系。事实证明，对农民利益的法律保障绝不是仅仅依靠现成的法律条文就能够达到的。这就要加大扶法力度，逐步把政府行为限定在法律范围内，并加大地（市）县政府和法院执法和司法力度，同时强化各级人大的监督功能。农民的合理负担应采取国家税和地方税的形式加以法律化、规范化，从法制上将农民的不合理负担分离出来。因为农民绝大部分的经济活动和相关的生活都是与土地密切相关，所以必须逐步解决农村土地产权问题。传统集体经济中模糊的产权制度所决定的分配制度，也必然导致农民

负担过重。对此，要加快农村产权制度改革，改革分配制度，规范政府行为，通过股份制和股份合作制改造，使模糊产权清晰化，使政府除依据集体产权（法人产权）获得应得利益以外，无权对其他剩余进行调拨。要从制度和政策上保证能有效地增加对农业的资金投入。

（三）严格执法，坚决取缔非法收入

领导干部有正常的家庭生活，也有正常的社会交往，尤其是随着市场经济的发展，领导干部的物质待遇和工作、生活条件也应该逐步得到改善。特别是广大基层干部，任务重、工作难、报酬低，确实需要逐步建立与现实对接的待遇增长机制，这样才能让我们的干部干事创业心无旁骛、后顾无忧。领导干部的合理合法的利益要承认、也要保障，但这与私心、私利、私欲不是同一个概念，不能混为一谈。如果逾越合法权益的边界，在私心、私利、私欲的蒙蔽下，对本不该有的特权习以为常，对超标滥配的待遇坦然受之，误认为这就是"当官"的应有状态，结果必然会对干部待遇产生认识上的扭曲。因此，看待干部待遇，关键是要处理好公与私的关系，解决好世界观、人生观、价值观这个"总开关"问题。克己奉公、一心为民，是领导干部执政用权的基本要求，更是正确认识待遇的逻辑起点。社会经济在发展，生活水平在提高，干部待遇理应改善，保障体系理应完善。然而，取缔不合理收入，恰恰是增加合理收入的前提；改善待遇更应遵守法度、符合政策，不能以权谋私、中饱私囊。

对于侵吞公有财产，用偷税逃税、行贿受贿、权钱交易等非法手段牟取利益的，要坚决依法惩处。我国刑法和其他法律法规，对采取非法手段牟取利益的行为，都作出了明确的惩处规定。这也是我们取缔非法收入的主要法律依据。这里所指的"权钱交易"从经济学上来讲，是指少数人利用合法或非法手段谋取租金的经济和政治活动。凡是从事寻租活动的，不论是作为寻租者的企业、个人，还是作为被寻租者的政府公职人员，属于目前法律、法规已作出明确规定的，必须依法惩处；属于目前法律、法规尚未规定的，应当抓紧制定法律、法规，进行规范和纠正。因此，取缔非法收入必须惩治腐败和寻租行为。加大对权力消费、权钱交易等腐败行为的监控和执法，是降低社会上对收入分配不公所产生消极情绪的重要之策，这往往可以起到事半功倍的效果。

(四)完善税制,消除收入分配不公的经济根源

完善税制,包括完善个人所得税制,开征遗产与赠与等新税种,并加强税收征管,加大收入调节力度,同时规范收入分配秩序,完善收入分配机制,使地区之间、行业之间、社会团体之间收入差距趋向合理,防止两极分化。具体应做好以下几个工作。一是规范工资收入分配制度,在全国统一实现全显性工资,使劳动力价格市场化,工资收入货币化,货币收入透明化,以便公平税负。二是将隐性经济和灰色收入活动,引进市场经营,并严格建账制度,使灰色收入变为白色收入。三是加强对财产税征收。主要针对有代表性的财产,如对存款利息、房租收入征财产税。要尽快征收遗产税,还可以考虑对高级娱乐、筵席征消费税,以便调节财富不公。四是对企业占用资金征收“级差收益”税,创造平等竞争条件,间接调节收入分配。五是实施纳税申报、税务中介代理、税务机关稽查三位一体、互相制约的征管制度,并加快税收征管手段现代化。

在社会主义市场经济条件下,现代公司制企业利用出资者投入的资本,经过生产过程中所产生的利润在纳税缴息后, 理论上应全部归企业劳动者集体所有。但这样只能保证国有资产保值而不能保证国有资产增值,从而将影响企业筹措资金,影响出资者向企业投资的积极性,因此资本也应按份额分红。但在承认资本分红的同时,也应当承认劳动的分红。只有充分重视劳动者个人利益,用奖励基金鼓励劳动分红的制度,才能充分调动劳动者的积极性。这样,劳动者的实际收入就有两部分组成:一部分是基本工资,其水平是由全社会劳动力再生产的成本决定的;另一部分即劳动分红的效益工资,是由企业效益高低决定的。企业盈利多,效益工资水平就高,相反,盈利少,效益工资水平就低。这就促使劳动者从关心个人利益开始,进而关心企业效益和国有资本的效益,正确处理好国家、集体和个人三者之间的关系。

第四节　规范行为:以反腐败的实际成效取信于民

党来源于人民群众,发展壮大于人民群众的拥护和支持。与人民群众的鱼水之情、血肉联系,是我党的政治优势和优良传统,是党的力量源泉和胜

利之本。从总体上来看，我国经济的巨大发展和社会的全面进步是广大党员、干部和群众团结奋斗的结果，反腐败斗争也卓有成效。但是从近年来查处的腐败问题来看，在党内、在国家机关中确实存在着腐败现象，有些方面还在滋长蔓延，已成为影响党群关系的首要因素。因此，必须牢牢把握坚持执政为民这个本质，以为了人民、相信人民、依靠人民为出发点，以维护党和人民群众的根本利益为目的，把反对和防止腐败作为维护群众利益的有力举措，用果断的行动和良好的成效取信于民，密切党群关系。

一、明确反腐思路，确保反腐败工作深入开展

反腐败工作事关党与人民群众的关系，是党能否保持与人民群众的血肉联系，巩固和扩大自己的群众基础问题。反腐败工作是否取得成效决定着人心向背，而人心向背又决定着党和国家的生死存亡。因此，中国共产党历来高度重视党的反腐败工作，始终把加强党风廉政建设作为自己努力奋斗的目标。思路决定着出路，也决定着事业发展的方向。在今后的反腐败工作中，应注意把握好以下基本工作思路：

（一）坚持德治与法治相结合

治国立事，必须德治和法治并举。德治和法治从来都是密不可分、相辅相成、缺一不可的。在推进反腐败工作的过程中，德治和法治各有其特定的优势和无法相互替代的作用。德治主要依靠教育、劝谏、引导等方式进行，使人们树立起正确的理想信念、道德规范，进而内化为一种自我约束的力量。这种内在的道德力量一旦形成，往往能够长期发挥自律作用，即使有时制度不全、无人监督，也能使人做到洁身自律、自我完善。通过加强德治可以充分发挥其独具的自律性、预防性和长效性的优势，为防治腐败奠定坚实的思想道德基础。特别是对于领导干部来说，因其地位特殊，如果德治搞得好，势必在相关群众中产生示范效应，带动他们见贤思齐、修身立德。

法治是运用法律、法规，通过国家强制力来保证和实施的，带有强制性的特点，是一种外在的硬约束。法治的这种强制性对遏制腐败、震慑腐败分子是不可或缺的，特别是当前腐败现象久禁不止，更是需要充分发挥法治的强制和震慑作用。因此，加强德治必须要有法治作为保障，加强法治必须通

过德治来奠定良好的思想道德基础，确保双管齐下。另外，还要将德治法律化，法治人性化，相应地制定和出台一些约束党员干部的道德和行为的法律法规。

（二）坚持治标与治本相结合

标本兼治是由治标与治本两个方面有机组成的，治标与治本相辅相成、互相促进。治标，严惩各种腐败行为，把腐败分子的猖獗活动和严重的不正之风抑制下去，才能为反腐倡廉治本创造前提条件。治本，就是要从源头上预防和治理腐败现象，进而巩固和发展反腐败工作已经取得的成果，从根本上杜绝腐败问题。虽然从党的十四大以来，我们党部署的反腐败工作就已经包含着治标和治本两个方面的任务。但在不同的时期，反腐败工作的侧重点是不一样的。改革开放初期，针对腐败现象大量滋生蔓延、腐败现象来势凶猛的情况，从治标入手，侧重于遏制正在发生的一些腐败现象，尤其是通过专项治理集中力量解决几个群众反映强烈、带有普遍性、是非和政策界限不容易分清的问题，把腐败现象蔓延发展的势头压下去。同时，提出了一些治本的要求，逐步解决引发腐败现象的源头和深层次问题。随着反腐败工作的深入，随着治本的各种有利条件的增加，包括物质基础不断强大，社会主义市场经济体制逐步确立，党的建设和党的思想政治工作不断加强，民主法治建设的不断发展等，治本的任务开始逐步增加。

在当前的新形势下，反腐败工作已经从侧重遏制转到标本兼治，逐步加大治本力度的轨道上来，并呈现出向纵深发展的良好态势。这表明反腐败工作开始了战略转折，对腐败现象和不正之风实行标本兼治、综合治理之势逐步形成，反腐败工作面临着更为有利的条件。我们应当充分认识并抓住当前的大好时机不断加大从源头上预防和治理腐败问题的力度，严格党员领导干部的教育管理，完善反腐倡廉法规制度建设，深化体制机制制度改革，努力减少和铲除腐败滋生的土壤和条件。同时，要继续把查办违法违纪案件放在重要位置，不断加大对腐败分子的打击力度，继续贯彻、落实已经部署的廉洁自律工作和纠风治理项目，坚决刹住各种不正之风，通过抓治标工作来促进治本工作的切实推进。

（三）坚持预防和惩处相结合

腐败现象虽然是难以完全避免的，但却是可以预防的。从长远的角度来看，提前预防要好于亡羊补牢。参照经济学成本计算的方式，如果腐败发生了就会产生三种成本，一是腐败分子自身消耗掉的人财物成本，二是给党和人民造成的人财物损失成本，三是给党和人民造成的政治影响成本。这三种成本所付出的代价一种比一种大，如果腐败能够被及时发现和查处，我们还要付出查处成本，这也不是一个小数目。相对于这四种成本付出来看，只付出预防成本而防止腐败产生，无论是经济账还是政治账都要合算得多。因此，必须将预防工作放在反腐败工作的首位，同时进一步加大查处和惩罚力度。

要对腐败现象施以高压政策，使有关涉腐人员惶惶不可终日，身心疲惫，直至防线崩溃，主动自首交代。对任何腐败行为都必须彻底查处，严惩不贷，实行严刑峻法，毫不留情，让腐败分子失去权力、地位、财产乃至自由和生命，从而付出高额的成本和加倍的代价，起到杀一儆百的强烈威慑作用。当然，反腐不是目的，在坚持不懈地抓腐败案件的查处和腐败现象的查纠的同时，要搞好倡廉宣传教育。要突出正面典型和成果、经验的报道，立足于教育党员干部，有针对性、有组织地进行案例剖析，防止简单化地揭露案件事实。要敦促领导干部加强党性修养，常修为政之德、常思贪欲之害、常怀律己之心，自觉经受住改革开放和发展社会主义市场经济条件下长期执政的考验。

二、创新工作方法，提高反腐败工作效率

党的十八大以来，中央始终保持惩治腐败高压态势，取得了新的重要进展，赢得了广大人民群众的广泛支持和衷心拥护。但我们也要看到，反腐败任务艰巨繁重，必须深刻认识反腐败斗争的长期性、复杂性、艰巨性。这些腐败案件发案原因错综复杂，而我们的工作力量、工作精力又有限，必须本着实事求是的精神，采取科学、有效的工作方法，确保反腐败工作的高效率。

（一）抓重点带整体

重点即是影响全局的关键点，是决定全局的关节点。关键点抓住了，关

节点就抓好了,才能切实掌握工作的主动权。从反腐败自身工作的内容上来看,重点是教育预防和案件查处;从反腐败工作的客体上来看,分别是重点人员、重点部位、重点行业。所谓重点人员主要是指各级的一把手,重点部位是指直接涉及人权、物权、财权、事权的岗位,重点行业是指人权、物权、财权、事权集中的行业,比如医药卫生、建筑房地产等行业以及国有企业,部门如金融、土地、公检法司、税务、工商、质检、城建、公路、交通、组织人事等。从对党群关系的影响来看,重点是切实纠正损害群众利益的不正之风。只要针对重点人员、重点部门、重点行业和严重损害群众利益的不正之风开展反腐败工作并实现突破,反腐败的整体工作水平就会随之不断提高,并取得显著成效。

(二)抓专项带综合

通过对反腐败进行专项整治,逐步实现对腐败的综合整治,是一条切实可行的好方法,必须在实践中坚持下去。从对党的形象、经济社会以及人民群众利益的危害程度、速度和力度来看,腐败现象也有轻重缓急之分。我们要把有限的反腐力量和精力用到党和人民群众最关注的地方去。要制定出详细方案,分期分批、分层分类、逐行逐个、铸锻逐步地把每种行业的、每一级的、每个层面的每项腐败一一消除,而且要特别注意抓一项成一项,确保不反弹。从当前党员干部和群众所反映的情况来看, 比较集中的腐败现象是:贪污受贿,跑官、买官、卖官,以权谋私,铺张浪费,公款吃喝、旅游,执法不公等。这些集中的问题也是我们今后应当坚决克服和纠正以取信于民的重点问题。

(三)抓督察带自纠

反腐败工作虽然由各级党委政府统一部署和组织实施,但涉及面广,情况复杂,政治性、政策性、专业性都很强,最终还是要依靠各专门部门和业务主管部门来具体落实,因为业务主管部门对本部门、本系统存在的腐败问题最清楚,对腐败的症结和要害所在也最了解。因此,加强指导、严格督察、促其自纠是反腐败基本的工作策略和方法。要制定严格的督察制度,督促各主管部门结合职能和业务特点, 找准本部门和行业导致腐败问题发生的关键所在，制定针对性强的预防和治理措施，认真开展自查自纠，确保反腐败工作在该部门和系统抓得紧、抓得实、抓得好。

三、健全制度机制，扎实推进反腐败工作

实现廉洁执政，从根本上讲，要靠推进政治改革和完善民主政治制度建设，加强对权力的制约来解决。只有不断地完善民主政治制度，才能实现广大群众对各级领导干部的批评监督，保障党和国家机关权力的人民性和公共性，保障各级领导干部的公仆性。使领导干部真正地为群众利益去工作。要以领导干部特别是一把手为重点，加强权力运行的制约和监督，正确处理好执政党与国家权力机关、行政机关、司法机关之间的关系，适当调整权力结构，建立起行之有效的决策权、执行权、监督权，既相互制约又相互协调的权力运行和制约机制。

（一）构建合理的权力运行机制

影响党群关系和谐发展的因素之一在于公共权力的滥用，而公共权力之所以滥用源于我国现行权力运行机制的不合理。主要表现为权力资源过分集中于一个环节，个别功能部位拥有过多的对整体的节制力量，组织运作的个人化色彩很浓；在党的领导机关与政权机关之间、不同类别的政权机关之间、政府机关与企业组织之间、党政部门与人民团体之间等，很多职能活动的规范性不强，相互之间的分工不科学，工作中的责任难以区分和落实；权力运行的规范性低，受到偶然因素和非制度因素的干扰较大。针对这一问题，必须建立结构合理、配置科学、程序严密、制约有效的权力运行机制，从决策和执行等环节加强对权力的监督，确保把人民赋予的权力真正用来为人民谋利益。

结构合理，是指对某些过于集中且易发生腐败的权力要进行适当的分解，优化权力结构，防止权力滥用。对过于集中且容易产生腐败的权力，合理分解决策权、执行权、监督权，分别由不同的部门或岗位行使，使之相互监督和制约，使各种权力之间具有必不可少的制衡，形成合理的权力结构。配置科学，是指对权力和责任的配置要科学，体现权限明确、各负其责，职权和责任相一致。通过建立和完善听证制度、民主对话与协商制度、专家论证制度，

积极扩大群众参与决策范围，畅通群众利益诉求渠道，尤其是涉及群众切身利益的重大决策，更要广搜民情、广听民意、广集民智，使决策更加符合群众利益和要求。程序严密，是指根据分解后的权力结构和各自的权责配置来设计权力运行的程序，使程序的各个环节严密衔接、环环相扣。要全面推进依法行政，将权力纳入法制化的轨道运行。一旦出现滥用权力的违法行为，就可依靠法制手段加以中止、纠正和制裁。制约有效，是指行使权力的各个部门或岗位既分工负责、互相配合，又能互相把关、互相制约，以保证权力按照制度和法律的规定运行，防止以权谋私行为的发生。要增强权力运行的透明度，让权力在“阳光”下运行。实行和完善政务公开制度（还应扩大党务公开、厂务公开、村务公开、校务公开等），凡涉及群众切身利益的重大决策都要向社会公开。切实保障人民群众的知情权和监督权，让各级各类干部的权力在阳光下运行，以大大减少干部利用或滥用权力谋取私利的机会。从实践看，建立信息查询制度、公开听证制度、说明理由制度、公示制度、新闻发布制度等，是提高权力运作透明度的有效途径。权力运行公开的内容，包括政府机构及其所在地点、职责分工、权力责任、运作方法、运行程序、法规依据、收费标准等内容，尤其是政府审批制度、政府采购制度、工程招投标制度、行政收费罚款制度等社会普遍关注的事项；权力运行公开的保障，是制定有关行政公开的法律法规，以法律为依据，统一明确什么可以公开，什么不可以公开，怎么公开。

同时，要深化干部人事管理制度改革。完善以民主、公开、竞争、择优为原则的干部选任制度。要坚持德才兼备、以德为先的用人标准，选拔任用干部既要看才、更要看德，把政治上靠得住、工作上有本事、作风上过得硬、群众信得过的干部选拔上来；要大力推进公开选拔、竞争上岗等多项改革措施，逐步建立和完善领导干部民主推荐、民主测评和民主评议的制度，积极推行任前公示制、公开选拔制、竞争上岗制、任职试用制、票决制和辞职制等制度，健全干部选拔任用监督机制和干部选拔任用责任追究制度。从制度上有效防止和克服用人方面的不正之风和寻租现象，并为优秀人才的录用提供制度保障；要真正把群众的意愿贯彻到一切干部选任过程中去，切实保障群众对干部的选举权、监督权、罢免权，建立良好的公共权力的赋予机制和监督制约机制，让干部知道权力是群众赋予的，理应对群众负责和为群众服务，并自觉接受群众监督，以改变有些干部只对上级负责而不对群众负责的现象。逐步扩大“民选”的广度和深度，使群众的主体地位和主体意识在权力运行中真正发挥作用，把领导干部手中的权力置于严格的有效监督之下。

（二）有效的权力制约和监督机制

权力制约与权力监督是两个在内涵和外延上既相互包容又有所区别的概念。在词义上，制约一般是限制、约束、控制。权力制约是指对权力的限制、约束、制衡等。监督是指“察看并督促”①。法学上的监督有广义和狭义之分：狭义的监督仅指察看、了解和掌握情况；广义的监督还包括处理活动，如制止、处置、纠正违法或不当行为等。②相比之下，狭义上的监督与制约的涵义有所区别；广义的监督与制约的含义相互包容。在实践中，对权力的监督也是区别适用的，如立法监督、司法监督、行政层级监督相当于广义上的监督，通常是包括处理活动的；而舆论监督、社会监督对权力的监督则限于狭义上的监督，即不能对行政违法、失职行为进行直接处理，因而对权力行使有间接的制约作用。在实践中，监督与制约总是相辅相成的，监督是制约的前提，制约是监督的结果，无论是广义的监督，还是狭义的监督，都对权力行使具有直接或间接的制约作用。因此，在本文中，讲权力制约时着眼于限制、约束和制衡，同时包括监督；讲监督时着眼于“察看并督促”，同时也包括制约，可称为权力监督制约。

有效的权力制约和监督机制是保证干部正确使用手中的权力，真正实现“权为民所用”的有效途径。当前，我国权力监督体系已初具规模，有层级监督、专项监督、互相监督、外部监督等。目前已有的内外监督主体不少，但监督不力、惩罚不力，虚监软监的现象并不乏见；有些监督主体的规格不低，权力不小，但监督不到位、不作为，流于形式的现象也是明摆的事实；有些惩处措施的规定十分严厉，但执行起来偏松偏软，不足以有效威慑腐败分子。原因在于各种监督要素之间缺乏相互支撑、相互配合的机制。

一是保证监督机构的独立性。建立独立的司法监督体系，设立独立的机构，实行独立的编制，独立的经费来源，明确人大对司法人员的任免程序和任前信息公布制度。强化国家审计机关独立审计的职能，审计机关对人大常委会负责，人大预算委员会划拨资金。设立中央反贪总局，实行中纪委处理

---

① 《新华词典》，商务印书馆，2001 年，第474 页。

② 张正钊著：《行政法与行政诉讼法》，中国人民大学出版社，2002 年，第 262~269 页。

重大案件的机构和最高人民检察院反贪局联合工作。同时,建立政务公开制度,接受群众、新闻和舆论的广泛监督,提高政治工作的透明度,建立“阳光政务”,调动全社会力量来监督和制约干部行为,最终实现宏观监督和微观监督相结合,党内监督和党外监督相结合,事前监督和事后监督相结合,权力监督和舆论监督相结合,强化上级机关对下级机关监督的监督体系。

二是健全和完善人民代表大会和人大常委会的监督机制，强化他们的依法监督职能。近些年来,各级人大和人大常委会的监督职能在逐步加强,其作为国家权力机关的权威在逐步提高,这是一个好现象。但个别地方好大喜功,在探索监督新途径的过程中也出现了从监督缺位、监督软弱向越权干预变异的趋势。明确权力的分工是监督的前提,要进一步完善各级人民代表大会、人大常委会对其他国家机关的监督机制,首先必须用法律的形式明确划分它们的职权界限,既确保人大监督权的行使,又保证行政权、审判权和检察权等依法独立行使。从目前来看,在人大与政府的职权划分上,容易出现混淆不清的主要是重大问题的决定权。其次,必须健全各级人大和人大常委会的监督机构。人大监督缺位或监督不力一定程度上源于人大缺乏明确的、专门的监督机构。当前可优先考虑在各级人大和人大常委会设立监督委员会,专司监督之职。监督委员会向同级政府、法院和检察院派驻监督组或监督员,对其行政、审判和检察工作进行监督。再次,尽快制定和出台《中华人民共和国全国人民代表大会和地方各级人民代表大会监督法》,对监督主体的职权职责、监督对象的权利义务、监督内容、监督方法,监督程序作出明确规定,增强人大监督的可操作性。最后,充分运用人大所拥有的财政审议权,以经济手段控制和监督政府活动。

三是提高群众监督意识,实现“选民或选举单位有权监督人大代表”这一宪法原则的制度化、法律化。为防止权力变异,防止国家机关由“社会公仆”变为“社会主人”,作为国家权力所有者的群众对权力行使者——各级人民代表大会进行监督,是人民代表大会制度题中应有之义。我国宪法和选举法规定:选民或选举单位有权监督并罢免由他们选出的人大代表。但由于缺乏具体的操作措施,实施起来存在许多困难。加之我国的代表机关除县、乡两级人大外仍是通过多层次间接选举产生,从而导致群众随时罢免代表,群众对代表机关以及对其他国家机关的监督权不能真正落实，致使国家机关和国家机关公务人员普遍地存在着不同程度的脱离群众、官僚主义,甚至以权谋私、欺压群众等腐败变质现象。可通过积极推行政务公开、厂务公开、村务公开和领导干部述职述廉、社会公示、民主评议、质询听证等民主形式,强化对决策过程和权力运行的群众监督。

四是建立并完善反腐机制。在对腐败危害性的认识上,党和国家领导人曾有过许多精辟的论述。早在1980年,陈云就指出:“执政党的党风问题是有关党的生死存亡的问题。”[①]1989年,邓小平再次强调:“不惩治腐败,特别是党内的高层的腐败现象,确实有失败的危险。”[②]1997年,江泽民在党的十五大报告中更加明确地指出:“反腐败斗争是关系到党和国家生死存亡的严重的政治斗争。”腐败问题,说到底是个脱离群众、滥用权力、以权谋私、损害群众利益的问题。江泽民指出:“怎样深入群众、依靠群众,形成及时发现、揭露和解决腐败现象的有力机制,要作为深入开展反腐倡廉工作的一个重大课题来研究。”[③]胡锦涛指出:“执政基础最容易因腐败而削弱,执政能力最容易因腐败而降低,执政地位最容易因腐败而动摇。”[④]习近平总书记根据党的十八大确定的各项目标任务,为实现“两个一百年”目标,实现中华民族伟大复兴的中国梦,提出“反腐倡廉必须常抓不懈,拒腐防变必须警钟长鸣,关键就在‘常’‘长’二字,一个是要经常抓,一个是要长期抓。我们要坚定决心,有腐必反、有贪必肃。不断铲除腐败现象滋生蔓延的土壤,以实际成效取信于民”[⑤]。由于干部腐败直接关系到群众的切身利益,广大干部群众对此深恶痛绝,特别是干部形象直接关系到党和政府的形象,腐败直接危害群众对党和政府的认同。首先,要走制度反腐的道路。坚持标本兼治、综合治理、惩防并举、重在预防的方针,深入贯彻落实中央《建立健全惩治和预防腐败体系2008—2012年工作规划》,不断推进制度建设。标本兼治中的“标”就是腐败现象和腐败分子,“本”就是导致腐败产生的根源和土壤,是指在加强对腐败现象、腐败分子的清除和打击力度的同时,从源头抓起,加强廉政法制建设,真正形成用制度规范行政行为、按制度办事、靠制度管人的有效机制。完善监督制约机制,有效防止权力失控、决策失误和行为失范,使干部不犯或少犯错误;综合治理是指通过不断深化干部人事、行政审批、财税管理、投资体制、国企改制、现代市场体系建设及相关制度改革,最大限度地堵塞以权谋

---

① 《陈云文选》(第三卷),人民出版社,1994年,第273页。
② 《邓小平文选》(第三卷),人民出版社,1993年,第313页。
③ 《江泽民文选》(第三卷),人民出版社,2006年,第192页。
④ 《胡锦涛在中纪委第五次全体会议上的讲话》,《人民日报》,2005年1月12日。
⑤ 《习近平谈治国理政》,外文出版社,2014年,第386页。

私、权钱交易的体制漏洞，不断铲除腐败现象滋生蔓延的土壤和条件；“惩防并举、重在预防”是指预防与惩处相结合。腐败虽然是难以完全避免的，但是可以预防的。其次，加大对大案要案查处力度。保持惩治腐败高压态势，坚决遏制一些领域腐败现象易发多发势头，决不让任何腐败分子逃脱党纪国法惩处。严肃查办发生在领导机关和领导干部中滥用职权、贪污贿赂、腐化堕落、失职渎职案件，严肃查办商业贿赂案件和严重侵害群众利益案件，严肃查办群体性事件和重大责任事故背后的腐败案件。经验表明，惩治腐败越有力，监督的威慑作用就越大，防止滥用权力的作用就越明显。当前，尤其要在工程建设、房地产开发、土地管理和矿产资源开发、司法、企业改制等重点领域和关键环节上，对一些影响恶劣、群众反映强烈的腐败大案要案坚决查处，从重严惩腐败分子。再次，反腐败斗争要坚持走群众路线。反腐败既要依靠专门机构，更要依靠群众，提升群众对反腐败斗争的参与度。

五是推进民主进程以形成民主监督的有利环境。要对政府权力实现有力的约束，就要从营造良好的民主政治体制和法制体系入手，以发展民主、健全法制为重点，以制度建设的进步来遏制权力滥用。从众多国家权力制约实践的经验来看，民主政治的发展程度和权力滥用的发生成反比。我国当前发生的行政权力滥用现象与民主法制的不完善有直接和间接的关系。只有通过发展社会生活、政治生活和党内组织生活的民主制度，完善民主程序和规范，才可能为政府权力运作和使用的规范性、科学性和合理性，提供有利的环境和依据，也才能减少和控制腐败的发生。一方面，应不断扩大党内民主，保证党员干部依法依纪办事，防止任何人凌驾于党组织之上；坚持民主集中制原则，积极探索发展党内民主的有效途径和形式，健全党内议事和决策程序，认真贯彻党员权利保障条例。另一方面，丰富民主形式，扩大公民有序的政治参与，在制度建设中落实群众的知情权、参与权、选择权和监督权。能公开的都要依照法律和规定如实公开。这不仅使各级党组织的决策和执行过程更加透明，而且为加强对领导干部的监督创造了条件。建立健全扩大基层民主的具体制度，积极探索实行民主选举、民主决策、民主管理与民主监督的具体形式和途径，保证群众依法直接行使民主权利，管理基层公共事务和公益事业，对干部实行民主监督。

六是进一步发挥新闻舆论监督的作用。所谓舆论，就是“社会或社会群体中对近期发生的，为人们所普遍关心的某一争议性的社会问题的共同意见"[1]。舆论监督,则是"公民通过新闻媒介对国家机关、国家机关工作人员和公众人物的与公共利益有关的事务的批评、建议,是公民言论自由权利的体现,是人民参政议政的一种形式"[2]。社会舆论监督是从外部遏制腐败现象的有效手段之一。舆论的监督可以及时揭露腐败分子的行径,对掌权人的心理形成压力,使其不敢肆意妄为。目前,我国现行的新闻组织体制基本上与党政组织体制相重合,新闻媒体被纳入行政事业体制进行管理,附属于某一系统或某一部门,导致不同媒体具有不同的"行政级别",在新闻监督的深度上,往往是"向下监督"比较方便、"平级监督"相对少见、"向上监督"难以实现,不可避免地人为制造大量舆论监督的"空白地带",长官意志和行政干涉有可能使媒体不得不面临保全自己还是不辱天职的两难选择, 难以坚持公正的立场。因此,为加强媒体舆论的监督作用,必须加速新闻体制的改革。

(三)完善干部自律机制

要加大各级干部思想道德建设的力度,完善自律机制。人的行为都有其主观动机和目的。从已查处的不少案件可以看出,很多干部违法乱纪是从信念破灭、价值观转变开始的。人的行为的堕落起源于精神的堕落,因此,思想道德建设工作必不可少。自律,就是自我约束。严于自律,是一个人的立身之本,成业之基。这是每个国家工作人员都应当具备的基本素质,对各级干部尤为重要。严于自律者,不仅能守住自己,更重要的是还能凝聚人心,激发广大群众积极投身于社会主义现代化建设的伟大事业中。

首先,要在干部队伍中深入开展党性党风党纪教育,把廉政教育列入干部教育培训规划,有针对性地开展示范教育、警示教育、岗位廉政教育,改进教育方式,提高教育实效。通过对马克思列宁主义、毛泽东思想、中国特色社会主义理论体系的学习,使广大党员干部在思想上建立科学的观念体系,树立正确的人生观、价值观、权力观,增强拒腐防变的自觉性和主动性。权力观,归根到底就是为谁掌权和如何掌权的问题,也就是对权力性质的认识问题。树立正确的权力观,要认识到历史是人民群众创造的,人民群众是社会的主人,我们的权力是人民群众赋予的,只能用来为群众服务,背弃权力所

---

① 甘惜分著:《新闻学大辞典》,河南人民出版社,1993 年,第 37 页。

② 王强华著:《舆论监督与新闻纠纷》,复旦大学出版社,2000 年,第 27 页。

负有的责任和义务，权力就会发生质变。只有坚定人民至上的信念，从内心滋生一种对群众的深深的热爱之情，才能激发广大干部关心群众疾苦，并将其落实到为人民服务的具体行动之中，始终与群众同呼吸、共命运，时刻把群众的冷暖放在心上，倾听群众呼声，关心群众疾苦，与群众休戚与共、生死相依。想问题、拿主意、办事情，以群众拥护不拥护、赞成不赞成、支持不支持为取舍，自觉地为群众掌好权、用好权。

其次，要注重道德实践，提高道德水平。严格按照领导干部应有的道德理想、道德原则、道德规范要求自己，经受住苦乐、公私、荣辱的考验，经受住名位关、权力关、美色关的考验，不断检验从政道德观念，不断修正从政道德行为，不断提高从政道德水平，不断实践从政道德理想，进一步增强自律能力。

同时，教育学习内容要科学化。要提高广大党员干部对反腐败重要性的认识，认清腐败的本质及其对党群关系产生的不良影响，从立党为公、执政为民的角度，从加强党的执政能力建设的高度，增强抵制腐败的意识，提高反腐败的能力。要切实加强对《党章》的学习教育，用《党章》的内容和原则规定系统解决党员干部思想方面存在的问题。加强党纪政纪教育，使广大党员干部警钟长鸣，洁身自好。教育学习的形式要多样化。做到专题教育与经常性教育相结合，反面警示教育与正面激励教育相结合，正面灌输教育与侧面疏导教育相结合，运用现代化手段进行教育与运用传统手段进行教育相结合。教育学习的载体要系列化。要树立反腐倡廉工作的大教育理念，强化教育载体建设，形成教育合力。要围绕反腐和倡廉两个方面设计开展知识竞赛、文艺演出、文学创作比赛、各类主体教育、廉政标兵等一系列活动，以宣传和提升反腐倡廉工作成效，推动反腐败工作不断深化。

第五节　制度保障：建立健全利益协调的制度体系

《辞海》对制度的解释是："要求成员共同遵守的，按一定程序办事的规程或行动准则。"制度的最大功能就在于为人们的行为设定一个基本的框架，使他人的行为变得可以事先预见，由此协调人们之间的关系。改革开放以来，伴随着我国社会主义市场经济的建设进程，我国社会阶级结构与利益关系结构发生了前所未有的深刻变革，自革命战争和计划经济时期延续而来的利益协调制度，已经无法全然适应市场经济背景下的中国社会的利益多元化的格局。我们必须深刻认识和正确把握社会转型对中国共产党利益代表机制的挑战，把握改革开放与社会主义市场经济条件下执政党建设的规律与特点，发扬革命战争时期中国共产党代表人民群众利益的优良传统，借鉴西方国家执政党利益代表活动的某些成功做法，积极探索和构建新的历史条件下科学、完善的利益协调制度体系，始终坚持党的群众路线，保证广大人民群众的发言权，确保我们党制定的政策能满足人民群众的利益诉求，促进经济社会的进步与发展。只有这样，才能确保党始终走在时代的前列，不断巩固执政地位。

一、建立健全联系群众机制，积极拓宽党群沟通的渠道

"民意如水，宜疏不宜堵"。让群众通过正常的渠道、合法的方式表达自己的意愿，释放社会的不满情绪，对构建和谐党群关系有着积极的意义。纵观近年来国内发生的群体性事件，其中大多数参与者都是拥护共产党的领导，拥护改革开放政策的，他们之所以采用非理性、不合法的方式，原因就在于社会管理方式与人民日益增长的民主意识不适应。在利益多元化的今天，人民政治参与热情高涨，而正常的利益表达和政治参与渠道不畅通、不健全，导致民意不能向上反映，政府信息不能向下传达，党群之间缺乏有效的沟通，这极易引发情绪上的对立，甚至引发过激行为。对于冲突，如果不能妥善处理，只是采取简单粗暴的方式打压下去，不仅会导致群众政治参与冷漠、民主热情下降，甚至会降低人民群众对党的信赖度，威胁党的执政地位的稳固。因此，我们要依据社会结构和利益格局的发展变化，坚持从制度建设入手，拓宽民意表达渠道，建设多种形式的沟通对话平台。

（一）建立多元的利益表达机制

利益表达，是人们在政治上追求民主权利的一种表现形式。在现代社会，社会矛盾与政治冲突无处不在，不同的社会阶层、不同的利益群体、不同的社会成员，都有着不同的利益和诉求。若想表达不同的意见，就必须依赖利益表达机制，进而引导各社会阶层、利益群体和社会成员以理性、合法的方式表达自己的利益诉求。"通过理性化的沟通可让群众借助各种渠道及时充分地表达自己的利益要求，通过释放不满情绪，有效地起到社会减压的作

用;政府也可以适时地根据群众意见做出政策调整,从而在政府与群众之间安装一个安全有效、双向互动的'缓冲阀',使社会压力得以释放。"[①]若利益表达缺乏有效的途径,长此以往,矛盾得不到化解,积累到一定程度,便会引发群体性事件。多元的利益表达机制,实现了政府与人民的良性互动,有效地解决了社会中存在的矛盾,是预防群体性事件发生的基础。

一是改革和完善选举制度,通过制度创新,完善选举竞争机制,增强选举特别是地方各级人大代表和政府选举中的竞争性。这样做的目的,是进一步密切人大代表与人民群众的联系,强化人大代表与选民之间的利益代表关系,强化人民代表大会与各级政府领导人员之间的权力授受关系,畅通人民群众通过人大代表影响政府决策从而进行利益表达的渠道。

二是建立和完善与群众利益密切相关的政府信息披露制度、社情民意反映制度、重大事项社会公示制度和社会听证制度,进一步推动政府决策的科学化、民主化。让大多数群众的意愿能够通过制度化的渠道表达出来,政府在决策时能够听到来自各种不同利益群体的声音,这些意见和声音最终应该成为制约并引导政府决策的有效力量。

三是要健全基层民主自治制度,在社会经济、文化条件许可的情况下发展直接民主形式,使基层组织和普通民众获得更多的议事决策机会和渠道,以弥补代议民主制的不足。四是要建立健全大众传播媒体的组织结构,使新闻传媒形成多维度、多层次、多渠道的网络体系。大众传媒的丰富和扩大,不仅会起到社会利益要求显示器的作用,而且是政治体系对利益关系进行有效调控的重要组成部分。随着信息化时代的到来,政府和公务员工作的网上公开更是大势所趋,网上政府和电子政府的构建和完善也已是当务之急。

(二)健全和完善协商对话机制

所谓协商对话就是"围绕公众关心的重大问题,由政府有关机构的负责人,与有关的公众群体或团体进行平等的、直接的、公开的对话,面对面地听取公众的意见,回答公众的问题,从而解决群众的实际问题"[②]。协商对话不仅有利于民众利益表达,化解矛盾纠纷,同时还有利于提升政府公信力,实

① 《预防与处置群体性事件党政干部读本》,人民日报出版社,2009年,第36页。

② 同上,第168页。

现社会善治。《中共中央关于构建社会主义和谐社会若干重大问题的决定》要求:“健全社会舆情汇集和分析机制,完善矛盾纠纷排查调处工作制度,建立党和政府主导的维护群众权益机制,实现人民调解、行政调解、司法调解有机结合,更多采用调解方法,综合运用法律、政策、经济、行政等手段和教育、协商、疏导等办法,把矛盾化解在基层、解决在萌芽状态。”同时《决定》还指出:“要着力解决土地征收征用、城市建设拆迁、环境保护、企业重组改制和破产、涉法涉诉中群众反映强烈的问题,坚决纠正损害群众利益的行为。坚持依法办事、按政策办事,发挥思想政治工作优势,积极预防和妥善处置人民内部矛盾引发的群体性事件,维护群众利益和社会稳定。”群体性事件的应对,需要政府运用新思维,通过建立畅通的利益表达渠道、有效的协商机制,在平等、法治的基础上解决利益冲突。在群体性事件的处置中,要做到信息的公开与透明,确保群众的知情权和监督权。政府要意识到公共利益就是大众的利益,在解决冲突过程中始终坚持把人民放在第一位。对于群众所反映的问题,属于合理而且能够解决的,政府要及时解决;对于解决中存在问题的,政府要及时说明,以求得大多数人的理解和接受,这样有利于群体性事件的妥善处理。

各种利益群体和社会成员之间的协商对话,是当代社会减少、缓解乃至解决利益冲突的重要途径。在社会协商对话过程中,各级党组织和政府应该超越具体利益的纷争,而担负起“公正的裁判”职责。当前,政府、企业组织和工会组织之间初步建立的三方协调制度、集体协商制度、集体谈判制度、劳资纠纷调解制度和劳动争议仲裁制度等,已被实践证明是减少矛盾、化解矛盾的有效方法。下一步,应该把社会协商对话的范围扩大到更多领域中去,在法律上、政策上加大支持力度。一方面在公共政策制定上可以集思广益,民主决策;另一方面可以对政府进行监督,检查政策执行中存在的问题。只有这样,社会矛盾才能得以化解,政治冲突才能得以预防。通过协商对话,把利益矛盾和冲突消灭在萌芽状态,既有利于各种社会利益诉求的实现,也有利于社会利益的相对平衡。

(三)健全党联系群众的长效机制

政党是群众的代表,起着联系社会和政府的桥梁和纽带的作用。中国共产党作为执政党,要起到沟通人民群众与政府的桥梁和纽带作用,要在整个社会的发展中起到整合作用，要将社会思考的问题导入到国家机关变为国家意志，就要研究实现这一主要功能的工作方式、组织形式，使人民群众的意志能够及时准确地反映到党的领导机关，获得机制和制度上的保证。

为适应这一要求，除继续加强人大、政府、人民团体和信访部门联系人民群众的制度建设外，在党的工作机制上，一是有必要建立起一个畅通的渠道，在党委研究室的基础上，整合一个专门的部门来主动做沟通民意的工作。同时，各级党组织要将研究民意作为执政党的重要的、经常性的议事内容，深入基层、深入群众，调查了解民意，直接与群众见面，定人定期对民意进行研究。要建立与信访部门、群团组织、民间调查组织、新闻媒体联系的制度。要在对民意研究梳理后，将需要通过路线、方针、政策解决的重大问题提交党委研究处理。二是进一步整合已有的一系列联系群众的制度，如加强领导干部下基层、联系点制度、接待日制度以及领导干部定期与群众沟通对话制度等，形成一个有机系统。三是健全正确处理人民内部矛盾的工作机制，完善信访工作责任制，综合运用政策、法律、经济、行政等手段和教育、协商、调解等方法，依法及时合理地处理群众所反映的突出问题。

二、建立健全利益分配机制，努力提高服务群众的水平

制度作为人类交往的产物和实践性结果，一直是社会科学考察的主要对象，因而在政治研究的历史演进与当代发展中，制度分析往往占据着重要地位。一般而言，可以把政治制度理解为围绕利益的竞取与分配，以政治权力的强制执行作为保证，同法规制定和政策选择活动紧密关联的规则和组织的结构模式。从这个意义上讲，政治制度在发挥效力的过程中对人的行为产生限制或塑造作用，从而影响行动者能动性的发挥。基于这样的认识，我们要建立健全利益分配机制，进一步增强党建工作的活力，健全党建联动机制，强化党建主体责任，努力使党建工作体现时代性、把握规律性、富于创造性，不断提高各级机关服务群众、做好群众工作的能力和水平。

（一）加强政党自主运行，实现利益公平分配

政党的自主性是指政府对社会各种特殊势力和政党自身特殊利益的超越程度，它的本质是政党追求公共利益的自觉性和能动性。政党的自主性根

源在于其所代表的是社会公共利益,行使的是公共权力。这种政党中立思想在西方一直可以追溯到古希腊时期。例如柏拉图就认为城邦的存在就是为了增进城邦所有成员的"善",即公共权力的运用以公共利益为依归,城邦中个人的利益实现完全依赖于城邦的利益实现且统一于城邦的公益。文艺复兴以后,基于自然法和社会契约理论,国家和社会分离的思想成为主流。国家不再是社会生活的全部,社会成为一个非政治的可以自我组织、自我协调的独立的领域。国家是众多社会个体契约的结果,国家的权力也是个体权力让渡的结果,国家成为必不可少的恶。这种国家和社会分离的最主要结果是限制政党的权力对公民社会的不正当侵犯,政党行使公共权力的前提是它必须成为公益的维护者,且代表和维护公共利益也成为政党存在的合法性基础。孟德斯鸠从这推演出他的"权力分立于制衡"思想,其一直指引着人类制度建设的方向。

就我国来说,国家利益就是全体人民的利益,全体人民的根本利益是一致的。这些原则被写进我国的宪法和共产党的党章中,从而被赋予了法律的意义。因此,在当前利益多元化格局条件下,中国共产党的自主性的程度就应当表现为:党制定的公共政策与党所代表的公共利益相一致的程度以及政策制定时抵制各种单个或群体力量干预的程度。要想增强党的自主性,主要还是应该通过转变党的职能来实现。政党代表公益的方式也应当主要是以协调各种社会利益冲突和监督市场运行为主,而不必像以往事必躬身。如何在政策、监督和协调等各种公共权力行为中体现出"公共"色彩,实际上就是达到中立原则以符合对党的角色期盼。

具体来说,中国共产党保持中立主要体现在以下四个方面:首先,党要从利益纷争中脱身。党在改革中存在的方式越来越像法人实体,公共行政主体的自身利益和主管行政机关的特殊利益作为间接或者明显的事实性公共利益实际上影响着所有法律约束不严格的行政活动。这种利益经常与其他公共行政主体的利益相左或者冲突。[①]因此,出于维护党的公正形象和保持党的合法性,公共行政要位于利益冲突之上,而不是位于利益冲突之中。其次,要加强权力的制度化建设。如果权力没有必要的约束和监督,那么权力的行使就可能越出合理的界限,成为一部分掌权者以权谋私,获取非法收益

---

① [德]汉斯·J.沃尔夫、奥托·巴霍夫、罗尔夫·施托贝尔著:《行政法》(第一卷),高家伟译,商务印书馆,2002年,第331页。

的手段。要以有效的手段打击和治理部分掌握权力及掌握公共资源的公务人员、个人或小群体利用职权的腐败行为。同时,更为重要的是通过进一步的经济与政治体制改革,全面清除各种体制漏洞,从源头治理腐败。全面解决旧体制遗留的权力对资源配置的过度干预问题。再次,党在提供公共产品时,不应该有所偏袒。党如果掌握公共产品的生产的分配权,在分配上一定要遵循公平、透明原则。不得利用手中的公共权力压制分配,甚至搞权力寻租。另外党所提供的某些公共产品可能是营利性的,党在从事这些产品生产时,其目的不可以以单纯的营利为目的。最后,在协调利益群体间关系时,主要任务是订立自治法律加以规范和监督,使其权力诉求纳入正常的制度渠道,不至于产生对国家基本价值秩序形成挑战以及对抗的行为。

(二)健全政治录用、吸纳制度,增强社会阶层的政治流动

意大利社会学家帕累托曾指出,精英群体要从底层吸收精英才能保持活力。作为政治精英的政府行政机构人员在现代市场经济条件下同样也需要流动。其意义一方面体现了社会的公平,同时它也直接决定了政党的行政高效率的实现,以及政党职能的充分实现;此外它也有助于实现社会和国家的沟通和交流,有效地吸收和组织公众日益扩大的政治参与的意识和行为,从而形成社会政治心理稳定的机制。因此,从利益协调的角度来说,健全政治录用制度,吸收和使用体制外人员,让代表不同群体利益的新阶层的优秀人员充当相应的政治角色,成为体制内成员,这也是利益多元化格局条件下制度协调的一个重要方面。

目前我国正在推行的公务员制度在一定程度上就起到了这种作用。但其局限性也是非常明显的:公务员交流是国家机关之间的交流,只有在其他机关具有副处以上职务的人才可以以交流的方式进入公务员队伍,而其他的人进入公务员队伍必须经过考试才能录用。我们知道考试的结果与人才的能力之间并不是直接的等号关系,常常出现考试分数上博士生比不上硕士生、硕士生比不上本科生的奇怪现象。选拔人才范围的特定性、封闭性必然造成选才的局限性,难以达到把优秀人才选拔到公务员队伍的目的。

因此,可以从以下两个方面来加以改进:一方面要简化公务员内部流动手续,拓宽系统内流通的途径。在坚持个人利益服从国家需要的前提下,用市场精神改造改造公务员队伍,用市场配置资源的方式激发行政系统自身

的活力。另一方面要强化公务员的流动协调。首先要促进官与民的互动,让企事业单位、高校、科研所的人才能够顺畅地进入党政机关,其次要促进人才的国际流动,积极吸纳国外优秀人才,形成人才竞争的外在压力。当然在扩大吸纳范围的同时,我们不能降低对录用人员的评价标准,运用科学的流动评价机制,以确保优胜劣汰目标的最终实现。同时也要建立健全公务员激励机制,将物质激励和精神激励结合起来,以达到提升政党运行的效率的目的。

(三)平衡群体利益,构筑社会缓冲机制

从政治稳定的层面看,利益群体作为介于公民个人和国家之间的中间组织,是公民与国家这个庞然大物之间的缓冲器。现代政治史中的真正冲突并不如人们所常说的那样存在于个人和国家中间,而是存在于国家与社会组织集团之间。公民个体的利益要求往往通过利益群体集中整合后诉诸国家,化个体的利益表达为集体的利益表达,不合理的非法的抗议性的利益表达为合法的建设性的利益表达,这将有利于促进社会政治稳定。但在我国政治实践中,这样一个事实不容忽视:各种利益集团在自由竞争中权力的不均衡,一部分团体有反映利益的优先渠道,而其他团体没有,这种参与机会的不平等,反映了不同团体动员和行动能力的差异,因而对于某些团体是不公平的,它可能将一部分利益排除在社会整合之外。这个缺陷就需要我们通过体制创新来加以解决。我们应该将利益合作机制的发展和国家角色的发展同步起来,根据各个阶段上的社会经济发展,对利益集团的国家介入方式进行变革。

一是把各种利益团体尽量包容到政治体制中来,通过制度的力量加以平衡。在这里强调的是我国的利益群体是具有政治性的,而不是经济意义上的非政治性。因为在日益组织化的时代,党与各种利益群体面对并要负责的对象已经是同一群人——社会公众,它们同样肩负着社会"公共责任",如果各种利益群体想在这种情形下有所作为,就不可能完全摆脱国家机制的影响。当然这里谈及的包容不是将各种利益群体完全行政化,而是要发展他们与党良好的合作关系,对那些与党合作良好的群体给予政治上的优先,从而把尽量多的群体吸收到体制的平台上来。这将大大有利于不同利益群体间开展对话、交流,达成妥协,同时也将有利于政府平衡工作的开展。

二是加大对强势群体活动的规范。目前人们对于强势群体意见主要集中在他们通过不合法的渠道对政府施加影响。例如资本挟持地方政府以迫使政府改变政策,运用各种人际关系接触政策制定的上层决策者等,从而影响政策的制定和执行。因此党一方面在制定政策时要保持中立,不给其产生优势甚至垄断的机会;另一方面要完善对利益群体的管理体制,加大对强势群体的管理,使其增强自身的透明性,在公众中树立良好的形象,取得公众的信任,并自觉接受政府和民众对他们的监督。

三是保障弱势群体的基本权利,给其发展创造一个公平的环境。党在制定政策时,要尽量减少政策制定中的信息不对称,对弱势群体的利益表达给予同等重视。要把弱势群体的获利多少作为评估政策制定好坏的主要标准,把弱势群体的利益时刻作为政策制定优先考虑的因素。此外,党对于弱势群体的补偿也是必不可少的。政府要不断创新多种补偿形式:一是对弱势群体免费进行培训。由党出资埋单,对那些年龄偏大、技能较低、文化素质不高的群体进行有针对性的实用专业技术培训,让他们拥有一技之长,增添谋生的本领;二是要拓宽就业门路。就业乃民生之本,不能就业,衣食住行就失去了依靠。我们可以出资购买岗位、通过减免税收的方式鼓励开办劳动密集型企业，提供低息担保鼓励兴办个体小型企业等方法，千方百计地增加就业岗位;三是加大扶贫力度,特别是加大对生活困难群体和下岗失业人员的救助力度,除了由党直接出资帮助外,还可以发动民间力量,鼓励捐赠和对口帮贫;四是建立和健全同经济发展水平相适应的社会保障和社会救助体系。国家要进一步完善由国家、个人、单位等三方共同出资建构的广覆盖、低标准、低起点的基本社会保障网络。总之,唯有使弱势群体不“弱”,才有利于群体间的平衡。

应该说，我国社会主义的民主条件为各种利益群体的发展提供了广阔的发展空间,但不平衡的事实则需要我们给予充分的重视,采取措施加以解决,从而使其社会缓冲器作用在新时期得到充分发挥,以维护和增强党群关系的和谐稳定。

三、建立健全利益决策机制,提升决策科学化水平

中国共产党的基本决策规范和方法是群众路线，而群众路线的制度层面是民主集中制。民主集中制是共产党的根本组织制度和领导制度,而就党

的领导决策而言,民主集中制的具体形式则是党委制。党委制是由党的委员会集体讨论进行决策的制度,即是一种合议制。但是从经验上看,党的主要领导人特别是领袖常常在决策过程中居于主要地位。这种决策体制是由计划经济体制下的利益格局决定的。改革开放以前,我国的社会结构单一、利益主体趋同,与计划经济时期的历史条件相适应,党的决策机制也是与利益均平态势相一致的。但是利益格局被打破以后,利益分化和多元的格局对决策的体制、决策的手段、决策的程序等均提出了新的要求。要想将利益的分化和多元约束在促进生产力发展和符合社会主义价值取向的范围内,就必须建立与多元利益格局相适应的决策体制、手段和程序。

(一)建立科学的决策程序

科学的决策程序揭示了决策活动的必然过程,是决策固有规律的必然反映,是决策科学性的重要保证。建立并完善决策规则与程序是促进各级机关、决策主体规范化决策的先决条件。一套完整和系统的规则、制度与程序,可以使公共决策更加合理,或者至少可以避免重大决策失误,从而促进决策科学化和民主化。在利益多元化格局的背景下,我们党要建立科学的决策程序,尤其需要在以下四个方面作出努力:

第一,建立健全会议决策制度。中国共产党是按民主集中制组织起来的政党,党历来十分重视经过集思广益后的集体会议决策,以确保决策的科学性。凡属党的路线、方针、政策和党务工作方面的决策,视其重要程度,分别由中央政治局常委会议、中央政治局会议、中央工作会议、中央委员会全体会议、党的全国代表会议和全国代表大会做出。而地方各级领导机构,则要完善常委会、党委会、政府办公会等会议决策制度,通过会议决定地方重大事项,约束并限制个别领导者“家长制”和“一言堂”,防止个人主观意志做出决策。

第二,完善协商决策制度。制定重大决策的制度规则,明确党的机构、人民代表大会、政协等各政治主体的角色定位。在我国,人民代表大会是国家的权力机关,政治协商会议是参政议政的重要力量。政治协商制度是中国共产党所独创的协商决策,已经作为一种决策的重要政治程序化的轨道,是我们的优良传统与政治制度的优势。中共中央定期向民主党派通报情况,或就国家和社会发展重大事项征询意见,进行协商。政协各级委员会参政议政有了一套固定的程序。当然,在社会转型、利益多元化背景下,如何进一步完善中国共产党领导的多党合作和政治协商制度,仍是一个有待深入研究与实践探索的课题。

第三,制定决策过程的各种规则。在利益多元化格局中,我们党的决策要符合科学决策的原则,除了要建立和完善决策的法定规则之外,在实际决策过程中也应该形成某些操作性的规则,比如完全一致规则、意见一致规则、协商一致规则、多数票规则等。这些规则各有所长,也都存在着不足。因此,在决策过程中,应该根据实际情况确定应用何种决策规则,或者将这几种规则混合使用,使得决策过程既符合科学决策的原则,又充分照顾到社会利益多元化的实际,任何一项决策都体现最广大人民的根本利益、长远利益,取得最佳的决策效果。

第四,制定并优化决策程序。科学合理的决策要靠严格规范的决策程序来保证。现代行政决策的基本程序一般分为四个阶段:①发现问题,确定目标。②收集决策信息,确定决策依据。③方案论证,评估优选。④确定方案,颁布实施。对于现代决策的这些基本程序,我们在决策过程中必须高度重视,认真遵循,科学运用。古今中外的任何科学决策都是按科学的决策程序作出的,决策是否遵循科学规程,直接决定着决策的成败。在我国权力相对集中的政治体制下,一些领导者家长制作风盛行,大搞"一言堂",这种体制下作出的决策无法适应社会利益多元化的现实,也是有悖于社会主义民主政治的发展趋势的。就我国当前的决策现状而言,重点要完善决策的规则和程序,规范各级决策机关的重大决策,保证民主决策与科学决策的统一。

(二)建立多元的决策信息通道

多元决策信息通道是针对利益多元化格局条件下信息容易被扭曲的问题而提出的对策。因为只有多元的信息系统,才能保证各个环节上的信息特别是发生严重问题环节的信息充分输入到决策系统。如果是一个单一的信息系统,只要原始资料被人加工过,所有上层的或其他部门、地区的人接触到的,便可能是被无意或有意扭曲了的信息。只有多元的信息通道,才能使全部信息绕过少数人的封锁,传送至最高决策层。当一个信息单元误判了,还有其他的信息单元在发声。政府误判了,还有民间和社会。只有多元的信息系统,才具备这样持续互补的性质。它能弥补被人忽视的部分,弥补被人砍掉的部分，弥补被人作出错误判断的部分。优越的机制的生命力就在于此。在利益多元化格局背景下，信息的一元化传输渠道的弊端是十分明显的，它给少数私利者垄断甚至封锁信息提供了便利。如果在社会生活多样化的背景下，信息系统只有一个管道，只要这个管道在任何环节上出现问题，那么整个国家和社会就无法作出正确的决策。这在常规工作中是可悲的状态，在危机时刻是可怕的状态。在多元的信息系统内，政府和社会接触的不是一个封闭的管道，突发事态到来之际，警报器就不至于全面哑声。这样，不仅是政府可以作出迅速反应，整个社会都处在高度警觉的状态。[①]因此，建立多元的信息收集渠道，一方面是保证党自身收集信息的渠道的畅通，另一方面是让多元的公共媒体发挥提供咨询和新闻监督的作用，以确保党决策科学合理，符合社会发展的期待和多数人的利益要求。

(三)完善决策咨询系统

社会的转型和利益主体多元化的社会生活状况，使得执政党的决策科学性难度大大增加。在多元信息纵横交错的背景下，科学决策除了要有科学的决策程序、多元信息通道外，完善决策的咨询系统也是十分必要的。这是集思广益，兼听和照顾各方利益的需要。针对当前我国决策咨询系统存在的主要问题，一是要完善体制内政策研究组织，从经费、人事、行政隶属关系等方面，对其进行恰当定位和必要支持，使其能按决策科学的内在规律，客观公正地研究政策问题，为党和政府的决策部分提供优质高效的咨询、建议；二是要促进体制外的政策研究组织发展。体制外的政策研究组织并非是一种反对力量，而是一种重要的民主参与力量。它的研究不同于体制内的组织完全受制于权力部门，它的民间性特点，使其更能保持客观性和公正性；三是应借鉴国外经验，成立智库、脑库、智囊团、思想库。党和政府应聘请社会各界具有真才实学的专家、学者担任党和政府顾问，帮助解决重大决策和行政管理中的重大问题；四是谋与断相对分离，决策者要正确处理与智囊人员的关系，既要发扬民主、尊重知识、尊重人才，让其畅所欲言，营造一种民主、平等、协商的气氛，又要博采众长，善于决断拍板。

---

① 丁学良:《提高执政能力的几个关键》,《经济社会体制比较》,2005 年第 5 期。

四、建立健全利益保障机制，以群众满意作为根本标准

以人为本、执政为民，是中国共产党的性质和全心全意为人民服务根本宗旨的集中体现，是指引、评价、检验我们党一切执政活动的最高标准。随着我国经济社会不断发展，经济体制深刻变革，社会结构深刻变动，利益格局深刻调整，思想观念深刻变化，利益主体日益多元化，统筹协调各方面利益关系，切实维护和保障群众利益十分紧要。建立健全利益保障机制，必须坚持把群众拥护不拥护、赞成不赞成、高兴不高兴、答应不答应作为制定政策的依据，做到问政于民、问需于民、问计于民。必须坚持群众利益之上，把实现好、维护好、发展好最广大人民的根本利益作为一切决策的出发点和落脚点。必须统筹兼顾，正确把握现阶段群众共同利益和不同利益主体特殊利益的关系，引导群众正确处理眼前与长远、局部与全局的利益关系，使保障和改善民生与经济社会发展水平相适应。

（一）建立基本的利益所需给予机制确保利益生存获得力

党群关系和谐的前提之一，就是各利益主体最基本的具体利益，包括生存利益和发展利益能得到保障，否则党群关系是无法实现和谐的，而最基本的利益所需就是底线利益。就个体而言，利益底线有不同的目标界定和目标追求，在众多的利益目标中，基本的衣食住行是最不可或缺的。像中国这样的发展中国家，虽然已经进入全面建成小康社会的发展阶段，但由于非均衡的发展格局，全社会一体化的最低生活保障制度还未完全健全，这样凸显了与经济发展同步的是各种不公平的状况存在，这种状况伴随着社会市场化的产生与发展，利益和谐的保障机制，应重点放在基础性的底线利益公平的制度构建上。首要的是构建最低生活保障制度，其内涵是指“法律赋予每一个公民在不能维持最低生活水平时，由国家和社会按照法定的标准向其提供满足最低生活需要的物质援助的社会保障。最低生活保障制度的目标是克服现实中的贫困问题”[①]。最低生活保障不仅是人们生存权的维护，而且保障的是人之为人的尊严，这是确保祛除不平等的社会利益依附关系，维护利

① 郭雪剑著：《三条保障线：中国反贫困的理论与实践》，中国社会出版社，2007年，第159页。

益主体自主性的基础，理应体现中国社会主义先进社会制度优越性的一个主要方面。中国分别于1999年与2007年由国务院颁布了《城市居民最低生活保障条例》和《国务院关于在全国建立农村最低生活保障制度的通知》，这些社会保障制度的实质，是按照最低生活保障标准线进行救助的一种新型社会救济制度，是社会保障体系中“最后一道保障网”。在实践中的实施“标志着我国的社会救助制度从人道向人权转向，从慈善性救济向制度性救助转变，对我国社会保障制度产生重大影响”[①]。

把最低生活保障制度与社会救济制度相等同，带来比较突出的问题在于，“我国当前的最低生活保障制度对这类正当性要求采取的保障方式主要是通过政策规范来确立政府的责任，而不是通过赋予贫困人口相应的法律请求权的形式来给予保障。这就使得这类保障看起来更像是一种政府的施舍和恩赐”[②]。这种现象最能体现在最低生活保障制度实施中来自三个方面的社会排斥:一是低保不保的排斥。最低生活保障费用只维护最低生活，不能用于脱贫，一些低保对象不愿背负被救济者的社会歧视。二是低保未保的排斥。由于财政的有限或操作中的不规范，一些诸如失业的有劳动能力者都被排斥在低保的范畴之外。三是低保预防的排斥。把最低生活保障救济化，等同于对弱势群体的救助，并未真正确立其生存权意义层面的合法性。当整个社会还只是停留在慈善事业的自愿层面进行推进，依靠各级政府有限的财政进行支撑时，这对应对当前中国社会转型时期出现的主要群体弱势化的倾向，没有显现出长足的预防共识与消解的力量。

可见，摆脱以上社会排斥，构建利益和谐所需的底线公平，应重塑社会保障机制构建的新理念。首要的就是区别最低生活保障的法律请求公民权的合法性、长效性与突发性社会救济的公权力责任性之间的区别，摒弃最低生活保障只是为部分贫困者所设立的、毫无收益的救助理念。应确立责任共担、利益共享惠及每个公民的最低生活保障理念。党的职责转到组织维护责任共担刚性原则的实践，监督安排最低生活保障资源的合理分配，推进社会应保尽保生存无忧的底线利益的长态保障机制的构建。当前最迫切、最重要的就是要建立面向民生的财政体制。因为利益问题就是如何进行利益调整以及利益分配的问题，首当其冲的是进行公共财政体制改革。使公共财政支

---

① 谢琼著:《构筑保障人民基本生活的安全网》，人民出版社，2008年，第20页。

② 王伟奇著《最低生活保障制度的实践》，法律出版社，2008年，第1页。

出在保证经济社会发展效率的前提下，增加包括基本的生存所需、基础教育、医疗卫生、扩大就业等民生项目的社会支出，以建立切实体现底线公平的利益保障机制。

（二）建立灵活的利益缺失救助机制提升利益风险抵抗力

最低生活保障并不能等同于底线利益的全部，姑且不说中国的现阶段还未实现全国的应保尽保的格局，仅就那些已获得低保的公民来说，出现了“贫困陷阱”。因为“以最低生活保障制度为核心的现行社会救助，实践中基本上延续了传统的救助理念，即以个人或家庭的收入调查为基础，只有那些个人或家庭收入低于政府确定的救助标准的人才可以获得救助。实际救助的金额等于政府救助标准减去申请救助者的实际收入，是一种补差式的救助，再加上各地叠加其上的其他专项救助，使低保制度成为低收入困难家庭无法摆脱的陷阱”①。但依赖于低保金的个人或家庭，因有限的保障金除了“贫困陷阱”使其无法摆脱外，与社会不需低保生存的其他民众一样，要面对各种社会风险。正是这些不期而遇的风险，微薄的低保也无法保障人们的生存权。当然，随着国家——单位的传统社会保障向国家——社会的新型保障体系的转型，越来越多的人转向市场，参保了各种抵御社会风险的社会保险。据报道：“根据国家人力资源和劳动保障部公布的数据，截至2008年底，全国参加城镇基本养老保险、基本医疗保险和失业保险的人数，分别达到2.19亿人、3.17亿人和1.24亿人。”“本次调查数据显示，在城镇工作的农民工，参加农村新型合作医疗制度的比例很高，参合率为62%。有1/4在正规部门就业的农民工，享有城镇职工医疗保险，有失业保险的占14%左右，加工伤保险的为36%。”②

这些有限的参保人数与中国庞大的基数相比，隐含着巨大的生存风险，易导致社会发展危机。“中国目前的社会形态既不是纯粹传统的，也不是纯粹现代的，而是一种混合形态的社会。在这种社会里，历时性的社会形态和社会生活共时态地存在，在风险分析的角度看，也就表现为历时性的风险类型共时态地存在，即所谓‘风险共生’现象。一个很明显的事实是，在中国现

---

① 郑功成著：《中国社会保障30年》，人民日报出版社，2008年，第173页。

② 《居民社会保障状况调查：3.17亿人参加基本医疗保险》，《光明日报》，2009年3月26日。

阶段，传统类型的风险，如传染病、自然灾害等依然构成对人民生活和社会安全的威胁，而在以工业化、城市化为标志的现代化进程中，还不断涌现和加剧一些需要面对的失业、贫富分化、生产事故、劳资冲突和刑事犯罪等社会风险。”[①]这些社会风险的存在，是一种新的社会冲突的刺激源，对人们的生存权造成极大的威胁。在社会保险不足的情况下，对遭遇风险危机的公民们进行救助就是掌握公共资源的政党的职责。

目前，社会救助还只是被当作社会保障体系的一个辅助部分，或只是把维护最低生活保障当作社会救助的核心目标，这样定位社会救助的功能及目标存在一些问题，将“克服困难”作为社会救助的目标是一大进步。但充其量也只能缓解贫困，并不能导致贫困的消失。因此，社会救助应当确定新的目标。新的目标要定位在两个原则之上，其一建立底线利益缺失边界前的社会救助原则。社会救助起到帮扶的作用，利益主体获取自救的能量，社会救助成本较低，成效大。其二建立社会救助持久福利化的社会救助原则。应把社会救助与最低生活保障区别开来。如果把利益缺失时救助的目标，仅定为保障社会成员的最低生活所需，以现有的给予标准及时刻面临着社会发展的风险，是无法确保人们过上正常生活的。社会救助应提升个人与社会的造血功能，即“它不仅仅提供一定的收入补偿，更多的是通过对公共施放和提供服务解除人们的后顾之忧，使人们的生活得到改善。它不仅对物质生活需要给予保障，还对精神、文化方面的需要给予保障。它不仅保障个人目前的生活需要，还要保障其赡养家庭、培育后代的需要”[②]，要对社会救助的对象实施福利化救助。否则仅停留在社会救济层面的救助，只能解一时利益缺失之困，无法实现底线利益安全的保障。

（三）建立合理的利益受损补偿机制推进利益均衡实现力

党群关系和谐的目标，是要达到社会利益矛盾处于可控的稳态，涉及的社会利益分配格局保持一定地相对平衡，其中公共政策中的损益补偿是维护社会利益平衡的主要机制之一。所谓损益补偿规律是指在一项政策中受到损害的利益，应由其他的政策予以相应的补偿，以保持社会利益关系的平

---

① 童星著：《社会转型与社会保障》，中国劳动社会保障出版社，2007年，第47页。

② 陈成文、胡书芝等著：《社会救助与建设和谐社会》，湖南师范大学出版社，2007年，第14~15页。

衡。中国改革开放发展历程遵循着先富带动后富的政策安排,就中国改革开放所取得成就的总体评价而言，全体人民或多或少都获益于改革开放。但“肯定我们都是改革的受益者,并不排斥在特定时期特定领域内,由于种种原因,某些社会阶层和成员的利益因改革而受到一定程度的损害,更不排斥人们获取的改革利益有多寡之别。所以,改革过程中利益格局的调整,必然会出现两个基本的社会群体，即从改革中受益最多的社会群体和从改革中受益最少的社会群体”[①],受益最少的社会群体集中在城乡中收益较少的农民、下岗职工、过早退休的干部、职工及各种社会边缘阶层等。他们承担了改革开放前期的改革成本,对此的利益补偿,主要就是通过提高社会福利的办法进行解决,由于这是历史遗留问题,具有发展的不可避免性,出现的利益矛盾还不至于引发社会的全面动荡。

但现阶段,围绕着局部具体利益矛盾,如资源所在地资源受益的缺失,城市化进程中失地农民的利益受损问题、,限制开发区或受益主体不明确禁止开发区利益纠纷,市政规划建设中拆迁的利益冲突等,这些新时期的利益矛盾与以往的利益矛盾相比,极易引发群体事件等的社会矛盾。有明确利益矛盾的对立方,往往利益受损者损失的是个人利益或局部、区域利益,与改革初期大范围甚至全国共同利益受损，服从社会整体增益发展安排的情况相比,一定时空内少数人利益受损,利益主体利益受损的感受力更强烈。与市场中平等地位的利益主体之间的纠纷，可通过市场机制进行协调最大的不同之处在于:这些利益事件涉及的是,在着力于增加社会净收益时,制度变迁造成部分社会成员合法利益受损的情况，是属于制度变迁中的利益补偿问题。所以,这一部分的利益受损如果没有得到合理的补偿,极易引发干群之间,民众与政府之间的利益冲突,显然这也不是常规性的社会福利管辖的问题。

改革开放阶段的制度变迁，私人与社会的边际收益不对等引发利益矛盾,这就要求制度变迁的执行者政党承担确定合理利益受损的标准,在遵循社会利益和个人利益都能尽量最大化原则的前提下，政党先要计算出我国改革中那些合法利益可能受损阶层在改革前后的效用水平，然后根据效用水平的变化程度来确定利益补偿标准。如果改革后的效用水平低于改革前的效用水平,则进行相应数额的利益补偿,使其改革后的效用水平不低于改

---

① 曹子坚:《改革的利益受损者及其补偿》,《经济学家》,2005 年第 2 期。

革前的效用水平。同时，这一计算利益补偿的标准还可弥补市场救助的缺位，如当前市场化进程中因物价上涨或拉动消费等主客观因素，导致特别是弱势群体利益直接或间接的受损，政党通过对这些群体分发消费补贴费，一定程度上减少了利益受损的程度，维护了人们正常社会生活的秩序。但需指出的是，政党的行政补偿是社会资源配置中的一种，不是社会利益受损补偿的唯一方式，政党的行政补偿一定要确保民生问题的解决具有成效性，不能代替现代市场机制在社会资源配置中的基础作用。但政党太过泛化的利益补偿，如向一定范围内所有公民分发刺激消费的旅游消费券，对管辖内的企业高管进行高档消费品奖励，利用公共财政帮助商家进行广告宣传等，这样的利益“补偿”，由于和民生问题没有紧密的直接关系，花费的公共财政完全能否取得一定的收益成效是值得商榷的。不合理的利益“补偿”，不仅不利于矛盾的解决，更会引发新的社会利益矛盾。现阶段的各种利益补偿机制一定要建立在切实对民生问题具有成效的解决之上，这样才能真正推动党群关系和谐的实现。

主要参考文献

一、经典著作

1.《马克思恩格斯全集》(第 1、3、4、7、18、19、21、22、23、25、30、42、46、49 卷),人民出版社,1956—1982 年。

2.《马克思恩格斯选集》(第一~四卷),人民出版社,1995 年。

3.《资本论》(第 1 卷),人民出版社,2004 年。

4.《列宁选集》(第一~四卷),人民出版社,1995 年。

5.《毛泽东选集》(第一~四卷),人民出版社,1991 年。

6.《邓小平文选》(第一~三卷),人民出版社,1993、1994 年。

7.《江泽民文选》(第三卷),人民出版社,2006 年。

8.《习近平谈治国理政》,外文出版社,2014 年。

二、党的文献

1.《中国共产党第十四次全国代表大会文件汇编》,人民出版社,1992年。

2.《中共中央关于构建社会主义和谐社会若干重大问题的决定》,人民出版社,2006 年。

3.《十六大以来重要文献选编》(上),中央文献出版社,2005 年。

4.《十六大以来重要文献选编》(中),中央文献出版社,2006 年。

5.《十六大以来重要文献选编》(下),中央文献出版社,2008 年。

6.《十八大以来重要文献选编》(上),中央文献出版社,2014 年。

三、国内学术著作

1.王伟光著:《利益论》,人民出版社,2001 年。

2.赵奎礼著:《利益学概论》,辽宁教育出版社,1992 年。

3.王伟光、郭宝平著:《社会利益论》,人民出版社,1988 年。

4.薛永应著:《社会主义经济利益概论》,人民出版社,1985 年。

5.张玉堂著:《利益论——关于利益冲突与协调问题的研究》,武汉大学出版社,2001 年。

6.彭劲松著:《当代中国利益关系分析》,人民出版社,2007 年。

7.洪远鹏、卢志强等著:《社会利益关系演进论——我国社会利益关系发展变化的轨迹》,复旦大学出版社,2006 年。

8.黄亮宜著:《社会主义义利观——面向 21 世纪的价值选择》,河南人民出版社,2001 年。

9.张江河著:《论利益与政治》,北京大学出版社,2002 年。

10.洪远朋著:《经济利益关系通论——社会主义市场经济的利益关系研究》,复旦大学出版社,1999 年。

11.北京大学哲学系外国哲学史教研室编译:《十八世纪法国哲学》,商务印书馆,1963 年。

12.胡福明著:《中国现代化的历史进程》,安徽人民出版社,1994 年。

13.周振华著:《体制变革与经济增长——中国经验与范式分析》,上海人民出版社,1999 年。

14.李强著:《社会分层与贫富差别》,鹭江出版社,2000 年。

15.谭培文著:《马克思主义的利益理论》,人民出版社,2002 年。

16.李培林等著:《社会冲突与阶级意识》,社会科学文献出版社,2005 年。

17.孙立平著:《博弈》,社会科学文献出版社,2006 年。

18.孙荣主编:《政治学教程》,同济大学出版社,2007 年。

19.朱光磊著:《当代中国社会各阶层分析》,天津人民出版社,2007 年。

20.王沪宁著:《比较政治分析》,人民出版社,1987 年。

21.吴忠民著:《走向公正的中国社会》,山东人民出版社,2008 年。

22.周小亮等著:《深化体制改革中的利益兼容问题探索》,商务印书馆,2007 年。

23.郭建宁主编:《利益协调与社会和谐》,人民出版社,2008 年。

24.梁波著:《当代中国社会利益结构变化对政治发展的影响》,兰州大学出版社,2007 年。

25.高鹏程著:《政治利益分析》,社会科学文献出版社,2009 年。

26.王中保著:《经济全球化与我国利益关系的变动》,复旦大学出版社,2007 年。

27.顾钰民著:《马克思主义制度经济学》,复旦大学出版社,2005 年。

28.穆怀中等著:《发展中国家社会保障制度的建立和完善》,人民出版社,2008 年。

29.陈潭著:《单位身份的松动》,南京大学出版社,2007 年。

30.李君如主编:《社会主义和谐社会论》,人民出版社,2005 年。

31.白志刚著:《利益公平与社会和谐》,中国社会出版社,2008 年。

32.卢斌著:《当代中国社会各利益群体分析》,中国经济出版社,2006 年。

33.靳江好、王郅强主编:《和谐社会建设与社会矛盾调节机制研究》,人民出版社,2008 年。

34.俞可平主编:《市场经济与公民社会》,中央编译出版社,2005 年。

35.顾杰善等主编:《当代中国利益群体分析》,黑龙江教育出版社,1995 年。

36.张传开、汪传发著:《义利之间》,南京大学出版社,1997 年。

37.许欣欣著:《当代中国社会结构变迁与流动》,社会科学文献出版社,2000 年。

38.张晓明著:《伟大的共谋——市场经济条件下的利益关系研究》,中国人民大学出版社,2002 年。

39.桑玉成著:《利益分化的政治时代》,学林出版社,2002 年。

40.柳新元著:《利益冲突与制度变迁》,武汉大学出版社,2002 年。

41.唐代兴著:《利益伦理》,北京大学出版社,2002 年。

42.刘诚等编著:《代表中国最广大人民的根本利益研究》,中国人民大学出版社,2004 年。

43.陆学艺著:《当代中国社会阶层研究报告》,社会科学文献出版社,2002 年。

44.郑杭生等著:《当代中国城市社会结构现状与趋势》,中国人民大学出版社,2004 年。

45.邓正来著:《国家与社会——中国市民社会研究》,四川人民出版社,1998 年。

46.俞可平著:《中国公民社会的兴起与治理的变迁》,社会科学文献出版社,2002 年。

47.蒋红著:《马克思市民社会理论研究》,人民出版社,2007 年。

48.郝云著:《利益理论比较研究》,复旦大学出版社,2007 年。

49.叶富春著:《利益结构、行政发展及其相互关系》,社会科学文献出版社,2004 年。

50.曹殊著:《新时期党群关系的理论与实践》,中国社会科学出版社,2006 年。

51.于昆著:《和谐社会视野下的党群关系研究》,人民出版社,2009 年。

52.王金柱著:《构建良性互动的党群关系》,四川人民出版社,2013 年。

53.衣芳著:《人民群众主体论——群众观、党群关系、群众工作理论研究》,人民出版社,2008 年。

54.张荣臣、谢英芬著:《新时期党的群众工作》,中国方正出版社,2009 年。

四、国外译著

1.[苏]《普列汉诺夫哲学著作选集》(第二卷),三联书店,1961 年。

2.[美]塞缪尔·亨廷顿著:《文明的冲突与世界秩序的重建》,周琪等译,新华出版社,2002 年。

3.[意]康帕内拉著:《太阳城》,陈大维等译,商务印书馆,1995 年。

4.[英]亚当·斯密著:《国民财富的性质和原因的研究》(上卷),郭大力、王亚南译,商务印书馆,1997 年。

5.[捷]奥塔·锡克著:《经济—利益—政治》,王福民等译,中国社会科学出版社,1984 年。

6.[法]霍尔巴赫著:《自然的体系》(上卷),管士滨译,商务印书馆,1999 年。

7.[美]科塞著:《社会冲突的功能》,孙立平等译,华夏出版社,1989 年。

8.[德]马克斯·韦伯著:《经济与社会》(上卷),林荣远译,商务印书馆,1997 年。

9.[德]马克斯·韦伯著:《新教伦理与资本主义精神》,于晓、陈维纲译,三联书店,1987 年。

10.[古希腊]亚里士多德著:《政治学》,吴寿彭译,商务印书馆,1997 年。

11.[英]培根著:《新工具》,许宝骙译,商务印书馆,1984 年。

12.[古希腊]亚里士多德著:《尼各马科伦理学》,王旭凤、陈晓旭译,中国社会出版社,1999 年。

13.[美]约翰·罗尔斯著:《正义论》,何怀宏译,中国社会科学出版社,1988 年。

14.[法]卢梭著:《社会契约论》,何兆武译,商务印书馆,1982 年。

15.[英]庇古著:《资本主义和资本主义的比较》,谨斋译,商务印书馆,1963 年。

16.[德]罗伯特·库尔茨著:《资本主义黑皮书——自由市场经济的终曲》(上卷),钱敏汝译,社会科学文献出版社,2003 年。

17.[美]丹尼尔·布罗姆利著:《经济利益与经济制度》,陈郁等译,上海人民出版社,1996 年。

18.[英]F.A.哈耶克著:《个人主义与经济秩序》,邓正来译,生活·读书·新知三联书店,2003 年。

19.[美]丹尼尔·贝尔著:《资本主义文化矛盾》,赵一凡等译,生活·读书·新知三联书店,1989 年。

20.[美]达尔著:《现代政治分析》,王沪宁等译,上海译文出版社,1987 年。

21.[法]涂尔干著:《社会分工论》,渠东译,三联书店,2000 年。

22.T. Ball, *The Ontological Presuppositions and Political Consequences of a Social Science*, 1983.

23.Guido Princeton, *Rights, Equality, and Liberty*, New York: Kluwer Academic Publishers, 2000.

24.Arthur Cecil pigou, *The Economics of Welfare*, New Jersey: Transaction publishers, 2001.

25.World Bank, *The East Asian Miracle: Economic Growth and Public Policy*, New York: Oxford University Press, 1993.

五、报刊论文

1. 胡锦涛:《在省部级主要领导干部提高构建社会主义和谐社会能力专题研讨班上的讲话》,《人民日报》,2005 年 6 月 27 日。

2.胡锦涛:《努力建立持久和平、共同繁荣的和谐世界——在联合国成立 60 周年首脑会议上的讲话》,《人民日报》,2005 年 9 月 16 日。

3.胡锦涛:《在新时期保持共产党员先进性教育活动专题报告会上的讲话》,《人民日报》,2005 年 1 月 14 日。

4.《习近平在十八届中共中央政治局常委同中外记者见面时的讲话》,《人民日报》,2012 年 11 月 16 日。

5.《习近平在中央政治局会议上关于改进工作作风、密切联系群众的讲话》,2012 年 12 月 4 日。

6.习近平:《深入扎实开展党的群众路线教育实践活动,为实现党的十八大目标任务提供坚强保证》,《人民日报》,2013 年 6 月 19 日。

7.习近平:《历史使命越光荣奋斗目标越宏伟,越要增强忧患意识越要从严治党》,《人民日报》,2014 年 10 月 9 日。

8.陆学艺:《最迫切的任务是协调好各阶层利益关系》,《社会科学报》,2005 年 3 月 10 日。

9.穆怀中:《论利益在人的动机与历史规律之间的中介作用》,《学术季刊》,1986 年 2 月。

10.郭安:《论人类利益的变化和结构》,《中国人民大学学报》,1996 年 6 月。

11.李元书:《重新认识和正确处理当代中国社会的利益冲突》,《武汉大学学报》,2010 年 3 月。

12.关春平、郝建国:《对社会主义市场经济条件下调节利益矛盾的哲学思考》,《河北师范大学学报》,1994 年 2 月。

13.刘红凛:《构建和谐社会背景的利益协调机制》,《重庆社会科学》,2010 年 5 月。

14.刘景臣:《转型期的社会群体利益矛盾和协调机制建设》,《社科纵横》,2009 年 8 月。

15.张琛:《论社会转型时期价值观变化的基本取向》,《工作研究》,2001 年 6 月。

16.刘子忠:《正确认识利益主体多元化》,《瞭望》,2001 年 4 月。

17.黄泰岩:《个人收入差距变动的中国假说及其验证》,《中国特色社会主义研究》,2000 年 5 月。

18.贾英健:《认同的哲学意蕴与价值认同的本质》,《山东师范大学学报》,2006 年 1 月。

19.彭惠宁、祝灵君:《多元利益格局中的党政关系研究》,《社会科学研究》,2006 年 1 月。

20.宋玉波:《西方国家利益集团的政治功能分析》,《求实》,2004 年 7 月。

21.张华青:《政治文化的整合:中国社会主导价值观念的重构》,《探索与争鸣》,2004 年 12 月。

22.李延辉:《中国社会利益结构的变化及其对公共政策的影响》,《科学社会主义》,2007 年 5 月。

23.麻宝斌、马振清:《新时期中国社会的群体性政治参与》,《政治学研究》,2005 年 2 月。

24.高新民:《建立社会对话协商机制是社会主义和谐社会的内在要求》,《中国党政干部论坛》,2009 年 1 月。

25.姚庆丰:《论"社会失灵"——在政府失灵和市场失灵之外》,《河北学刊》,2000 年 2 月。

26.刘彦昌:《用和谐思维治理既得利益集团的思考》,《政治学研究》,2007 年 1 月。

27.李正宏:《论和谐社会构建中社会自组织的培育》,《湖北行政学院学报》,2007 年 5 月。

28.高红、陈如:《社会资本与中国市民社会构建》,《南京社会科学》,2005 年 3 月。

29.毕天云:《论社会冲突的根源》,《云南师范大学学报》,2000 年 5 月。

30.袁志萍:《当前我国物质利益分配失衡问题研究》,《青海社会科学》,2002 年 1 月。

31.王伟同、原野:《和谐社会构建与社会阶层利益冲突对策研究》,《东北财经大学学报》,2007 年 4 月。

32.文长春:《分配正义及其局限》,《马克思主义与现实》,2007 年 3 月。

33.秦廷国:《略论社会主义社会的公平正义》,《政治学研究》,2008 年 4 月。

34.何建华:《公平正义:社会主义的核心价值观》,《中央社会主义学院学报》,2007 年 3 月。

35.余逊达:《利益和谐是和谐社会的核心》,《浙江社会科学》,2005 年 3月。

36.仲兆宏、刘焕明:《和谐社会利益均衡的制度建设》,《黑龙江社会科学》,2007 年 1 月。

37.邓磊:《马克思按劳分配理论视角下的和谐社会建设》,《科学社会主义》,2007 年 6 月。

38.范铁中、刘志礼、谢永宽:《西方利益协调理论对我国构建和谐社会的启示》,《理论导刊》,2007 年 12 月。

39.姜迎春、田常华:《论马克思的资本辩证法对构建社会主义和谐社会的方法论意义》,《马克思主义研究》,2007 年 10 月。

40.李景鹏:《中国社会利益结构变迁的特点》,《北京行政学院学报》,2006 年 1 月。

41.李湘云:《西方关于经济利益的政治争论》,《广西社会科学》,2006 年 6 月。

42.刘期忠:《黑格尔论和谐解决利益矛盾的路径解读》,《求索》,2006年 8 月。

43.汪玉凯、黎映桃:《当代中国社会的利益失衡与均衡——公共治理中的利益调控》,《国家行政学院学报》,2006 年 6 月。

44.曾建萍:《论胡锦涛对党的"人民利益观"的发展创新》,《探索》,2007 年 1 月。

45.范灵海:《社会主义经济利益观的比较研究》,《毛泽东思想研究》,2003 年 5 月。

46.何海兵:《当代中国利益分化研究综述》,《理论参考》,2005 年 3 月。

47.钱亚梅:《从社会阶层分化透视思想政治教育的人文关怀价值》,《探索》,2005 年 1 月。

48.曹义恒、胡建兰:《中国当前阶层固化趋势及其对党群关系的影响》,《马克思主义与现实》,2015 年 1 月。

49.郭建、任亮:《创新保障党员干部密切联系群众长效机制的思考》,《理论月刊》,2014 年 12 月。

50.王宇华:《我国社会深刻变革对党群关系的影响》,《红旗文稿》,2015 年 5 月。

51.韩强:《密切党群关系的现实挑战与应对》,《理论探讨》,2015 年 2 月。

52.王威:《马克思主义经典作家对党群关系形象阐述的理论价值及指导意义》,《学术探索》,2014 年 11 月。

53.麻秀荣:《改革攻坚期党脱离群众的现实危险》,《学习与探索》,2014 年 12 月。

54.韩影:《社会转型期促进党群关系和谐的路径选择》,《学术交流》,2014 年 12 月。

55.蒯正明:《中国共产党成立以来密切党群关系的基本经验》,《学习论坛》,2014 年 4 月。

后　记

利益问题是一个关涉人的存在和发展的根本性问题，同时又是我们解读社会历史现象的一把钥匙。综观人类历史的发展长河，利益在社会历史变迁之中起着重要的动力作用。可以说，如果没有人类的逐利行为，以及为调节各种利益要求而形成的利益关系格局的话，那么人类社会的进步便不可想象。人作为一种利益的存在物，任何个人和群体的思想、动机和行为都可以从其对自身利益的追求中找到合理的解释和深层的底蕴。为了利益的实现，人们可以融洽地走到一起，同样，也可以走向尖锐的对立面。中国共产党正是在维护人民群众利益的基础上，第一次把执政党与人民群众定位为一种互相包含、你中有我、我中有你的关系体，而非互相对立、互相牵制的矛盾体。但在以市场经济为导向的各项改革下，社会利益格局呈现出了多元化的趋势，使党群关系也出现了一种双重疏离的状态。一方面，党员干部逐渐有意无意地疏离了人民群众。一些党员干部作风漂浮、贪污腐化，使党群关系从"鱼水关系"变成了"油水关系""蛙水关系"，甚至到"水火关系"的地步。另一方面，人民群众逐渐自觉不自觉地疏离了党。群众对党的感激之情、感恩之心，已逐渐为公民意识、主人翁意识所取代。那么我们应该怎样去看待社会主义市场经济条件下的经济利益多元化？它的实质和根源是什么？它又会对党群关系的发展和稳定带来什么样的影响？我们又应该构建出什么样的党群关系才能适应其发展？所有这些都成为我们当前必须面对的现实问题，亟需得到解释。本文结合时代发展的要求，立足于利益多元化格局的社会现实，对这些问题进行了初步的、粗浅的分析，以期为促进利益协调，实现党群关系的和谐发展贡献自己的一点微薄的力量。

由于我国的社会转型是以市场经济作为基本启动力的，其所引发的利益多元化格局实质上也就是各种利益关系的重新分化、组合。在这一过程中，由于旧有的党群关系协调体系已不能适应经济利益多元化发展的需要，而新的党群关系协调体系还处于完善之中,使利益均衡机制没有建立起来。其结果只能是利益结构失衡,人民内部利益矛盾与冲突进入了多发期,且不断升级。但我们却往往只注重于用单一的手段来解决党群之间的矛盾与冲突问题,忽视了综合运用各种手段的作用。所以通过构建与经济发展相适应的党群关系协调体系,确立科学合理的主导价值观,是解决当前党群之间各种矛盾和冲突的一个非常重要的手段和途径。因此,本书从利益、经济利益、经济利益多元化的基本概念入手,以经济利益多元化的发展脉络与特征为基础,运用马克思主义的利益理论和党群关系理论,结合思想文化、经济、行政、法律、制度等途径,对利益多元化格局中如何实现党群关系的良性互动进行了辩证分析。在此基础上,进一步分析了在利益多元化格局给党群关系发展带来的影响和挑战,最后通过综合运用思想观念、功能定位、创新工作、规范行为、制度保障的构建来积极探求解决利益冲突的整合机制和实现途径,以求构建出符合利益多元化格局发展方向的党群关系协调体系,促进党群关系的和谐发展。

当然,在利益多元化格局的背景下,寻求利益关系的和谐是一个非常复杂而庞大的问题,远非本书能够阐述透彻的。虽然本书从利益的角度进行切入,探究了党群关系背后的利益问题,力图通过发挥各种途径的综合作用来协调,整合不同的利益关系,以化解利益多元化格局给党群关系带来的种种弊端。应该说,这还是一条可资借鉴的思路。但由于本人的理论功底、实践经验有限,深感本书还存在很多不足之处,对相关问题的分析还缺乏应有的深度和广度,甚至书中仍有个别观点需要进一步推敲和提炼。对此,本人今后希望仍致力于这方面问题的研究,在弥补不足的同时,也非常希望各位专家、学者给予批评指正,使这一问题在理论和实践上有新的突破。

张　哲

2015年4月于天津

党校研究成果系列

《区域经济视域下的天津经济发展》 杨东方 著

《党务管理学》 贾锡萍 主编 钟龙彪 副主编

《新媒体环境下大众阅读行为与公共图书馆对策》

李玉梅 王沛战 编著

《党的代表大会常任制研究》 沈士光 著

《当代中国对外文化交流战略》 张殿军 著

《党政干部实用英语培训教程》 中共天津市委党校外语组 编写

《中国哲学与传统文化》 范玉秋 田 力 编著

《科学无神论与共产党员的信仰》 时绍祥 著

《利益多元化格局中的党群关系问题研究》 张 哲 著